Idiomatik in der Phraseologie

Hans Jürgen Heringer

Idiomatik in der Phraseologie

Eine Einführung

J.B. METZLER

Hans Jürgen Heringer
Philologisch-Historische Fakultät
Universität Augsburg
Augsburg, Deutschland

ISBN 978-3-662-69511-1   ISBN 978-3-662-69512-8 (eBook)
https://doi.org/10.1007/978-3-662-69512-8

Die Deutsche Nationalbibliothek verzeichnet diese Publikation in der Deutschen Nationalbibliografie; detaillierte bibliografische Daten sind im Internet über http://dnb.d-nb.de abrufbar.

© Der/die Herausgeber bzw. der/die Autor(en), exklusiv lizenziert an Springer-Verlag GmbH, DE, ein Teil von Springer Nature 2024

Das Werk einschließlich aller seiner Teile ist urheberrechtlich geschützt. Jede Verwertung, die nicht ausdrücklich vom Urheberrechtsgesetz zugelassen ist, bedarf der vorherigen Zustimmung des Verlags. Das gilt insbesondere für Vervielfältigungen, Bearbeitungen, Übersetzungen, Mikroverfilmungen und die Einspeicherung und Verarbeitung in elektronischen Systemen.
Die Wiedergabe von allgemein beschreibenden Bezeichnungen, Marken, Unternehmensnamen etc. in diesem Werk bedeutet nicht, dass diese frei durch jedermann benutzt werden dürfen. Die Berechtigung zur Benutzung unterliegt, auch ohne gesonderten Hinweis hierzu, den Regeln des Markenrechts. Die Rechte des/der jeweiligen Zeicheninhaber*in sind zu beachten.
Der Verlag, die Autor*innen und die Herausgeber*innen gehen davon aus, dass die Angaben und Informationen in diesem Werk zum Zeitpunkt der Veröffentlichung vollständig und korrekt sind. Weder der Verlag noch die Autor*innen oder die Herausgeber*innen übernehmen, ausdrücklich oder implizit, Gewähr für den Inhalt des Werkes, etwaige Fehler oder Äußerungen. Der Verlag bleibt im Hinblick auf geografische Zuordnungen und Gebietsbezeichnungen in veröffentlichten Karten und Institutionsadressen neutral.

Einbandabbildung: Zamurovic Brothers / Shutterstock.com

J.B. Metzler ist ein Imprint der eingetragenen Gesellschaft Springer-Verlag GmbH, DE und ist ein Teil von Springer Nature.
Die Anschrift der Gesellschaft ist: Heidelberger Platz 3, 14197 Berlin, Germany

Wenn Sie dieses Produkt entsorgen, geben Sie das Papier bitte zum Recycling.

Vorwort

Idiomatik. Schon vor vielen Jahren – zu Olims Zeiten – hab ich Blut geleckt. Von Anfang an mich kräftig ins Geschirr gelegt. Ich habe zwar nicht alles Menschenmögliche getan, aber doch alle Register gezogen: elektronisch auf CD „Wie der Hase läuft", als e-learning-Kurse und diverse Apps. Auch auf Papier, etwa in Lehrbüchlein und im Vorläufer zu diesem Buch. Es war für mich kein hartes Brot, eher ein Zuckerschlecken.

Für diese Einführung hab ich mich natürlich auch in die Riemen gelegt. So bin ich bis zuletzt bei der Stange geblieben. Was ich dabei aus den Angeln gehoben habe, muss die Zukunft erweisen. Hoffentlich habe ich den Vogel abgeschossen. Nicht nur den eigenen, sondern alle!

Sie merken schon: Diese Einführung will Sie motivieren. Sie gibt sich nicht klassisch wissenschaftlich und kann gewiss auch außerhalb des Faches zum Lesevergnügen werden – so hoffe ich. Die didaktische Grundidee ist: Es wird viel um Eigenarbeit gehen – wie es didaktisch heißt. Wenngleich Arbeit soll es nicht werden. Eher Spaß und Freude – wie das Thema es fordert. Und letztlich taugt das Buch hoffentlich auch zur kreativen Lektüre und Unterhaltung außerhalb von Einführungsseminaren.

Sie können es als eine geleitete Reise durch die mediale Welt sehen. Es führt uns in den texte infini, in dem wir uns bewegen, lernen und üben. Was ich dazu beitragen kann, bleibt Ihnen zu erproben.

Herrsching, im März 2024

Inhaltsverzeichnis

1	**Was ist Idiomatik?**	1
	1.1 Eine erste Definition	2
	1.2 Abgrenzung	4
	1.3 Definierende Eigenschaften von Idiomen	7
	1.4 Strukturen und Schablonen	11
	1.5 Ein Blick auf die Konkurrenz	22
	1.6 Empirische Schärfung	27
	1.7 Fazit	32
	1.8 Lektüre und Aufgaben	32
2	**Arten von Idiomen**	35
	2.1 Kategorisierungsversuche	36
	2.2 Somatismen	40
	2.3 Animalismen	46
	2.4 Kleine Verrücktheiten	49
	2.5 Der Teufel und seine Diabolismen	51
	2.6 Fazit	54
	2.7 Lektüre und Aufgaben	54
3	**Die Bedeutung und Verwendung von Idiomen**	57
	3.1 Bedeutungen bestimmen und formulieren	58
	3.2 Ein anderer semantischer Blick	65
	3.3 Zur Verwendung von Idiomen	69
	3.4 Kreativ oder windschief?	71
	3.5 Und produktiv!	74
	3.6 Fazit	75
	3.7 Lektüre und Aufgaben	75
4	**Idiome in Texten**	77
	4.1 Rhetorik, Stilistik und Stilkritik	78
	4.2 Idiome in literarischen Texten	82
	4.3 Titel, Slogans, Schlagzeilen und Embleme	86
	4.4 Idiome in diversen Textsorten	91
	4.5 Idiotismen als Schreibanlässe	94
	4.6 Fazit	95
	4.7 Lektüre und Aufgaben	95

5	**Idiome im Wörterbuch**		99
	5.1	Nutzerinteressen	100
	5.2	Aufbau und Lemmatisierung	103
	5.3	Bedeutungsangaben und Verwendungsbeispiele	107
	5.4	Erklärungen	111
	5.5	Das mentale Lexikon	112
	5.6	Zwei Exempel: *mein Bier* und *Fuß fassen*	114
	5.7	Fazit	118
	5.8	Lektüre und Aufgaben	119
6	**Idiome übersetzen?**		121
	6.1	Analoge Idiome in verschiedenen Sprachen	122
	6.2	Idiome in verschiedenen Kulturen	125
	6.3	Was tun wir im Übersetzen?	129
	6.4	Idiome im Fremdsprachunterricht	136
	6.5	Fazit	139
	6.6	Lektüre und Aufgaben	139
7	**Idiome im Wandel**		143
	7.1	Quellen und Wandel	144
	7.2	Tot oder lebendig?	145
	7.3	Belege und Varianten	147
	7.4	Textsorten und Handlungen	151
	7.5	Verwendung und Bedeutung	153
	7.6	Wege des Wandels	156
	7.7	Fazit	158
	7.8	Lektüre und Aufgaben	158
8	**Idiome in der Sprachgeschichte**		161
	8.1	Geschichte in Geschichten	162
	8.2	Idiomgeschichten	162
	8.3	Realia in Idiomgeschichten	166
	8.4	Kultur in Idiomen	172
	8.5	Kreativ und attraktiv?	177
	8.6	Fazit	181
	8.7	Lektüre und Aufgaben	181
9	**Wie versteht man Idiome?**		183
	9.1	Was heißt verstehen?	184
	9.2	Deutungswege	186
	9.3	Eine Anleitung	189
	9.4	Fazit	197
	9.5	Lektüre und Aufgaben	197

Syntaktische Notation..................................... 201

Literatur 203
    Wörterbücher 208
    Einige Sammlungen. 208
    Online Plattformen 208

Kleines Glossar... 209

Was ist Idiomatik? 1

El lenguaje es una colección de citas.
Gabriel García Márquez

Inhaltsverzeichnis

1.1	Eine erste Definition	2
1.2	Abgrenzung	4
1.3	Definierende Eigenschaften von Idiomen	7
1.4	Strukturen und Schablonen	11
1.5	Ein Blick auf die Konkurrenz	22
1.6	Empirische Schärfung	27
1.7	Fazit	32
1.8	Lektüre und Aufgaben	32

Verbreitet ist für den Anfang die Frage, was was ist. Die werden wir leider nicht naiv beantworten.

In diesem Kapitel befassen wir uns mit verschiedenen Definitionen, mit verschieden Definiertem und verschiedenem Definierten. Damit werden wir die Palette der Erscheinungen sehen, um die es in dem Buch eingehender gehen wird. Und wir werden eingrenzen, was uns weiter beschäftigen wird, selbstverständlich im Rahmen dessen, was der Titel „Idiomatik" verspricht.

Oft beginnt Wissenschaft mit einer Definition und oft endet sie mit einer neuen Definition. Dazwischen liegt wissenschaftliche Forschung und Diskussion um Termini und mit Termini mit dem Ziel der fruchtbaren Begründung und empirischen Validierung.

In diesem Kapitel werden

- Idiome im Rahmen formelhafter Wendungen situiert,
- viele Beispiele geordnet und nach ihrer Form bestimmt,
- Möglichkeiten der Variation vorgeführt.

© Der/die Autor(en), exklusiv lizenziert an Springer-Verlag GmbH, DE, ein Teil von Springer Nature 2024
H.J. Heringer, *Idiomatik in der Phraseologie*, https://doi.org/10.1007/978-3-662-69512-8_1

1.1 Eine erste Definition

Idiomatik ist eine linguistische Disziplin, die sich mit Idiomen befasst, mit ihrer Definition, ihrer Form, ihrer Bedeutung, ihrer Verwendung und Geschichte.

Was nun aber ist ein Idiom? Ein Idiom, aus dem Griechischen *idioma* (Eigentümlichkeit), wird allgemein als eine feste Wortverbindung aus mehreren Wörtern gesehen, deren Gesamtbedeutung sich nicht aus ihren lexikalischen Einzelbedeutungen und ihrer syntaktischen Struktur ableiten lässt.

Diese Definition setzt voraus, dass für normale Wortverbindungen das Fregeprinzip gilt, nach dem sich die Bedeutung syntaktischer Konstruktionen aus den Bedeutungen der Elemente ergibt. Wie das genau geht, ist im Detail vielleicht nicht bekannt. (Von wenig semantischer Kenntnis zeugt aber die Formulierung, sie ergebe sich als Summe.)

Wer das berücksichtigt, erkennt, dass Idiome durchaus auch eine in diesem Sinne eigentliche oder wörtliche Bedeutung haben können und dazu eine übertragen-bildliche Bedeutung. Deshalb kann es auch beim Verstehen von Idiomen vor allem um beide Aspekte und um den Zusammenhang gehen, der den sozusagen wörtlichen Sinn des idiomatischen Ausdrucks mit seiner aktuellen, figurativen Bedeutung verbindet. Es geht in diesen Fällen somit darum, das missing link zu finden, das uns die Deutung erschließt.

Hier einige erste Beispiele:

> Der neue Trainer gibt der Mannschaft Sicherheit, auch wenn die mal **einen Bock schießen**.
> Er habe **einen kapitalen Bock geschossen**, kommentierte Beck die Äußerungen Lammerts.
> OECD räumt ein: Mit der Weltwirtschaft geht es bergab. Corona könnte das Wirtschaftswachstum halbieren. Die Kurse rutschten zunächst nur leicht ins Minus, um dann wieder kräftiger **in die Knie** zu **gehen**.
> Möglich, dass sie **Lunte gerochen** hatte, als er sich bei ihrem letzten Rendezvous so ausgiebig für ihren Terminkalender interessierte.
> Bloß weiß ich nicht, wie an die Kinder rankommen, ohne dass sie **Lunte** riechen.
> Und das, weil du **damit bei mir nicht landen kannst**?

Idiomatische Wendungen sind in der vorliegenden Form fett gedruckt.

Das wordle hier zeigt, welche Eigenschaften in diesem Zusammenhang oft eine Rolle spielen. Die Schriftgröße steht für die Wichtigkeit, die der Eigenschaft zugesprochen wird.

1.1 Eine erste Definition

Texte und Sätze liegen uns vor als lineare Wortketten. Diese Wortketten sind keine zufälligen Aneinanderreihungen von Wörtern. Sie haben im Normalfall in Teilen eine Struktur. Die allen bekannte Struktur von Teilketten ist die grammatische oder syntaktische.

Aber es gibt auch reguläre semantische Struktur. Hermann Paul sprach hier von Wortgruppen oder Wendungen:

> Besonders hervorgehoben werden muss, dass der Bedeutungswandel sich nicht bloss an einzelnen Wörtern vollzieht, sondern [...] auch an Wortgruppen als solchen [...] So gibt es z. B. eine Menge Verbindungen mit *Hand*, bei denen wir an die eigentliche Bedeutung dieses Wortes nicht mehr denken, ausser wenn unsere Aufmerksamkeit ausdrücklich darauf gelenkt wird, wenn wir etwa über den Ursprung einer solchen Wendung reflektieren, vgl. *auf der Hand (flacher, platter Hand) liegen, an die Hand geben, gehen, an der Hand haben, an der Hand des Buches* etc., *bei der Hand sein, zur Hand nehmen, unter der Hand, unter Händen haben, von der Hand weisen, vor der Hand*. [...] Unsere Sprache ist voll von derartigen Wendungen. Bei manchen kann der Sinn nur mit Hilfe historischer Sprachkenntnis aus der Bedeutung der einzelnen Wörter abgeleitet werden, vgl. z. B. *einen Bären anbinden, einem einen Bart machen, einen Bock schiessen, einen ins Bockshorn jagen, er hat Bohnen gegessen, auf dem Holzwege sein, einem einen Korb geben, Maulaffen feil halten, einem etwas auf die Nase binden, einem den Pelz waschen, einem ein X für ein U machen* etc. (Paul 1960, 103)

De Saussure sprach von „locutions toutes faites" (de Saussure 2013, 264), von denen er klar sagt, dass sie zur langue gehören wie „rompre une lance", die man in der parole nicht verändern könne, ohne die Bedeutung anzutasten. Der Genfer Linguist (und de Saussure-Herausgeber) Charles Bally hat solche wiederkehrenden Halbfertigteile als „groupements usuels" bezeichnet (Bally 1909). In seiner Lehre für Französisch als Fremdsprache bearbeitet Bally „locutions phraséologiques" und darunter speziell „unités phraséologiques" und „séries phraséologiques". In der Linguistik allgemein standen aber eher Syntax und Lexikon bis in die 60er Jahre im Mittelpunkt. Bei Otto Jespersen (1924) ist von „formulas" die Rede und Walter Porzig sprach dann von wesenhaften Bedeutungsbeziehungen zwischen Wörtern, die überfrequent zusammen vorkommen und darum in enger semantischer Beziehung stehen (Porzig 1934). Und Eugenio Coseriu nannte sie – die Bedeutung betonend – lexikalische Solidaritäten (Coseriu 1967). Im Zuge des Distributionalismus wurde das Konzept erweitert. Zellig Harris, Altmeister der Distribution, proklamierte (Harris 1954, 146):

> The parts of a language do not occur arbitrarily relative to each other: each element occurs in certain positions relative to certain other elements.
> The distribution of an element will be understood as the sum of all its environments. An environment of an element A is an existing array of its cooccurrents, i.e. the other elements, each in a particular position, with which A occurs to yield an utterance.

In genaueren Untersuchungen von Texten ermittelte man – wie schon Bally – dann auch sog. **Kollokationen**, die für Sprachlerner besonders wichtig werden können, weil sie als typisch für eine Sprache gelten. Bei Hausmann (2007) sind die Kollokationen wesentlich zweigliedrig. Er unterscheidet dabei die Basis vom Kollokator. So wäre in *einen Bock schießen* die Basis *Bock* und *schießen* vielleicht der Kollokator. Bei dieser Auffassung umfasst Kollokation viel mehr als Idiom. Kollokationen wären auch *blondes Haar, weißes Brautkleid, zu vorgerückter Stunde* oder *einquartieren im Hotel*. Kollokationen wurden eher intuitiv gewonnen. Empirisch fundiert kann die kollokationäre Verwandtschaft präzis mit statistischen Mitteln in großen Korpora ermittelt werden. Technisch gesprochen geht es hier nicht nur um Pärchen, sondern um n-tupel oder Vektoren überfrequent miteinander vorkommender Wörter. Die plausible Vermutung ist, dass diese Wörter auch semantisch miteinander zu tun haben.

1.2 Abgrenzung

Eine der Idiomatik verwandte bis identische linguistische Disziplin ist die Phraseologie. In dieser Disziplin werden Idiome im Prinzip als Phraseme geführt, die allerdings meist etwas weiter gefasst werden. Im Anklang an die grammatische Einheit „Phrase" sind Phraseme in solchen Untersuchungen stärker grammatisch orientiert und kategorisiert. Dies zeigt etwa die Gliederung in Donalies (2009): Substantivphraseme, Adjektivphraseme, Verbphraseme, jeweils benannt nach dem syntaktischen Kern.

Ebenso stark grammatisch orientiert sind Funktionsverbgefüge wie *eine Entscheidung treffen*. Im Gegensatz zu Idiomen sind sie weitgehend grammatikalisiert und regulär. Eng verwandt mit „Idiom" (und mit Idiomen) ist das normalsprachliche „Redensart" oder „Redewendung". Beide bleiben aber wie jedes normalsprachliche Wort eher diffus. Sie werden als Titel in Büchern wie Müller (1994) oder Sellner (1997) verwendet, die sich an ein allgemeines Publikum wenden. Als Terminus müssten sie aber präzisiert werden.

Gut abzugrenzen von Idiomen ist die Gruppe derer, die aus zumindest einem ganzen Satz bestehen. Dazu zählen Sprichwörter, Aphorismen, Sentenzen, Bonmots und weitgehend auch Geflügelte Worte.

Bei Floskeln und Klischees steht weniger die Form oder Bedeutung im Vordergrund als vielmehr der kritische Blick auf ihre Verwendung und den Stil.

Vor dem Hintergrund empirischer Orientierung der Linguistik und der Basierung sprachlicher Untersuchungen auf Sprachkorpora bleiben viele Kriterien erklärungsbedürftig. Wir setzen an:

- Untergrenze für Idiome: Mindestens zwei Wörter.
- Obergrenze für Idiome: Weniger als ein Satz.

Auch damit wären wir noch abhängig vom Wortbegriff (was weniger Probleme bereitet) und vom Satzbegriff. Hier wären vielleicht begründet auszuschließen verkürzte Sätze wie:

Besser X als Y:
Besser finden, was du nicht suchst, als suchen, was du nicht findest.
Lieber X als Y:
Lieber in den Arm nehmen als auf den Arm.
Gehupft wie gesprungen:
Links oder rechts ist doch eigentlich gehupft wie gesprungen.

1.2 Abgrenzung

Es gibt aber wenig Gründe, hier nicht auch großzügig zu sein.

Im Zuge der empirischen Orientierung und der Korpusbasierung linguistischer Untersuchungen ist einzugehen auf zwei mögliche Konkurrenten: Chunks und n-Gramme.

Von Chunks war die Rede bei eher formalen Analysen wie beim Parsing, der automatischen Ermittlung der syntaktischen Struktur von Sätzen. Da ging es um bestimmte serielle Satzausschnitte, die als Vorform für das Parsing dienten.

Schon früh kam die Idee auf, dass Chunks auch beim Sprachlernen eine Rolle spielen (Götz 1974). Ausgang war die Annahme, dass Lerner sich immer schon unbewusst und automatisch für sie Auffälliges oder Nachahmenswertes merken. Auffälliges ist natürlich ganz individuell. Man könnte aber auch an eine Generalisierung denken und Chunks für Lerner auf Vorrat erzeugen. Empirische Basis hierfür wären große Korpora und geeignete Extraktionsmethoden. Die kontrollierten Methoden müssen wiederkehrende Textstrukturen finden. Das geht ohne viel intelligenten Input nur über Frequenz und textuelle Nähe. Ziel einer solchen Extraktion sind Muster mit Slots, in die weitere Ausdrücke vom Lerner eingesetzt werden können.

Als empirische Basis dienen hier Kookkurrenzanalysen in Korpora wie Belica (2001). Dazu wird ein großes Korpus durchforstet. Grob gesprochen wird im Umfeld eines Stichworts gesucht, welche anderen Wörter da überfrequent vorkommen. Alle, die einen bestimmten, empirisch zu bestimmenden Schwellenwert überschreiten, werden als affine und semantisch relevante Partner gesehen.

Diese Methode (http://corpora.ids-mannheim.de/ccdb/) liefert zum Beispiel strukturierte Produkte folgender Art für das Suchwort *Lippe*.

> Ein feines Lächeln [...] umspielte seine Lippen
> Lächeln huscht über ihre schmalen Lippen
> presst die schmalen Lippen aufeinander
> mit|und rot geschminkten [...] Lippen und ...

Hier sehen wir noch kein Idiom und auch dies hier wäre kein Kandidat:

> Rote Lippen [soll man] küssen so ...

Aber doch schon auf Rang 10 erscheint ein Idiom:

> eine dicke Lippe [zu] riskieren

Und ziemlich weit oben:

> Wort ... nicht über die Lippen [...] bringt
> jeden Wunsch von den Lippen [...] ablesen
> gebannt an seinen Lippen [...] hängt

Die Ermittlung von Chunks bringt wichtige grammatische und semantische Strukturen ans Licht, die für Lerner äußerst nützlich sind, nur Idiome automatisch herauszufischen, gelingt so ohne Weiteres nicht.

Bei der n-Gramm-Methode wird ein Korpus zerlegt in Ketten von Wörtern. Für ein Korpus von tetra-Grammen etwa:

wort1_wort2_wort3_wort4
wort3_wort4_wort5_wort6

wort2_wort3_wort4_wort5
und so weiter.

Die so erzeugten tetra-Gramme ordnen wir nach Frequenz und erhalten eine kookkurrenzielle Sicht auf das Korpus. Wir erkennen, welche Folgen typisch oder charakteristisch sind.

Das Thomas-Mann-Korpus ergibt einige Millionen tetra-Gramme. Suchen wir welche nach bestimmten Stichwörtern aus, etwa *Auge*, *Ohr*, *Zunge*, so bekommen wir natürlich kleinere handelbare Untermengen. Tetra-Gramme, die *Zunge* enthalten, gibt es etwa 5000. Darunter auch die folgenden:

auf_der_Zunge_zergehen
Zunge_zu_lösen_weiß
in_die_Zunge_gebissen
der_gespaltenen_Zunge_zufolge

der_Zunge_zergehen_ließ
die_Zunge_biss_ehe
die_Zunge_verbrennen_am
deutscher_Zunge_geschaffen_werden

Für *Auge* und *Ohr* können wir diese finden:

ihr_die_Augen_geöffnet
in_die_Augen_fallen
ins_Auge_fallen_ließ
keine_Augen_hat_für
kein_Auge_warf_auf
über_beide_Ohren_verliebt
ganz_Aug_und_Ohr

richtig_die_Augen_geöffnet
in_die_Augen_fielen
ins_Auge_gefasst_habe
kein_Auge_dafür_gehabt
kein_begehrlich_Auge_werfen
über_die_Ohren_vernarrt

Das Verfahren zeigt, dass unter n-Grammen natürlich viele Idiome, auch in verschiedenen Formen, zu finden sind. Aber nur für die, die wissen, was ein Idiom ist. Für eine automatische Idiom-Gewinnung taugt es nicht. Beide Verfahren liefern empirisch valide Einheiten. Die Ermittlung von Idiomen erreichen sie zwar nicht, liefern aber Grundlagen für die weitere Erforschung von Idiomen.

Wir sehen als zentralen Kern von „groupements usuels" oder Phrasemen das Idiom. Seinen Eigenschaften widmen wir uns weiter.

Die Darstellung hier idealisiert natürlich. Viel bunter sind die Verwendungen der Termini in verschiedenen Verwendungen und Definitionen und klare Grenzen gibt es nicht.

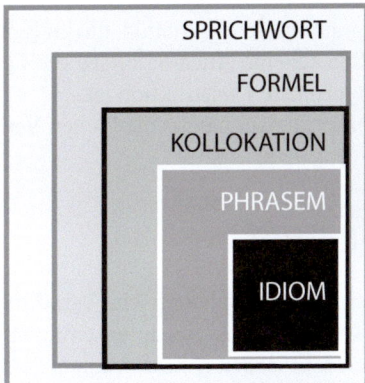

1.3 Definierende Eigenschaften von Idiomen

Die verschiedenen Erscheinungsformen im Bereich der Idiomatik sind nicht klar gegeneinander abgegrenzt. Allgemein werden den Idiomen drei Hauptmerkmale zugeschrieben:

1. Stabilität
2. Lexikalität
3. Idiomatizität

Alle drei sind nicht klar geschnitten und bedürfen der Explikation.

▶ **Stabil**
Mit dem Kriterium soll auf eine gewisse Festigkeit hingewiesen werden. Idiome sind zwar keine syntaktisch strukturierten Phrasen, bilden doch eine Art starres, vorgefertigtes Skelett, in dem lexikalisch und grammatisch begrenzt variiert werden kann. Dieses Skelett ist ein Art Satzgerüst, das satzfähig bis satzfordernd ist.

Hier sehen wir frequente Chunks zu *Gängelband*. Im ersten Päckchen sehen wir die Verben variiert. Auffällig ist der Unterschied von transitiven und intransitiven. Die Frage bliebe: Welches Verb ist das typischste? Welches gehört genuin zum Idiom? Vielleicht könnte man das entscheiden über die Frequenz und das häufigste wählen?

   am Gängelband [der …] führen
   am Gängelband [zu] halten
   am Gängelband […] zappeln
   hängt … am Gängelband …
   hänge … sehr … am Gängelband

Im Folgenden haben wir grammatische Variation, die im Rahmen des grammatischen Paradigmas immer möglich scheint. Auch da bliebe die Frage, wie weit das gehen könnte und welches die typischste Konstruktion ist.

Recht frequente Chunks mit zwei unterschiedlichen Verbformen sind:

> werde am Gängelband ... geführt
> am Gängelband [...] führen lässt
> am Gängelband geführt [...] werden

Für das Nomen findet sich kaum morphologische Variation, etwa kein Plural.

In all diesen Chunks war die Präpositionalphrase fix. Nun aber wird sie erweitert durch Attribute und zu den dativischen Konstruktionen kommen direktionale hinzu.

Das ist eine Folge der neuen Verbwahl.

> nicht am Gängelband [der ...] hängen
> nicht am Gängelband [der ... hängen] sagte der
> will sich nicht am Gängelband [der ...] führen lassen
> nicht ans Gängelband [der ...] zu nehmen
> sich ... nicht ans Gängelband [...] nehmen
> ans Gängelband genommen [...] werden

In der Folge kommen adjektivische Attribute hinzu und vor allem weitere Verben, nach denen auch die Präposition zu ändern ist. Weil, was das Idiom sagt, für schlecht gehalten wird?

Es spricht einiges dafür, dass hiermit der Kern des Idioms verlassen ist, dass das Idiom aber trotzdem für das Verständnis eine Rolle spielt, somit eine periphere Variante vorliegt.

> am kurzen Gängelband der ...
> am finanziellen Gängelband
> die Hochschulen vom Gängelband des Staates lösen
> vom Gängelband [der|des ...] befreit [...] werden
> vom staatlichen Gängelband befreit

Wir können daraus den Schluss ziehen, dass in den unterschiedlichen Vorkommensweisen eines Idioms keine klare Grenze zu ziehen ist und dass man vielleicht einen stabilen Kern mit Variation in grammatischen Grenzen und einer freieren Peripherie ansetzen sollte.

Wir schauen noch auf ein anderes Idiom, gehen aus vom typischen Chunk hin zu Beispielen aus dem ▶ KWIC-Index.

> ist [...] Hopfen und Malz verloren
> ist Hopfen [und Malz] verloren

Erste Beispiele dürften gewiss zum Kern des Idioms gehören.

> Oft ist hier Hopfen und Malz verloren.
> ... dass doch noch nicht Hopfen und Malz verloren ist.
> Also ist doch noch nicht Hopfen und Malz verloren?

1.3 Definierende Eigenschaften von Idiomen

Das „noch nicht" sollte zum Kern des Idioms gehören. Auch die grammatischen Abwandlungen im Tempus bleiben im Zentrum.

> … es sei Hopfen und Malz verloren.
> Ansonsten wäre ohnehin Hopfen und Malz verloren.
> Diesmal war Hopfen und Malz nicht verloren.

Zerstört aber jemand schon das Idiom, wenn er (norm-inspiriert?) die koordinative Nominalphrase als Plural nimmt?

> … Frist abgelaufen, sind Hopfen und Malz verloren.
> … überzeugt, dass Hopfen und Malz noch nicht verloren sind.

Beim ersten der folgenden Beispiele werden wir zurückgeworfen auf unseren Ausgang. Ist dies nicht das wahre Idiom? Und wäre das zweite dann eine kleine Abwandlung?

> An dir ist Hopfen und Malz verloren.
> Bei dir ist Hopfen und Malz verloren.

Spielerisch und schillernd gehen die folgenden mit dem Idiom um.
Hier schimmert die wörtliche Bedeutung durch:

> Bei diesem Gesöff ist ja Hopfen und Malz verloren.
> Der Hopfen ist nicht ganz verloren.

Was die Form betrifft, ist ein Idiom eine Art Schablone

- für eine Wortfolge von mindestens zwei Wörtern,
- mit einer grammatischen Struktur (unterhalb des Satzes),
- mit festen und variablen Besetzungen.

Strukturell und formal können wir das beispielhaft so darstellen:

> [**bei** N_pers_dat] [**mit** NP] (**nicht**) **landen** (**können**)

▶ **Lexikalisiert**
Lexikalisiert ist ein Wort, wenn es ins Lexikon gehört. Und ins Lexikon gehört es, wenn es lexikalisiert ist. So wird es nicht gehen.
Die Frage, ob ein Wort ins Lexikon gehört („Lexikon" ist hier der linguistische Terminus), stellt sich etwa bei Komposita. Wenn die Bedeutung des Kompositums regulär zu erschließen ist, muss es nicht ins Lexikon (kann aber trotzdem). Ein Junggeselle kann ein junger, frischgebackener Geselle sein, dann müsste das Wort nicht unbedingt ins Lexikon. Denn es würde ja die Bestandteile *Geselle* und *jung* schon enthalten. Das Wort *Junggeselle* hat aber auch eine Verwendung, in der es gar nicht um Gesellen geht. Das Kompositum ist verdunkelt, wie man sagt, und bedeutet in

dieser Verwendung „unverheirateter Mann". Er muss weder jung noch Geselle sein. Das Kompositum ist dann unmotiviert oder idiomatisch und gehörte ins Lexikon. Die Idiomatisierung geht noch weiter in *Junggesellin*. Idiome sind in diesem Sinn idiomatisch und gehören ins Lexikon.

Schon in der Frühzeit der generativen Syntax war die Grundidee, Sprache zu beschreiben mit wohldefinierten syntaktischen Regeln, die auf einem Lexikon operieren. Alles, was nicht regulär erfassbar war, gehörte ins Lexikon. Und so stellte sich schon früh die Frage, wie die semantische Theorie mit idiomatischen Mustern, mit Redewendungen und anderen Arten von Abweichungen im Sinne der generativen Beschreibung umgehen könnte, wie sie dem besser gerecht werden könnte.

▶ **Idiomatisch**
Dies ist für uns das Hauptkriterium. Es kommt in der Ausgangsdefinition als Ausnahme vom Fregeprinzip, nach dem die Bedeutung eines Satzes sich regulär aus der Bedeutung seiner Teile ergibt. Dies scheitert bei Idiomen in mehrfachem Sinn. (Darum wird ihnen öfter auch als Eigenschaft „nicht-kompositionell" zugeschrieben.) Bei manchen Idiomen beginnt Idiomatizität schon mit einem Kernwort, das frei eher gar nicht vorkommt, so dass man seine Bedeutung gar nicht bestimmen kann. Das gilt wohl für das Wort *Hucke* in *sich die Hucke vollsaufen*. Man kann sie in anderen Idiomen einem voll lügen und voll hauen. Wahrscheinlich wissen Sie, worum es geht. Aber isoliert kommt das Wort kaum vor und so kommt man mit dem Fregeprinzip von Anfang an nicht zurecht. Eine gewisse Chance hat man in diesem Beispiel hier, weil *vollsaufen* allein schon das Richtige ausdrückt. Ähnlich ist der Fall *ein Schnippchen schlagen* gelagert.

Vielleicht kommen Sie noch auf *mit dem Finger schnippen*, da wären Sie nah bei einer Erklärung.

Ähnlich verhält es sich mit *dumm wie Bohnenstroh*. Was ist Bohnenstroh und wozu soll es hier gut sein? Das Idiomatische muss nicht alle Teile eines Idioms betreffen. *dumm* und *vollsaufen* sprechen für sich. Nur die Einpassung klappt nicht. In den meisten Fällen klappt nur sie nicht. Aus *Lampe, gießen, einen* können Sie leicht ein Idiom generieren. Und vielleicht behält *gießen* hierin seine normale Bedeutung.

In diesen Fällen war für das Idiomatische ein Element verantwortlich. Aber es gibt auch Idiome, die vordergründig ganz unschuldig daherkommen. Wenn man jemanden im Regen stehen lässt, ist das auch im wörtlichen Sinn nicht nett.

Idiomatisiert wird hier offenbar die ganze Fügung.

Das Kriterium der Idiomatizität ist eher eine Skala denn ein Strich. Wir könnten etwa grob unterscheiden:

- Voll idiomatisch: *den bettel naschmeiße*
- Halb idiomatisch: *einen hinter die Binde gießen*
- Auch idiomatisch: *im Regen stehen lassen*

Wir sollten aber auch bei diesem Kriterium etwas Luft reinlassen und damit dem Charakter sprachlicher Erscheinungen gerechter werden. Eine weite und offene Definition ist nicht schädlich für die weitere Erforschung.

Im Grunde ist die Bedeutung eines Idioms meist nicht voll erschließbar. Es gibt aber gute Anhaltspunkte, wie wir später sehen werden.

So kann man durchaus einen Fortschritt der Idiomatik erkennen in der Diskussion um und mit zentralen Termini. Aber wir werden schon etwas mehr Empirie brauchen. Und vor allem sollten wir nicht vorschnell durch festsetzende Termini Grenzen ziehen, wo alles im Fluss ist.

1.4 Strukturen und Schablonen

Wir widmen uns nun den eher formalen Eigenschaften von Idiomen. Dazu eine Art selektiver Übersicht.

Eine häufige syntaktische Struktur sind Verbalphrasen mit *sein*.
VP[NP V_**sein**]
Da sind die prädikativen NPs idiomträchtig und weniger das eher nichtssagende Verb:

> ein harter Brocken, ein Klotz am Bein, ein unbeschriebenes Blatt *und* Hahn im Korb sein.

Zusätzlich hier eine Art persönlicher Ergänzung:

> jemandem ein Dorn im Auge oder jemandes Bier sein.

Beim letzten ist die vorherrschende Realisierung negiert mit *nicht*.
Weiter mit einem anderen Kopulaverb:

> einer Sache Herr werden.

Dann Präpositionalphrasen als Prädikative.
VP[PP V_**sein**]

> auf dem falschen Dampfer *und* außer Rand und Band sein. *Fast nur negiert* auf dem Damm sein.

Spezifisch und produktiv:

> mit seinem Latein, mit seiner Kunst, mit seiner Weisheit am Ende sein.

Hier nun Adjektivphrasen als Prädikative.
VP[AP [PP A_prä] V_**sein**]

> zu jeder Schandtat bereit sein, einem Vorschlag abgeneigt *und* keinen Pfifferling wert *oder* nicht der Mühe.

Mit Vergleichspartikel platt wie eine Flunder sein.
Und syntaktisch eher undurchsichtig wäre

> schwer von Begriff sein.

Idiome mit verbalem Kern bilden bei weitem die Mehrzahl. Sie entsprechen in der Regel der Valenz des Verbs.
VP[NP_akk V_akk]

> Fersengeld geben, Lunte riechen, das Zeitliche segnen, jemanden gefressen haben, gewähren lassen, Süßholz raspeln, dingfest machen, einen sitzen haben

VP[PP V_prä]

> auf X fliegen, (wie) auf glühenden Kohlen sitzen, unter die Räder kommen, mit einem blauen Auge davonkommen, aus dem Leim gehen, aus dem Rahmen fallen, vor dem Nichts stehen, am Hungertuch nagen

VP[NP_dat NP_akk V_dat_akk]

> jemandem reinen Wein einschenken, das Wasser nicht reichen können, etwas dem Erdboden gleichmachen

VP[NP_akk NP_akk V_akk_akk]

> etwas Revue passieren lassen, X Lügen strafen

VP[NP_akk PP V_akk_prä]

> einen zur Brust nehmen, seine Haut zu Markte tragen, jemanden außer Gefecht setzen, beim Wickel kriegen, beim Wort nehmen, im Stich lassen, in Acht und Bann tun, etwas unter Dach und Fach bringen

VP[NP_akk NP_dat V_dat_akk]

> jemandem das Wasser nicht reichen können, das Handwerk legen

VP[NP_akk NP_dat PP V_dat_akk_prä]

> jemandem das Fell über die Ohren ziehen *und ebenfalls dreiwertig* für jemanden die Kastanien aus dem Feuer nehmen

In diesen Idiomen steht das Verb der Verbalphrase im Perfekt:

> an einem Kreuzweg angekommen sein, nicht auf den Kopf gefallen sein *oder auch* auf den Mund *und passivisch* jemandem sind die Hände gebunden.

Aktivisch noch:

> jemanden gefressen haben

1.4 Strukturen und Schablonen

Hier sehen Sie in Übersicht, mit welcher Frequenz Verben in Idiomen vorkommen.

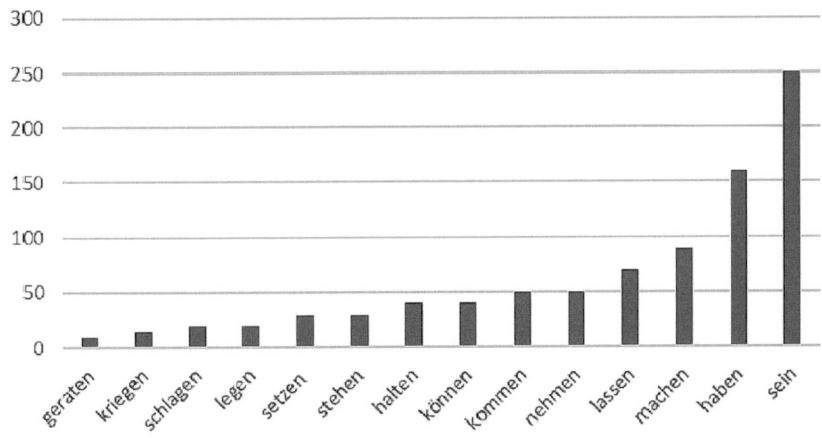

Hier, was man idiomatisch alles halten kann.

noch eine Hintertür offen
an der kurzen Leine
seinen Rand   eine Standpauke
sich die Waage die Stange
eine Gardinenpredigt

auf jemanden große Stücke
die Zügel kurz

sich über Wasser
etwas im Zaum
in Schach
sich jemanden warm
andere zum Narren
sich bedeckt den Mund
halten in Atem
große Stücke auf jemanden
etwas zugute
die Klappe
die Daumen
sich noch in Grenzen
sich schadlos sein Wort
sich im Hintergrund
die Ohren steif
die Fresse zum Narren
nicht hinterm Berg

Neben Idiomen mit Verb als Kern gibt es auch reine NPs und PPs, die natürlich im Satz eingebettet werden.

> null Bock, (nicht) der Weisheit letzter Schluss, böhmische Dörfer, ein Wink mit dem Zaunpfahl, eine Nasenlänge, kalter Kaffee
> im Schweiße seines Angesichts, mit dem Holzhammer, unter Dach und Fach, unter dem Siegel der Verschwiegenheit, unter dem Strich, vom Hundertsten ins Tausende

Und eine idiomatische Adjektivphrase

> päpstlicher als der Papst

Eher fest in Satzform

> jemandem platzt der Kragen *und* etwas geht jemandem durch Mark und Bein *oder* über die Hutschnur.

Hier noch Beispiele im Überblick, nach Phrasen- und Valenzstruktur sortiert und mit typischen Beispielsätzen versehen.

NP	Solche Künstler gibt es nur alle Jubeljahre mal!
NP	Das dicke Ende kommt erst noch.
NP	Ehrensache, dass ich dir beim Umzug helfe.
PP	Es kam zu Verwechslungen am laufenden Band.
PP	Man begegnet sich nicht gerade auf Augenhöhe.
PP	Das wurde positiv gesehen, weil es nicht nach Schema F verläuft.
PP	Als noch die Planungen mit Volldampf vorangingen.
PP	Sie hat mich nach Strich und Faden belogen.
VP_nom_akk	Als sie die Bedrohung sahen, gaben sie schleunigst Fersengeld.
VP_nom_akk	Gehör gesucht und gefunden hat sie.
VP_nom_akk	Beim Anblick vieler Leute kann man nur die Nase rümpfen.
VP_nom_akk	Wenn ich sehe, wie es hier aussieht, kriege ich Zustände!
VP_nom_dat	In diesem Moment reißt Timothy der Geduldsfaden.
VP_nom_präp	Da war sie schon wiederholt ins Fettnäpfchen getreten.
VP_nom_präp	Ich schreibe ohne ideologische Scheuklappen.
VP_nom_präp	Was sie alles als Argumente in die Waagschale warf.
VP_nom_präp	Der Streit hatte schon lange in der Luft gelegen.
VP_nom_präp	Ein reicher Ritter lebt stets in Saus und Braus.
VP_nom_akk_dat	Die Däninnen ließen sich nicht den Schneid abkaufen.
VP_nom_akk_dat	Denen kannst Löcher in den Bauch fragen.

1.4 Strukturen und Schablonen

VP_nom_akk_dat	Die Fanclubs schreiben sich die Finger wund.
VP_nom_akk_dat	Wie man der Welt einen Bären aufbindet.
VP_nom_akk_dat	So soll solchen Bestrebungen ein Riegel vorgeschoben werden.
VP_nom_akk_präp	Eine Idee, mit der man gleich zwei Fliegen mit einer Klappe schlägt.
VP_nom_akk_präp	Er wurde wiederholt aufs Kreuz gelegt.
VP_nom_akk_präp	Sie treibt doch Schindluder mit ihrer Gesundheit.
VP_nom_dat_präp	Das Herz fließt ihm über vor lauter Freude.

Im nächsten Schritt geht es um die Frage der Festigkeit dieser Strukturen. Wir werden gewisse Freiheiten im festen Rahmen sehen. Wir gehen eher vor nach einem Prototypenmodell und wählen das für uns typischste oder repräsentativste Beispiel als Prototypen. Von ihm aus lassen wir ein Umfeld von Varianten zu. Das Prototypenmodell ähnelt in Bezug auf Kategorisierung Wittgensteins Familienähnlichkeit. Wie der Prototyp verlässlich zu gewinnen ist, bleibt eine andere Frage. Im Normalfall wird er experimentell mit Probanden gewonnen. Eine andere Möglichkeit wäre, ihn zu bestimmen über die Elemente, die den meisten Vorkommensvarianten gemeinsam sind. Da stehen wir auch wieder vor dem Problem der Grenze.

Zuerst also die Frage: Was ist kommutativ üblich und was möglich? Manche Alternativen sind eher Artefakte. Es geht um die Schwierigkeit, das Idiom beschreibend zu fassen:

> auf jemanden/etwas fliegen, etwas/jemanden leiden können, jemanden/etwas auf dem Kieker haben.

Das ist eher Wörterbucheintrag und im Grundsatz zu weit. Nicht immer sind alle Jemande und Etwasse üblich und idiomgemäß.

Extrem ist das hier:

> Du kannst/Er/Sie kann/Ihr könnt/Sie können mich (mal) kreuzweise!

Varianten, die allerdings inhaltlich noch wenig bewirken, finden wir hier:

> den/seinen Geist aufgeben, wie vom Erdboden verschluckt/verschwunden sein, alles/jedes Wort auf die Goldwaage legen, an einem/am gleichen Strang ziehen, aus dem Gleis bringen/werfen, die Luft/den Atem anhalten, du meine/liebe Güte!, Zepter führen/schwingen, großes/schweres Geschütz auffahren

Um antonymische Alternativen geht es hier. Sie sind semantisch relevant:

> bei jemandem gut/schlecht ankommen, etwas in Zahlung nehmen/geben, etwas/nichts zu sagen haben, gut/schlecht/knapp bei Kasse sein, in Tränen/Gelächter ausbrechen

Schließlich finden sich auch stilistische Varianten oder Alternativen. Die meisten sind der Formulierung der Idiome geschuldet, weil dabei öfter das so gedachte niedere Stilniveau der Idiome störend gesehen wird:

überflüssig/unnötig sein wie ein Kropf, Geschäft erledigen/verrichten/machen, etwas gebacken kriegen/bekommen, etwas in die Krallen bekommen/kriegen, in dieselbe/die gleiche Kerbe hauen/schlagen, sein Fett abbekommen/abkriegen, Stielaugen machen/bekommen/kriegen.

Freier kommutieren Morpheme bei der Einpassung in Sätze.

Der Sohn hat nicht das Zeug dazu.
Der Sohn hat**te** nicht das Zeug dazu.
Der Sohn **wird** nicht das Zeug dazu **haben**.
Die Söhne **haben** nicht das Zeug dazu.

Sensibel kann da aber der Gegensatz Singular: Plural werden.

Die Vorstellung fand bei allen Anklang.
Die Vorstellung fand bei allen Anklänge.
Sie lebten über Jahre auf großem Fuß.
Sie lebten über Jahre auf großen Füßen.
Wer möchte nicht auf eigenen Füßen stehen!
Wer möchte nicht auf eigenem Fuß stehen!

Und wenn Sie in diesem Beispiel *Stange* in den Plural setzen, entfernen Sie sich schon vom Idiom:

Wir müssen stets bei der Stange bleiben.

Bei *Nasenlänge* wäre das kein Problem, weil das Idiom selbst schon variiert:

Sie alle blieben mindesten eine Nasenlänge voraus.

Sie	zerbrach	sich	den Kopf	über ihre Zukunft.
	beschädigte		das Haupt	
	destruierte		den Schädel	
	vernichtete		den Ballon	
	zerschlug		den Scheitel	
	zerstörte		den Kürbis	
	zertrümmerte		die Birne	
			die Melone	
			die Rübe	
			den Verstand	
			das Gehirn	
			das Dach	

1.4 Strukturen und Schablonen

Das	riecht	ja	drei	Meilen	gegen	den Wind.
	stinkt		sieben	Meter		den Sturm
	duftet		zehn	Kilometer		die Brise
			hundert	Zentimeter		den Tornado
			zwei			den Hurrikan
						den Orkan
						den Mistral
						den Sturmwind
						den Luftzug
						das Lüftchen

Wir kommen noch zu einem weiteren Aspekt der Variabilität im festen Rahmen: mögliche Permutationen im Satz. Wir betrachten wieder Beispiele.

Wir sollten aus einer Mücke keinen Elefanten machen.
Macht aus einer Mücke keinen Elefanten!
Sollten wir aus einer Mücke keinen Elefanten machen?
Aus einer Mücke sollten wir keinen Elefanten machen.
Keinen Elefanten sollten wir aus einer Mücke machen.
Machen sollten wir aus einer Mücke keinen Elefanten.
Machen sollten wir keinen Elefanten aus einer Mücke.
Einen Elefanten sollten wir keinen aus einer Mücke machen.

Wir können und wollen keine Regel formulieren. Die stilistische Qualität nimmt da schon etwas ab. Aber im Ganzen werden Sprachgebildete immer noch das Idiom erkennen. Hier geht die Variation schon weiter:

Sie machen aus einer Mücke einen Elefanten.
Einen Elefanten machen sie aus zwei Mücken.
Wie viel Elefanten kann man aus einer Mücke machen?

Das ist hier vielleicht schon etwas anders:

Dann hätte die Regierung einen Stein im Brett.
Dann hätte die Regierung im Brett einen Stein.
Einen Stein hätte die Regierung dann im Brett.

Auch diese Sätze müssen wir uns außerhalb des Zusammenhangs hier vorstellen. Dann kann die Idiomatizität auch schwächer werden.

Eine Übersicht nach Art der Modifikation:

Wenn ihr mich blamiert, ziehe ich euch das Fell über die Ohren.

Negiert

Wenn ihr brav seid, ziehe ich euch das Fell nicht über die Ohren.
Wenn ihr brav seid, bekommt ihr kein Fell über die Ohren gezogen.

Passiv

Wenn ihr mich blamiert, wird euch das Fell über die Ohren gezogen.

Umstellung

Über die Ohren wird euch das Fell gezogen, wenn ihr mich blamiert.

Relativsatz

Das Fell, das euch über die Ohren gezogen wird, wärmt nicht mehr.

Adjektivzusatz

Man zieht euch das Fell über die tauben Ohren.
Ich ziehe euch das Fell über beide Ohren.
Sie zieht euch das dicke Fell über beide Ohren.

Hier noch die Frequenz von Idiomen in den DWDS-Korpora. Es zu wissen, könnte für die eigene Verwendung oder auch didaktisch von Nutzen sein.

etwas Revue passieren lassen	800
über die Runden kommen	600
außer Rand und Band	500
das Rennen machen	400
etwas an die große Glocke hängen	300
von der Pike auf	300
jemanden in die Pfanne hauen	200
das fünfte Rad am Wagen	200
das Fell über die Ohren ziehen	100
die Flinte ins Korn werfen	100
etwas auf dem Kerbholz haben	80
das Kind mit dem Bade ausschütten	50
an den Haaren herbeiziehen	50
am langen Arm verhungern lassen	30
die Maske fallen lassen	30
mit seinem Pfunde wuchern	10

1.4 Strukturen und Schablonen

seine Pappenheimer kennen	10
eingehen wie eine Primel	5
geht der Arsch auf Grundeis	2

Das letzte verwundert uns nicht. *Kerbholz* selbst ist heutzutage eher selten. *Pappenheimer* allein findet sich 500 mal und *Kerbholz* selbst hatte seine Höchststand so um 1700. Und die Muffe geht doch wenigstens zehnmal.

Syntaktisch und lexikalisch präzise stellen wir Idiome dar in strukturellen Schablonen. Da wird die syntaktische Struktur mit lexikalischer Standardfüllung und üblichen Varianten formuliert (zur Notation s. Anhang).

Idiome in Schablonen
(Immer in ein einer Art Standardform, in der morphologische Variation möglich ist.)

[NP_pers_nom] [NP_pers_dat] **Brief und Siegel** [V_geben] [PP_auf]

[NP_neg_akk] **hinter dem Ofen** [V_hervorlocken]

[NP_pers_nom] [NP_dat] **Pate** [V_stehen] ([PP_bei])

[ART] **springender** [N_Punkt] ([V_kop_sein])

[NP_pers_nom] **eine** { weiße / saubere / reine } **Weste** [V_aux_haben]

[NP_nom] ([NP_pers_dat]) **ins Auge** [V_stechen]

ad calendas graecas { V_verschieben / V_vertagen / V_vertrösten }

[N_pers_dat] [NP_nom] **auf der Zunge** [V_zergehen]

[PR_refl_dat] [NP_akk] **auf der Zunge** [V_zergehen] [V_lassen]

[NP_nom] **auf der Zunge** [NP_pers_dat] ([V_liegen])

[NP_nom] **in die Knie** [V_gehen]

{[ART_indef] / [ART_quant]} {Nummer / Nummern} zu groß [V_kop_sein]

{[ART_indef] / [ART_quant]} ([ADJ_quant]) {Bock / Böcke} [V_schießen]

[NP_pers_nom] [NP_pers_dat] **den Kopf** [V_waschen]

[N_pers_nom] {V_müssen / V_sollen} **vor** {der / [PR_poss]} **eigenen Tür kehren**

[NP_akk] **auf der Zunge** [V_zergehen] [V_lassen]

[NP_nom] [V_liegen] **auf der Zunge**

{[ART_indef] / [ART_quant]} {Nummer / Nummern} **zu groß**

[NP_pers_akk] **der Teufel** [V_reiten]

[NP_pers_nom] **sich (einen Klotz) ans Bein** [V_binden]

sich {einen / [NP_akk]} **hinter die Binde** {[V_kippen] / [V_gießen]}

1.4 Strukturen und Schablonen

Idiome in Schablonen für diverse grammatische Typen

[NP_pers_nom] [NP_akk **das Hasenpanier**] [V_**ergreifen**])

[NP_pers_nom] [N_akk **Fersengeld**] [V_**geben**])

[NP_pers_nom] [N_pers_dat] [NP_akk **einen blauen Dunst** [V_**vormachen**]

[NP_pers_nom] [NP_akk **den Schalk**] [PP_lok **im** Nacken [V_**haben**]

[NP_pers_nom] [NP_akk [DET_poss [N **Haut**]] [PP_lok_dir] **zum Markte** [V_**tragen**]

[NP_pers_nom] [PR_refl_akk] [ADJ_**mausig**] [V_**machen**]

[NP_pers_nom] [PP [P_**auf** [N_indef_**etwas**]]] [ADJ_**erpicht**] [V_**sein**]

[NP_pers_nom] [PR_refl_dat] [NP_akk [ADJ_**schlauen** N_**Lenz**]] [V_**machen**]

[NP_pers_nom] [NP_akk [N_koord **Gift und Galle**]] [V_**spucken**]

[NP_pers_nom] [N_pers_dat] [NP_akk [N_koord **Brief und Siegel**]] [V_**geben**]

[NP_pers_nom] [NP_akk [N_**Kopf**]] [VP [V_**hängen**] V_**lassen**]

[NP_pers_nom] [N_pers_dat] [NP_akk [DET_def_**das** [N_**Wasser**]]] [VP [NEG_**nicht** [V_**reichen**] V_**können**]]]

[NP_pers_nom] [PP_lok [P_**auf** ADJ_**glühenden** N_**Kohlen**]] [V_**sitzen**]

[NP_pers_nom] [NP_akk] [PP_lok_dir [P_**auf** DET_**die** ADJ_**lange** N_**Bank**]] [V_**schieben**]

1.5 Ein Blick auf die Konkurrenz

Nach Wilhelm von Humboldt machen wir in der Sprache unendlichen Gebrauch von endlichen Mitteln. Und auch bei Hegel war die Rede vom unendlichen Gebrauch von Endlichem. Und bei Chomsky heißt es: „From now on I will consider a language to be a set (finite or infinite) of sentences, each finite in length and constructed out of a finite set of elements. All natural languages in their spoken or written form are languages in this sense." (Chomsky 1957: 13). Linguistisch fassen wir die endlichen Mittel als Lexikon von Einzelwörtern oder Lexemen und erzeugen mit wohldefinierten grammatischen Regeln daraus komplexere Ausdrücke oder Sätze. Dies war das absolute linguistische Erfolgsmodell im Bereich Syntax und Grammatik. Andere Grundeigenschaften menschlicher Sprache wurden dabei weniger beachtet.

Eine der wichtigen Eigenschaften dafür ist Musterhaftigkeit (generell hierzu Stein/Stumpf 2019). Idiome befinden sich da in einem weiten Umfeld.

1.5 Ein Blick auf die Konkurrenz

Formeln
mit freundlichen Grüßen
meiner Meinung nach
vom Grundsatz her
mit Fug und Recht
gesetzt den Fall, dass
von Fall zu Fall
auf Gedeih und Verderb

Zwillingsformeln
wie Milch und Blut
gang und gäbe
klipp und klar
fix und foxi
Jacke wie Hose
mit Mann und Maus

Kollokationen
kalt erwischen
Zähne putzen
rechtliches Gehör
alles Gute wünschen
in Schutt und Asche legen
sich in den Weg stellen
Ski laufen
Auto fahren

Floskeln
Wir stützen uns auf …
Es ist wichtig zu betonen, dass …
In Anlehnung an …
Ich bin sehr geneigt …
lehne die Idee entschieden ab …
nichtsdestotrotz …
in den Blick nehmen
ohne Wenn und Aber

Funktionsverbgefüge

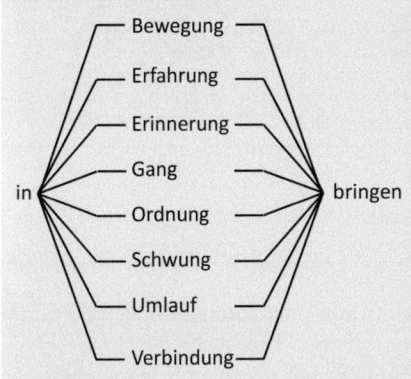

Aphorismen
Afterreden sind, was das Wort sagt.
Auf dem grünen Zweig bloß nicht loslassen!
Das geht durch Euro und Bein.
Das Gesetz hat einen kurzen Arm.
Du hast ja zwei sitzen!
Es soll schon mal welche gegeben haben, die durch Anwesenheit glänzten.
Für mich als Sisyphus ist Arbeit kein Genuss.

Sprichwörter
Abendrot verspricht dem Bauern Lohn und Brot.
Morgenstund hat Gold im Mund.
Scheiden tut weh.

Geflügelte Worte
Edel sei der Mensch.
Wer immer strebend sich bemüht …
Ich singe, wie der Vogel singt

Als ▶**Routineformeln** oder einfach **Formeln** werden üblicherweise vorgeprägte Ausdrücke aus zwei oder mehr Lexemen bezeichnet, die bei der Erfüllung häufiger kommunikativer Aufgaben ihre Rolle spielen. Es heißt, dass Routineformeln zur Entlastung der Kommunizierenden beitragen.

Es werden öfter drei Gruppen unterschieden: Formeln,

- die an bestimmte Kommunikationssituationen und Texte gebunden sind: *mit freundlichen Grüßen, auf Wiedersehen, bis zum nächsten Mal*
- die etwa dem Ausdruck verbaler Höflichkeit dienen: *herzlichen Dank, so leid es mir tut*
- die allgemein bei kommunikativen Aufgaben verwendet werden: *meines Erachtens, anders ausgedrückt, wenn ich das noch anmerken darf*

▶**Floskeln** sind Sätze oder Versatzstücke, die in Sätzen verwendet werden. Sie sind häufig, Auffälligkeit heischend und wiederkehrend.

Sie werden oft verwendet, um sich diplomatisch oder höflich auszudrücken und dienen als rhetorisches Muster.

> Wir bedauern, Ihnen mitteilen zu müssen …
> Vielen Dank für Ihr Verständnis, aber …
> Leider konnten wir Ihren Wünschen nicht entsprechen.
> Wir nehmen Ihre Anregungen gerne entgegen.

Insgesamt werden Floskeln aber kritisch gesehen. Sie gelten als stereotyp, oft als

- abgedroschen,
- hohl und
- inhaltsleer.

Ja, und dann noch: *Vielen Dank für Ihr Vertrauen.*
Die Unterscheidung von Formeln und Floskeln ist nicht immer klar.

▶**Zwillingsformeln** werden auch als Paarformeln oder internationaler als Binomiale bezeichnet.

Wie der Terminus sagt, besteht eine Zwillingsformel aus irgendwie gleichartigen Komponenten, in der Regel Wörtern.

Die beiden sind von gleicher syntaktischer Kategorie und gerahmt durch ein drittes, fast immer einen Konnektor und hier in der Regel *und*.

In der Formel X und Y kann X = Y sein: *Hand in Hand, nach und nach*

Nach der Form der Elemente können wir Vorlieben erkennen. Vor allem:

> Reime: *Lug und Trug, Saus und Braus, schlank und rank*
> Stabreime: *drunter und drüber, frank und frei, gang und gäbe, klipp und klar*

1.5 Ein Blick auf die Konkurrenz

Wir können bestimmte semantische Relationen zwischen X und Y erkennen:

Antonyme: auf und ab, gut und böse, heiß und kalt, Tag und Nacht
Synonyme: angst und bange, Art und Weise, Weh und Ach

Auch stereotyp zu erschließende: *Katz und Maus, Geben und Nehmen*

Das mag auch Stilfiguren wie Oxymoron oder Pleonasmus entsprechen.
Außer *und* kommen weitere Rahmungen vor:

links oder rechts, Jacke wie Hose, Schritt für Schritt, Seite an Seite, Zug um Zug

Paarformeln haben feste Bedeutung:

Drunter und drüber „völlig ungeordnet, Chaos, außer Kontrolle"
Hab und Gut „Besitz"
Kurz und bündig „kurz gesagt/gefasst, knapp und treffend ausgedrückt"
Jacke wie Hose „gleichgültig, egal, einerlei"

Sehr viele Zwillingsformeln entstammen der Rechtssprache:

Handel und Wandel, Haus und Hof, Jahr und Tag, Kind und Kegel, Leib und Leben, Mord und Totschlag, Treu und Glauben, Bausch und Bogen, Grund und Boden

Und wenn schon Zwillinge, dann vielleicht auch Drillinge:

Feld, Wald und Wiesen oder *heimlich, still und leise*

▶ **Kollokationen** werden gewöhnlich als Lexemfolgen oder Phrasen definiert, die in Texten häufig zusammen vorkommen.

Nach klassischer Definition – haben wir gesehen – besteht die Kollokation aus einer Basis, die semantisch autonom und frei kombinierbar ist, und einem Kollokator, der zu der Basis besonders affin ist, was erst einmal heißen soll, besonders häufig vorkommt. Die Bestandteile einer Kollokation sind in der üblichen Bedeutung zu verstehen.

Sie können nach syntaktischen Mustern geordnet werden:

Adjektiv + Nomen: *kalter Kaffee*
Verb + Adverb: *kalt duschen*
Verb + Verb: *spazieren gehen*
Adverb + Adjektiv: *bitter nötig*

In Korpusanalysen sind Kollokationen nach Häufigkeit zu ermitteln.

Als Terminus wird „collocation" eher beiläufig bei J.R. Firth in den 1950er Jahren verwendet. Ausführlicher für das Deutsche behandelt in Hausmann 2007 und Burger 2015.

▶ **Funktionsverbgefüge** (auch **Funktionsverbfügungen**) sind syntaktisch durchkonstruierte Verbalphrasen. Sie waren lange stilistisch verpönt als Schwellformen oder Streckformen. Ein Funktionsverbgefüge besteht aus einem nominalisierten Verb, etwa *Kochen*, einer Präposition und einem sog. Funktionsverb FV, das lange als bedeutungslos angesehen wurde, Formal:

[PRÄP + DET_def N[V] + FV].

Funktionsverbgefüge wurden als Ersatz für das einfache Verb gesehen. Etwa *zum Kochen kommen* für einfaches *kochen*. Sie leisten aber im Kontrast zum einfachen Verb semantisch Unterschiedliches. Syntaktisch verhalten sie sich wie normale Verbalphrasen im Satz, können etwa normal negiert werden:

Wie kam das denn zum Ausdruck?
Das wurde nicht zum Ausdruck gebracht.

Semantisch dienen sie vor allem der Kausativierung und Veränderung der Aktionsart.

Igor brachte den Stein ins Rollen. > Der Stein kam ins Rollen. > Der Stein rollte.
Dorothea kam langsam ins Schreiben. > Dorothea schrieb.

Als Variante von Funktionsverbgefügen werden auch solche mit Akkusativobjekt gesehen, etwa *Bescheid geben*, *Verzicht leisten* und weitere. Oder gar solche mit Dativobjekt und Genitivobjekt: *sich einer Prüfung unterziehen, einer Meinung sein*.

▶ **N-Gramme** sind Wortfolgen bestimmter Länge in Texten, etwa bi-Gramme, penta-Gramme oder hexa-Gramme.
Sie können aus größeren Korpora gewonnen werden. Ordnet man sie nach Frequenz, erhält man typische Eigenschaften der Sprache oder eines Autors. In der Anwendung (https://books.google.com/ngrams/graph?content=Kollokation&year_start=-1800&year_end=2019&corpus=de-2019&smoothing=3) können Sie die Vorkommenshäufigkeit über die Zeit verfolgen (auch Heringer 2018).

Sprichwörter, Geflügelte Worte und Aphorismen sind in der Regel Sätze oder satzartige Ausdrücke, vielleicht auch kurze Texte.

Ein ▶ **Aphorismus** ist ein selbständiger kleiner Text, mindesten wohl ein Satz. Seine Autorschaft ist belegt und ausgewiesen.
Es heißt, es würde in ihm ein Gedanke oder eine Lebensweisheit ausgedrückt. Er kann aus nur einem Satz oder wenigen Sätzen bestehen. Oft werden Aphorismen als Sinnsprüche bezeichnet. Sie sollen auch Sentenzen, Maximen, Aperçus und schon mal Bonmots formulieren.
  Schon bei den alten Griechen wurden Aphorismen verfasst.
  Der zynische Aphoristiker Ambrose Bierce hat den Aphorismus als vorverdaute Weisheit definiert.

Aphorismen werden gern für Poesiealben verwendet. Aber es gibt auch gesammelte in sog. und Zitatenschätzen.

Wichtige Stilmittel in Aphorismen:

- Paradox: *Auch wenn ich nicht denke, bin ich. – Denkst du?*
- Doppeldeutig: *Nachdenken – So oder so?*
- Ironisch: *Könnten wir weiter in die Zukunft sehen, würde die Vergangenheit schöner.*

Ein ▶ Geflügeltes Wort ist im Grunde ein Zitat, das Eingang in den allgemeinen Sprachgebrauch gefunden hat. Es ist entnommen aus einem Werk, dessen Autorschaft bekannt ist und das Werk selbst auch verbreitet. Viele Geflügelten Worte sind Bibelzitate, im Deutschen verbunden mit dem Namen Luther. Die Quelle muss nicht jedem, der das Geflügelte Wort verwendet, bewusst sein.

Im Prinzip sind Geflügelte Worte kurz und knackig. So können sie knapp etwas auf den Punkt bringen, etwas, das im Leben als Sinnspruch gelten kann. Geflügelt sind diese Worte in der Hoffnung, dass sie fliegen mögen.

▶ Sprichwörter sind kurze Texte, bestehen meist aus einem Satz. Sie sind starr und sollen immer in der gleichen Form verwendet werden. Allgemeiner spricht man auch von Redewendungen. Die Autorschaft ist unbekannt, man schiebt sie gewöhnlich dem Volksmund in den Mund. Die meisten Sprichwörter sind alt und lange tradiert. Es kommt auch vor, dass die ursprüngliche Quelle (oder Autorschaft) entschwunden ist, weil es den Menschen darauf nicht ankam. So bei Schillers „Die Axt im Haus erspart den Zimmermann." Da kommt es auch nicht darauf an, ob es das Wort schon vorher gab.

Sprichworte formulieren oft verkleidet Ratschläge und Empfehlungen in Form von Aussagen. Aber es gibt auch kritisch gedachte.

Manche Sprichworte sind eingängig gereimt:
„Trocken Brot macht Wangen rot."

1.6 Empirische Schärfung

Im Vorspann habe ich darauf hingewiesen, dass Definitionen sprachlicher Einheiten keine Setzungen sein sollten. Sie sollten in der wissenschaftlichen Arbeit weiter entwickelt und verbessert werden, im Prinzip empirisch adäquater. Dabei spielen die sprachlichen Daten die Hauptrolle und in neuerer Zeit als Basis vor allem große Sprachkorpora. An diesen Daten können Definitionen präzis erprobt und verbessert werden. Da wir uns hier auf digitalem Feld bewegen, habe ich als Aufreißer mal die KI gefragt.

> Ich: Wie viel Idiome gibt es im Deutschen?
> KI: Es gibt keine genaue Anzahl von Idiomen im Deutschen, da neue Idiome ständig entstehen und andere veralten können. Das Deutsche ist eine sehr vielfältige Sprache, die

regionale Dialekte und verschiedene Soziolekte umfasst. Jede Region, jede Altersgruppe und jede soziale Gruppe kann ihre eigenen Idiome haben. Es gibt jedoch Schätzungen, dass es im Deutschen weit über 10.000 Idiome geben kann.
Es ist schwer, eine genaue Anzahl festzulegen, da es keine eindeutige Definition oder Klassifizierung gibt.

Und da hat sie gewiss recht.

Allgemein in Bezug auf Phraseme wurde schon früh angenommen, es gebe mehr als Lexeme im Lexikon. Das mag nicht unplausibel sein, da sie ja Kombinationen von Lexemen sind, vor allem, wenn man weiß, wieviel Lexeme das Lexikon einer Sprache umfasst. Nach einer rezenten „konservativen" Schätzung seien es vielleicht 5 Mio. Phraseme. Bleibt die Frage:

- Wie viel davon wären Idiome?

Eine erste Orientierung finden wir in publizierten Sammlungen. Da ist die Zahl natürlich abhängig von vielen Faktoren. Manche fürs Deutsche haben etwa 4000 Idiome und die umfangreichste etwa 8000. Ein frühes englisches Idiom-Wörterbuch enthält etwa 7000, ein französisches etwa 9000 und ein russisches rund 13.000. Das sollten wir eher nicht den Sprachen gutschreiben. Und im Hintergrund immer noch die Frage: Was ist ein Idiom? Oder was wird als solches gezählt?

In der neueren linguistischen Literatur ist noch die Rede vom deduktiven Charakter einer Definition, was ja nicht gerade empirie-orientiert klingt. Weiter heißt es dann (Mel'čuk 2023, 19):

Substantive requirements on linguistic definitions
From the substantive standpoint, a correct definition must be:
• strictly deductive;
• based on the maximal separation of defining features;
• designed to account, in the first instance, for the prototypical cases of the phenomenon or entity being defined.

Da finden wir dann etwas weiter (hier leicht gekürzt Mel'čuk 2023, 51):

Idioms have eight important properties.
The first five characterize only idioms:
• an idiom can be non-compositional;
• an idiom can be more or less transparent semantically;
• an idiom can be syntactically discontinuous;
• an idiom has only a deep part of speech;
• an idiom can contain degenerate lexemic components. Then, just like a lexeme,
• an idiom can have synonymous variants;
• an idiom can have copolysemes and homonyms;
• an idiom can have lexical functions.

Ob eine Definition taugt, die uns sagt, was etwas sein kann, bleibt dann doch fraglich.

1.6 Empirische Schärfung

▶ **Sprachkorpora** Für die weitere Materialgewinnung und Grundlage für weitere Untersuchungen und vor allem für die empirische Validierung sind Sprachkorpora unerlässlich.

▶ **Ein Sprachkorpus** ist eine Sammlung authentischer Texte, verschiedener Größe und öfter auf bestimmte Textsorten konzentriert. In unserem Zusammenhang kann die Korpusrecherche introspektive Vorgehensweisen unterstützen und vielleicht ersetzen.

Elektronische Korpora des Deutschen gibt es einige, die öffentlich nutzbar sind. Einmal das deutsche Referenzkorpus (DeReKo) des Instituts für Deutsche Sprache (IDS), dann Wortschatz Leipzig und das Digitale Wörterbuch der deutschen Sprache (DWDS) der Berlin-Brandenburgischen Akademie der Wissenschaften. (Dazu etwa Bubenhofer: www.bubenhofer.com/korpuslinguistik/kurs/index.php?id=korpus-typen.html)

Das ▶ DeReKo (www.ids-mannheim.de/cosmas2/projekt/referenz/archive.html) umfasst zur Zeit etwa 52 Mrd. Textwörter (= Wortformenokkurrenzen) in mehreren Teilkorpora. Die einzelnen Korpora sind definiert nach zeitlichen Kriterien oder nach Textsorte. Für die Nutzung stehen mehrere features zur Verfügung. Zuerst einmal eine KWIC-Liste, die für Suchanfragen nutzbar ist.

Dabei können auch Anfragen in sog. regular expressions formuliert werden. Des Weiteren gibt es die statistische Kookkurrenzanalyse (https://corpora.ids-mannheim.de/ccdb/). Sie zeigt sprachliche Einheiten in der Form von chunks, also etwa lineare Folgen von Wortformen, die statistisch auffällig im Korpus sind. Außerdem wird ermittelt, welche Wortformen zu einer Eingabe wie häufig im definierten Umfeld erscheinen.

Das ▶ DWDS (https://www.dwds.de/) stellt mehrere Korpora zur Verfügung. Korpora zur Gegenwartssprache und historische Korpora bis zurück ins 16. Jahrhundert. Dann diverse Zeitungskorpora und ein Webkorpus.

Das Kernkorpus enthält zur Zeit ca. 120 Mio. Textwörter. Auch hier können Sie im kleinen Maß regular expressions für die Anfrage einsetzen und Sie können im kleinen Maß Mehrwortsuchanfragen stellen, auch Kookkurrenzprofile gewinnen.

Dritter im Bunde ist ▶ Wortschatz Leipzig (https://corpora.wortschatzleipzig.de/de). Dieses Korpus basiert auf Netzfunden und reicht jeweils in die aktuelle Zeit. Die Größe wird mit 33 Mio. Sätzen angegeben. Hier finden Sie neben einem Korpus für das Deutsche auch Korpora für etwa 300 Sprachen. Sie können Teilkorpora herunterladen für den eigenen Gebrauch. Mit Anfragen erhalten Sie eine Kookkurrenzanalyse, sie zeigt affine Wortformen insgesamt oder nach rechts- und linksseitigen Vorkommen geordnet. Dazu eine grafische Darstellung, in der die Stärke der Affinität dargestellt ist durch Strichstärke. Ein Beispiel hier:

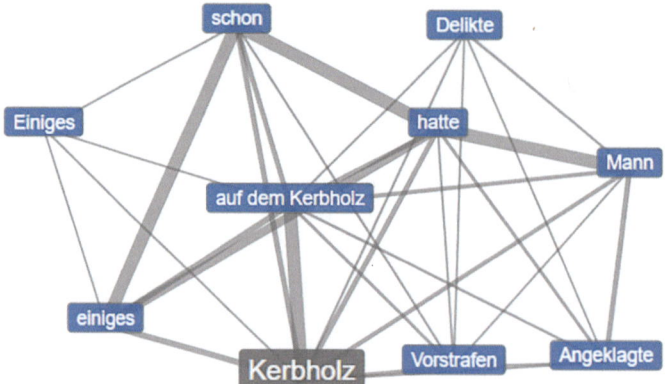

Dies alles sind Wege für die intelligente Suche. Man braucht dafür schon Hypothesen über entsprechende Idiome, wie sie eventuell lauten könnten, um dann weitere Informationen über die reale Verwendung zu bekommen. So wird man eventuell gängige Varianten entdecken, die vielleicht häufig vorkommen, bei denen sich aber immer die Frage stellt: Realisieren sie noch das Idiom? Damit ist man zurückgeworfen auf die Frage: Was ist ein Idiom und die vorausgesetzte Definition. Auch das kann eine lehrreiche Anwendung sein. Selbstverständlich dienen Suchanfragen auch der Materialgewinnung und sie ermöglichen eine zeitliche Situierung wie auch eine Zuordnung zu Textsorten. In der Kookkurrenzanalyse erkennen wir auch das semantische Umfeld.

Eine ganz andere Frage ist: Können wir über Korpora unsere vorläufige Idiomdefinition verbessern? Und wenn ja, wie?

In der empirischen Forschung gehen wir aus von einer Anfangshypothese oder Definition. Wir wenden sie an auf ein Sprachkorpus, überprüfen und analysieren die Ergebnisse. Wir beachten die passenden Funde und die unerwarteten. Letztere analysieren wir, deuten sie auf dem Hintergrund unserer Definition und versuchen, mit einer neuen Definition sie auszuschließen. Oder aber wir erkennen, dass sie eigentlich dazugehören und modifizieren unsere Ausgangshypothese entsprechend. Dies kann man auch als Dazulernen über Empirie sehen.

In einem kleinen Projekt habe ich mit den Kollegen Roman Schneider, Marc Kupietz und Peter Fankhauser vom IDS meine Definition über ein mittelgroßes Korpus erprobt. Für eine automatische Suchstrategie im Korpus zählen nur Frequenz der jeweiligen Textwörter und Abstand im linearen Korpus. Unter diesem Gesichtspunkt zeichnen sich Idiome aus:

Idiome sind n-Gramme von Textwörtern,

- die überdurchschnittlich frequent miteinander vorkommen,
- und im weiteren Kontext fremd sind, das heißt überdurchschnittlich selten mit den Textwörtern der Umgebung vorkommen.

1.6 Empirische Schärfung

Zu diesem Zweck wurde das Korpus aufbereitet in n-Grammen der Länge 8. Für das Programm wurden einige bewährte Parameter implementiert. Die Einzeldefinitionen erspar ich Ihnen hier. Der Durchlauf war äußerst zeitaufwendig, brachte aber Tausende von Ketten als Ergebnis. Und das zeigte, dass die Grundidee reiche Ergebnisse bringt, die allerdings zu prüfen sind und vor allem als Basis für Überlegungen:

- Welche Ketten entsprechen wie weit unserer vorgängigen Idiomdefinition?
- Was bringt das Programm für die Präzisierung der verwendeten Idiomdefinition oder ihrer Realisierung über die Parameter des Programms?

Dazu führe ich hier einige schon für diesen Zweck ausgewählte Beispiele vor:

1)	auf	den	putz	hauen	
2)	auf	die	goldwaage	legen	
3)	dumm	aus	der	wäsche	gucken
4)	alles	für	die	katz	
5)	am	hungertuch	genagt		
6)	auf	den	hund	gekommen	
7)	auf	den	kopf	gefallen	
8)	alle	tassen	im	schrank	
9)	allen	wassern	gewaschen		
10)	an	die	große	glocke	
11)	den	teufel	an	die	wand
12)	der	hase	im	pfeffer	
13)	am	ende	mit	seinem	latein
14)	auf	die	tränendrüse		
15)	auf	keine	kuhhaut		
16)	am	arsch	der	welt	
17)	am	ende	der	welt	
18)	am	ende	des	tages	
19)	den	letzten	beißen	die	hunde
20)	aller	guten	dinge	sind	
21)	alles	gute	kommt	von	oben

Die Resultate (1) bis (4) können als übliche Wörterbucheinträge gelten. Sie scheinen perfekt der Definition und der gängigen Auffassung zu entsprechen. Bei (4) würde vielleicht noch das Kopulaverb *sein* ergänzt. In einem gängigen Idiomwörterbuch steht *ist*, was gewiss zu eng ist. (5) bis (7) mit Partizip des Verbs ist vielleicht bei (5) etwas eng gegenüber üblichen Wörterbuch-Einträgen, vielleicht aber auch typisch. Bei (8) würden wir gewiss das *nicht* vermissen und die Frage wäre, warum haben wir es nicht erwischt. Und bei (9) fehlt gewiss das *mit*. In (10) bis (12) ist uns jeweils das Verb entgangen. Das mag damit zusammenhängen, dass wir im Programm die Länge der jeweiligen Kette zu kurz definiert hatten, vielleicht auch nur in den Zwischenschritten. Ähnlich (13) bis (15). Aber stets ist der Kern des Idioms perfekt getroffen. In (16) bis (18) können wir davon ausgehen, dass es das perfekte Idiom ist. Im jeweiligen Verbslot kommen eine Anzahl von Verben in Frage.

> am Ende der Welt befand
> am Ende der Welt gefällt es mir
> am Ende der Welt gelebt hat
> am Ende der Welt stünde
> und so weiter.

Schließlich noch die letzten drei, die gewiss Sprichwort-Charakter tragen. Da wäre vielleicht im Programm die Satzgrenze zu berücksichtigen. Aber das würde nichts ändern an der Idiomdefinition.

1.7 Fazit

In diesem Kapitel haben wir unser Thema definitorisch eingegrenzt.
   Ein Idiom

- bildet eine Art stabiles Skelett, in dem lexikalisch und grammatisch begrenzt variiert werden kann. Es kann als strukturierte Schablone gefasst werden,
- ist lexikalisiert, das heißt semantisch unmotiviert und gehört so ins Lexikon,
- ist idiomatisch. Seine Bedeutung setzt sich nicht einfach zusammen aus den Teilen und wesentliche Teile sind nicht im üblichen Sinn zu verstehen, eher übertragen oder idiosynkratisch.

Wir haben aber auch gesehen, dass es kein einheitliches definitorisches System gibt, wenngleich viele sich das wünschen oder davon ausgehen, dass es das gibt. Wissenschaft lebt und sie lebt von jenen, die sie betreiben. Da ist vieles in Bewegung und bleibt in Bewegung. Ziel aber ist Klarheit.
   So bleibt für die Einzelnen empfehlenswert, den eigenen Gebrauch der Termini offenzulegen und (gut!) zu begründen.

1.8 Lektüre und Aufgaben

Weiterführende Lektüre
Einen Überblick über die Geschichte der Phraseologie und Idiomatik bietet Stumpf 2015, Kap. 2.2.
Immer noch lesenswert Coulmas 1985.
Zum terminologischen Kabinett Donalies 2009, 30.
In Burger 2015 Kap. 2 finden Sie Weiteres zum Wust der Termini. Eine kurze Übersicht in Skirl/Schwarz-Friesel 2007, Kap. 4.4.
Das Konzept der idiomatischen Prägung wird in Feilke 1996 beschrieben. Kollokationen finden Sie hier: https://kollokationenwoerterbuch.ch/web und in Quasthoff 2010.

1.8 Lektüre und Aufgaben

Mel'čuk 2023 und Stein/Stumpf 2019 behandeln Idiome im gesamten Umfeld formelhafter Strukturen und der Phraseologie im weiten Sinn.
Zu technischen Fragen der Korpusexploration Heringer 2018.
Spezifisch zur Rolle der Valenz in musterhaften Wendungen Stein/Stumpf 2019, Kap. 4.
Für Sprichwörter einschlägig:
Wanders Deutsches Sprichwörter-Lexikon.
Röhrich: Lexikon der sprichwörtlichen Redensarten.
Wenn Sie es gern mit Elmar Schafroth (ausführlich und anschaulich als VideoTutorium) hätten, hier finden Sie auch das Gelbe vom Ei: https://phraseologie.phil.hhu.de/
Schauen Sie ruhig mal rein.

Aufgaben

Aufgabe 1: Recherchieren Sie, wie in Konstitutionsgrammatiken oder Phrasenstrukturgrammatiken „Phrase" definiert ist und wie Phrasen ermittelt werden. Überprüfen Sie an den Beispielen *einen Bock schießen* und *beißt sich die Katze in den Schwanz*, ob sie als Phrase konstruiert werden können.

Aufgabe 2: Ziehen Sie ein etymologisches Wörterbuch zu Rate, um Genaueres über *Schnippchen* zu erfahren.

Aufgabe 3: Hier Ausschnitte aus einer alten Darstellung von Pieter Bruegel. Erkennen Sie Idiome? In einem vielleicht sogar zwei?

Aufgabe 4: Schauen Sie genau, was der rechts wirft. Das stellt eine interessante Variante dar, die mit der holländischen Version zu tun hat. Wie heißt die Variante? Und wie kam sie zustande?
 Ein Tipp: Im lat. Bibeltext stand *margaritas* für Perlen.

Aufgabe 5: Recherchieren Sie: Wieviel Lexeme soll das Lexikon einer Sprache enthalten? Ist das unterschiedlich für verschiedene Sprachen?

Aufgabe 6: Eine erste Erprobung Ihrer Idiomkenntnisse. Rekonstruieren Sie aus den Verwürfelungen das jeweilige Idiom.

    bekommen ffelöL die hinter paar ein   *Ein paar hinter die Löffel bekommen*
    bekommen tun zu Angst der mit es
    bekommen Wind etwas von
    ziehen Dreck dem aus jemanden
    ziehen Nase der aus rmerüW die jemandem
    bekommen gewischt eine
    machen jemandem aus Hackfleisch
    bekommen Hals falschen den in etwas
    machen Schnecke zur jemanden
    bekommen gelüPr Tracht eine
    bekommen gesetzt Nase die vor jemanden
    bekommen Gesicht zu jemanden
    malen Wand die an Teufel den
    Nacken im Schalk den hat jemand
    nehmen Mund den vor Blatt kein
    nnenök hlenäz drei bis nicht
    beschmutzen Nest eigene das
    fassen rnernöH den bei Stier den
    Fleisch eigene ins sich schneidet jemand
    geplatzt Knoten der ist jemandem bei
    greifen Sternen den nach
    herbeiziehen Haaren den an etwas

Aufgabe 7: Recherchieren Sie im DWDS „Fersengeld geben". Überprüfen Sie „Bedeutungsverwandte Ausdrücke".

- Welche sind Idiome?
- Welche passen nicht recht?

Aufgabe 8: Recherchieren Sie in Wortschatz Leipzig „Abstellgleis".
Wie würden Sie eine Schablone für das Idiom formulieren?
Welche der ersten 10 Funde gehören nicht zum Idiom?

Arten von Idiomen 2

Panta rhei.
Alles fließt.
Und wir versuchen, es festzuhalten.

Inhaltsverzeichnis

2.1	Kategorisierungsversuche	36
2.2	Somatismen	40
2.3	Animalismen	46
2.4	Kleine Verrücktheiten	49
2.5	Der Teufel und seine Diabolismen	51
2.6	Fazit	54
2.7	Lektüre und Aufgaben	54

Nach der Darstellung formaler Eigenschaften von Idiomen machen wir einen ersten Schritt zur Semantik. Im Rahmen der Valenz wird es zuerst um semantische Rollen gehen, die in Idiomen hinterlegt sind.

Dann wird gezeigt, wie Idiome in verschiedenen kognitiven Modellen verankert sind. Da werden Idiome gefasst in Modellen

- für Körperliches und Körperteile,
- für geistige Minderbemitteltheit,
- für Tiere und Tierwelt.

Schließlich werden wir eintauchen in die Welt des Teufels und sehen, wie es da idiomatisch hergeht.

2.1 Kategorisierungsversuche

Von Kategorisierungsversuchen können wir sprechen, weil die Buntheit der zu kategorisierenden Phänomene korrespondiert mit der der Kategorisierungen. In Idiomen können wir unterscheiden: Funktional-Grammatisches von eher Sinntragendem. Wenn wir Arten nach dem Funktional-Grammatischen unterscheiden wollten, käme ihre interne Struktur in Frage. (Ein Versuch bei Burger 2015, Kap 2.) Wir hätten dann solche, bei denen die Kategorie eines Ankerworts zählt, etwa verbale wie:

> Du hast Experten des Tiefsinns **an der Nase herumgeführt**.

Sie sind in der Regel als Phrasen strukturiert und können entsprechend im Infinitiv zitiert werden: *jemanden an der Nase herumführen, jemanden über den Löffel balbieren, jemandem Sand in die Augen streuen, mit den Achseln zucken.*
Wir haben nach der syntaktischen Einbettung unterschieden:

- als Verbalphrase fungiert: *war nur noch Haut und Knochen*
- als adverbiale Angabe: *mit Hängen und Würgen*
- als Nominalphrase: *festen Boden unter den Füßen*

Ein anderer Gesichtspunkt war die Valenz. Verben können ihren üblichen Valenzframe mitbringen, etwas erweitert:

> [NP] **fressen** [NP_akk] [PP_**aus**/_**von**]

Im Idiom *jemandem aus der Hand fressen* wird der Frame weiter modifiziert. Die NP_akk wird kaum mehr realisiert, hingegen kommt als Erweiterung eine NP_pers_dat hinzu.
Ähnlich die Valenzerhöhung des an sich zweiwertigen Verbs *fressen* in:

> **An Goethe** hatte sie schon früh einen Narren gefressen.

Öfter wurde versucht, eine Art Graduierung zu etablieren in voll-, teil-, nicht-verfestigt oder voll-, teil-, nicht-idiomatisch. Und jetzt in Mel'čuk (2023) „strong idioms", „semi idioms" und „weak idioms". Da werden aber eher arbiträre Grenzziehungen ihre Rolle spielen. Wesentlich ist immer: Welche Rolle spielt die Bedeutung der Komponenten und wie wird sie ermittelt? Die tatsächlichen Gegebenheiten erfasst man sonst vielleicht nicht.
Fragen zur syntaktischen Isolation oder Festigkeit waren etwa:

1. Wie starr ist die Abfolge?
2. Wie geschlossen sind einzelne Positionen?
3. Wie zugänglich sind einzelne Positionen?
4. Welche Transformationen sind möglich?

2.1 Kategorisierungsversuche

Bei 1. geht es um innere Permutationen:

das Kind mit dem Bade > mit dem Bade das Kind?

Bei 2. ist einmal die Frage, welche kommutativen Varianten es gibt:

das Baby mit dem Bade? Und dann, welche Erweiterungen gehen: *das kleine Kind mit dem Bade ausgeschüttet*?

Bei 3. etwa der relative Anschluss:

das Kind, das sie bekommen hatte, mit dem Bade ausgeschüttet?

Bei 4. geht Passiv:

von ihm wurde dann ins Gras gebissen?

Idiome mit verbalem Kern kann man nach ihrer Valenz ordnen. Das haben wir im Kapitel 1 schon vorgeführt. Die Valenz des Verbs spielt aber nicht nur ihre formal syntaktische Rolle. Sie ist verbunden mit semantischen Rollen. Das sind semantische Funktionen, die beteiligten Aktanten zugeschrieben werden. Sie wurden auch als Tiefenkasus bezeichnet. Es sind kognitive Konzepte wie

- Wer hat etwas getan?
- Wem ist etwas passiert?
- Was hat sich verändert?

Die Zahl der Rollen ist nicht begrenzt. Für Idiome könnten wir die folgenden zeigen (die Rolle kann auch negativ besetzt sein):

Urheber einer Handlung

***Lehrer** dürfen nicht mit zweierlei Maß messen.*
***Welche Partei** ist in der Gemeinde gerade am Ruder?*
***Die Polizei** konnte den Verbrecher dingfest machen.*

Betroffener eines Vorgangs

*Bei dieser Frage bin **ich** etwas ins Schleudern geraten.*
*Die Furcht saß **ihr** im Nacken.*
*Die Polizei konnte **den Verbrecher** dingfest machen.*

Empfangender

*Das wird über **unser** Wohl und Wehe entscheiden.*
*Pit konnte **ihr** nicht Paroli bieten.*
*Sie gab **ihm** jedoch einen Korb.*

Adressat im kommunikativen Akt

***Du** bist ja ein toller Hecht!*
*Die haben **uns** die Hucke voll gelogen.*

Nutznießer einer Handlung

*Das kannst du **dir** an den Hut stecken!*
*Den Urlaub kannst du **dir** abschminken!*
*Mit dem Roman ist **der Autorin** der große Wurf gelungen.*
***Dem** ist nicht mehr zu helfen.*

Besitzender

*Das Unternehmen hängt am Tropf des **Staates**.*
***Der Arme** war doch nicht mehr im Vollbesitz seiner geistigen Kräfte.*

Wahrnehmender, Empfindender

***Wir** haben Geschmack daran gewonnen.*
***Ihr** blutet das Herz.*
*Das Herz fließt **ihm** über vor lauter Freude.*
*Wenn ich sehe, wie es hier aussieht, kriege **ich** Zustände!*

Thema der Kommunikation

***Darüber** kann ich nur die Nase rümpfen.*
***Der Vorschlag** ist nicht gerade das Gelbe vom Ei.*
***Hier** geht es um die Wurst.*
***Da** darf man kein Blatt vor den Mund nehmen.*
*Spannt mich **damit** nicht so lange auf die Folter!*
***Das** droht sie aus dem Konzept zu bringen.*

Ort von etwas, eines Vorgangs oder Sachverhalts

*Wer will schon **die Katze im Sack** kaufen!*
*Die Furcht soll ihr angeblich **im Nacken** sitzen.*

Ausgangspunkt

*Da hat so mancher **aus dem letzten Loch gepfiffen**.*
*Ich kenne sowas nur **vom Hörensagen**.*
*Diese Begründung ist aber wirklich **an den Haaren** herbeigezogen!*

Endpunkt

*Wir sind trotz angestrengter Arbeit auf keinen **grünen Zweig** gekommen.*
*Wir haben das Stück **bis zum Geht-nicht-mehr** geübt.*
*Wir haben **bis in die Puppen** gefeiert. **Im Handumdrehen** war alles fertig.*
*So waren sie alsbald **von der Bildfläche** verschwunden.*

Instrument

*Er hielt **aus dem Stegreif** eine kurze Ansprache.*

Ursache

__Der Wein__ hatte ihm die Zunge gelöst.
*Er sprang auf wie von der **Tarantel** gestochen.*
__Es juckt mich__, das einmal auszuprobieren.

Maß

*Deine Leistungen sind einfach **unter aller Kanone**.*
*Sie hat mich **nach Strich und Faden** belogen.*
*Sie schaffte die Prüfung nur **mit Ach und Krach**.*
__Um Haaresbreite__ wäre ich überfahren worden.
*Der Anteil liegt bei drei Prozent, oder so **um den Dreh**.*

Methode

*Er hat die Tischlerei **von der Pike auf** gelernt, jetzt leitet er die Firma.*
*Er ist gefahren **wie ein Irrer**.*
*Das war nur **übers Knie gebrochen**.*
*Alles läuft hier **gegen den Uhrzeigersinn**.*
*Er **treibt** doch **Schindluder** mit seiner Gesundheit.*
*Das ist eine **Frage der Geduld**.*
*Das **lassen** wir erst einmal **auf uns zukommen**.*
*Er trank das undefinierbare Getränk, **ohne mit der Wimper zu zucken**.*
*Wie hast du das bloß **zuwege gebracht**?*

Resultat

*Das hat alle unsere **Hoffnungen zunichte gemacht**.*
*Die Ehefrau ist **mit Sack und Pack ausgezogen**.*
*Ihr Garten **ist in Schuss**.*
*Der Umzug hat geklappt **wie am Schnürchen**.*
*Die Arbeit ist **fix und fertig**.*
*Der Dieb war der Polizei **durch die Maschen gegangen**.*
__Das dicke Ende__ kommt erst noch.
*Sie hat den **Misserfolg** gut **weggesteckt**.*
*Er ist **mit einem blauen Auge** davongekommen.*

Folge

*Der überraschende Rücktritt des Ministers hat einige **Wellen geschlagen**.*

Zum Sinntragenden zählen jeweils bestimmte Inhaltswörter. Es sind die Ankerwörter, von denen ausgehend wir zur Bedeutung des Idioms gelangen können. Ordnungen nach dem Sinn sind etwa solche mit Bezeichnungen für Körperteile oder Lichtquellen. Eine totale Ordnung wird man damit nicht schaffen. Es kann sogar rein äußerlich werden, wenn Ankerwörter in Gruppen von außen geordnet werden. So fände sich dann *im Sande verlaufen* vielleicht bei Steine und Erden.

Die Ordnung nach dem Sinn kann auch synonymische Gruppierungen aufzeigen, etwa für Ablehnung: *die Nase rümpfen, mit den Achseln zucken, das Gesicht verziehen, einen Korb geben, sein greises Haupt schütteln, jemandem etwas pusten.* Beliebt sind Idiome für *sterben*, darunter *in die ewigen Jagdgründe eingehen*.

Man kann auch sozusagen serielle Abfolgen finden: *das Heft in die Hand nehmen, das Heft in der Hand behalten, das Heft aus der Hand geben, das Heft aus der Hand nehmen.* Solche Abfolgen sind natürlich selten.

Wir kategorisieren im Folgenden nach Ankerwörtern, die semantische Modelle ausbilden.

▶ **Ankerwörter oder Kernwörter** sind Bestandteile von Idiomen, die als sinntragend gesehen werden. Meistens sind es Nomen, weil unser kognitiver Apparat und weitgehend unser Sprachverständnis sich an ihnen fixiert. Darum wohl auch überwiegen Nomen als Lexikoneinträge. Doch Kernwörter können auch Verben und Adjektive sein.

2.2 Somatismen

Somatismen sind Idiome, deren Ankerwörter Körperteile bezeichnen. Somatismen machen bis zu 20 % aller idiomatischen Wortverbindungen des Deutschen aus.

„Der Leib eines jeden Menschen, ist ein Knotenpunkt lebendiger Bedeutungen", hat mal jemand zum Sonntag gesagt. Die körperliche Orientierung zeigt sich auch in der Sprache. Einmal in der Verbalisierung von Gestik und Mimik wie *den Kopf schütteln*, das sich auch lösen konnte von einer Art Beschreibung der Handlung.

Bei den Idiomen finden wir als Ankerwörter sehr viele Bezeichnungen menschlicher Körperteile:

Arm, Auge, Beine, Brust, Faust, Fuß, Gesicht, Haare, Hals, Haut, Hand, Herz, Knie, Kopf

und so weiter. Der Satz wird noch angereichert mit Anleihen von Tieren, die für Menschen schon pejorativ verwendet werden:

Schnabel, Kralle, Fell

Körpersprache besteht nicht nur im Agieren mit dem Körper wie bei Gestik und Mimik. Wir schreiben den Körperteilen auch bestimmte Eigenschaften zu, die in der Sprache produktiv werden. Produktiv werden solche Attribuierungen besonders in Idiomen. Die symbolische Bedeutung der Körperteile bildet kognitive Modelle.

Nase
- Nase steht für riechen.
  Sie hatte immer **eine Nase fürs Geschäft**.
  Feinschmecker brauchen **feine Nasen**.
- Nase ist der am Weitesten vorstehende Körperteil.
  Zweimal links und dann **immer der Nase nach**.
  In ihrem Metier ist sie immer **eine Nasenlänge voraus**.
  Am Ende **hatte** der Radler doch **die Nase vorn**.
- Nase ist eine Art Gefäß.
  Und sie hatten endlich **die Nase voll**.

Haar
- Haar ist dünn und fein.
  Um ein Haar wäre der alte Hund überfahren worden.
  Concordia entging dem Abstieg nur **um Haaresbreite**.
- Graue Haare bedeuten Alter und Sorgen.
  Lass dir wegen der verlorenen Papiere **keine grauen Haare wachsen**.
- Haare sind nichts Sauberes.
  So findet Walter manches **Haar in der Suppe**.
- Haare können oft länger sein.
  Das wirkt einfach nur **an den Haaren herbeigezogen**.
  Das lässt einem **die Haare zu Berge stehen**.
  Die beiden Philosophen sind **einander in die Haare geraten**.

Hand
- Hand steht für handeln.
  Heute will mir aber auch nichts **von der Hand gehen**.
- Hand steht für fassen, ergreifen.
  Der Junge braucht **eine feste Hand**.
  Dem letzten Herrscher waren **die Hände gebunden**.
- Hand steht für Kontrolle, Verantwortung.
  Sein Vater dachte gar nicht daran, **das Heft aus der Hand** zu geben.
  Man wollte ihm die Betreuung der Mannschaft **aus der Hand nehmen**.
- Hand steht für Besitz.
  Mein neuer Wagen stammt **aus zweiter Hand**.
  Sie haben das Geld bar **auf die Kralle bekommen**.
- Hand steht für helfen.
  Sie war beliebt, hatte für alle Bediensteten **eine offene Hand**.
  Kein Handschlag wurde für sie **getan**.

Arm
- Der Arm geht vom Rumpf weg. Die Arme zeigen die Einstellung zum Gegenüber. Man nimmt jemanden bei sich auf, heißt sie freudig willkommen.
  Der Fischer empfing uns **mit offenen Armen** und nahm uns mit zum Fischfang.
  Aber auch:
  Mit diesen Maßnahmen **treibt** man die Jugend den Radikalinskis **in die Arme**.
- Der Arm wird lang und ergreift etwas.
  Der Konzern wird uns **am langen Arm verhungern lassen**.
  Er hat mir gedroht, dass er **den längeren Arm** hätte.

Fuß
- Fuß steht für Auftreten und festen Stand.
  Diese Theorie **steht** nicht **auf festen Füßen**.
  Seine Macht stand **auf tönernen Füßen**.
- Fuß ist unten.
  Sie haben endlich **festen Boden unter den Füßen**.
  Ich bin **von Kopf bis Fuß** auf Liebe eingestellt.

Mund
- Mund steht für sprechen.
  Erst **das Maul aufreißen** und dann nichts bringen!
  Ihre Mannen sind allerdings auch **nicht auf den Mund gefallen**.
  Seine Thesen waren bald **in aller Munde**.
  Ich habe mir immer wieder **den Mund verbrannt**.
  Sie spricht, **wie ihr der Schnabel gewachsen ist**.
- Mund steht für essen.
  Wir mussten uns alles **vom Mund absparen**.
  Erst **den Mund wässrig machen** und dann …

Kopf
- Kopf ist der Ort des Denkens, des Verstands.
  Das alles **geht mir nicht in den Kopf**.
- Der Kopf ist ein Raum.
  Durch Moor und Nebel zurück, **den Kopf voller** wilder, wirrer Bilder.
- Kopf bedeutet Kontrolle.
  Mia wisse a nimmä, **wo uns da Kopp steht**.

- Kopf steht für Leben.
  Dafür **riskierten** einige **Kopf und Kragen**.
- Kopf ist oben.
  Sie konnte **den Kopf** noch gerade so **über Wasser halten**.
- Kopf steht als Teil für den ganzen Menschen.
  Sie war immer schon **ein kluger Kopf**.

Augen
- Augen stehen für sehen. Sehen ist Wissen und Erkennen.
  „So wie ich Mannheim liebe …" Mozart würde **Augen machen**.
  Wer würde da nicht mal **ein Auge riskieren**?
- Augen sind der Spiegel des Inneren.
  Sie **las** ihrem Freund **jeden Wunsch von den Augen ab**.
  Bei dem Film **bleibt kein Auge trocken**.
- Augen sind das Kostbarste.
  Ich bin **mit einem blauen Auge davongekommen**.
  So ein Disclaimer kann leicht **ins Auge gehen**.

Bein
- Beine stehen für laufen.
  Wenn du da nicht aufpasst, **bekommen** deine Sachen **Beine**.
  Wenn ihr hier rumpöbelt, werde ich **euch mal Beine machen**.
- Mit den Beinen steht man (im Leben).
  Unser Sohn kriegt leider **kein Bein auf die Erde**.
  Der Trainer hat in wenigen Monaten eine Klassemannschaft **auf die Beine gestellt**.
  Mit zwei Niederlagen hat sich das Team selbst **ein Bein gestellt**.

Herz
- Herz ist der Ort der Gefühle.
  Die Geliebte und der Dichter müssen **ein Herz und eine Seele sein**.
- Das Herz ist ein Gefäß.
  Ich werde vor ihr **mein** ganzes **Herz ausschütten**!
- Im Herzen ist die Liebe.
  Schon nach kurzer Zeit hatten sie das Kind **ins Herz geschlossen**.
- Im Herzen ist Wärme.
  Bei ihrem Anblick **wurde ihm warm ums Herz**.

Ohr
- Ohren stehen für hören.
  Mit seinen Sparappell **predigte** der Minister **tauben Ohren**.
  Sei auf der Hut, auch **Wände haben Ohren**.
- Ohren stehen für Aufmerksamkeit.
  Könnten Sie mir für zwei Minuten Ihr **Ohr leihen**.
  Ich **bin ganz Ohr**.
- Ohren haben mit Klugheit zu tun.
  Schreib dir das **hinter die Ohren**!
  Der Papa hätte dir wahrscheinlich **die Ohren lang gezogen**.

Hals
- Der Hals steht für den Menschen.
  Er wisse schon, was ihm damit **auf den Hals gekommen** sei.
  Sie soll ihr die Probleme **vom Halse schaffen**.
  Wie sie sich ihr **an den Hals wirft**.
- Der Hals ist ein hoch gefährdeter Körperteil.
  Haben ihm fünf Schläger **auf den Hals gehetzt**.
  Wer **riskiert seinen Hals** für mich?
  Der versucht nur, den **Hals aus der Schlinge zu ziehen**.

Haut
- Die Haut steht für den Menschen.
  Keiner **könne aus seiner Haut**.
  Wenn Frauen **ihre Haut zu Markte tragen**.
  Ja, wenn den **das Fell juckt**, dann ist Vorsicht angesagt.
- Die Haut umgibt und schützt den Menschen.
  Einmal mehr war er **mit heiler Haut davongekommen**.
  Vor den wutschäumenden Verfolgern konnten sie nur noch **die nackte Haut retten**.

Von kognitiven Modellen wird gehandelt in der Kognitionswissenschaft, die sich interdisziplinär mit den bewussten und unbewussten Vorgängen auch im Umgang mit Sprache befasst. Der Sprache kommt dabei eine zentrale Rolle zu, weil sie die wichtige kognitive Fähigkeit des Menschen ist. In der Metapherntheorie von Lakoff und Johnson wird gezeigt, dass für das Verstehen metaphorischer Ausdrucksweisen bestimmte Konzepte eine Rolle spielen, die als Verstehensmodelle dienen. So wird die Liebe konzeptionalisiert:

2.2 Somatismen

- Liebe ist Flüssigkeit.

Danach ist zu verstehen, dass man den Partner mit Liebe überschütten kann. Und „Da ist in meinem Herzen die Liebe aufgegangen" ist zu verstehen nach:

- Liebe ist in uns.

Und so kann man im Idiom auch sein Herz verlieren.

Sicherlich sehen wir alle Unterschiede in der Wichtigkeit der einzelnen Körperteile. Sie wissen schon, was man idiomatisch alles im Kopf haben kann: Flausen, sogar Würmer.

Auf jeden Fall sind Körperteile eine Art kognitiver Zelle und für Idiome unterschiedlich produktiv.

Prozentuale Anteile sehen Sie hier. Das Diagramm zeigt, in wie vielen Somatismen das jeweilige Wort Verwendung findet.

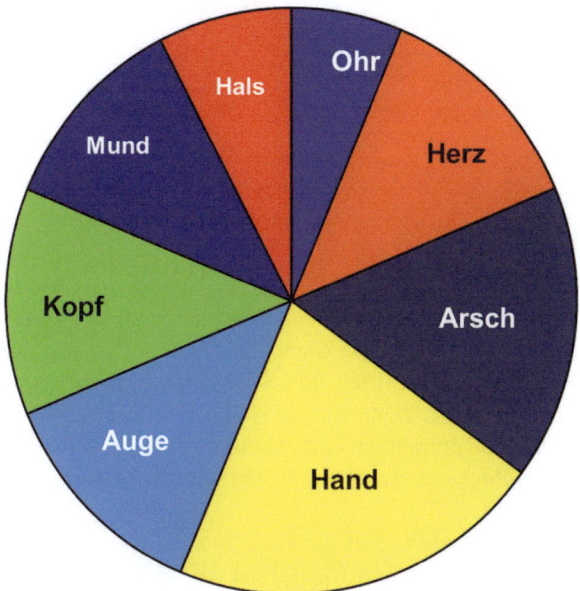

Zu erwähnen bleiben noch Somatismen, die sozusagen sekundär sind. Sie sind basiert auf Gestisch-Mimischem, das wir kommunikativ mit Körperteilen tun könnten. Aber verbal ist das klarer und in seiner Bedeutung deutlich. Und vor allem: Wir müssen es gar nicht tun. Es läuft auch rein verbal.

> Die Expertin **schüttelte** nur **den Kopf**.
> Ich **nicke mit dem Kopf**, auch wenn ich nichts verstanden habe.
> Da werden die Frommen nur **die Augen verdrehn**!
> Man muss ob der Selbstüberschätzung gewaltig **die Stirn runzeln**.

> Viele Experten **rümpften** bei dieser Idee nur **die Nase**.
> Sie zeigte, was sie dachte, indem sie permanent **mit den Augen blinzelte**.
> Ja so, sagt sie und **zieht die Augenbrauen hoch**.

2.3 Animalismen

Animalismen sind Idiome, in denen Tierbezeichnungen eine Rolle spielen. Dabei werden den Tieren bestimmte Eigenschaften und Fähigkeiten zugeschrieben.

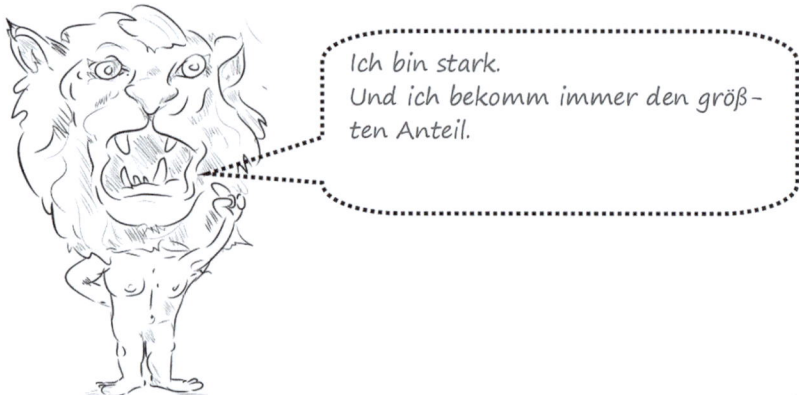

Natürlich geht das Ganze aus von menschlichen Interessen, denn meistens geht es ja um Menschen und Menschliches. Da können die Tiere auch schon mal austauschbar sein: Für Stärke etwa taugen Büffel, Bär, Stier und Löwe, die letzten beiden sind auch fürs Brüllen zuständig. Wenn wir gut schlafen wollen, können wir es wie ein Dachs tun oder wie ein Murmeltier. Und wenn wir stehlen wollen, dann stehen uns Elster und Rabe geschickt zur Seite. Der Fuchs wäre da besonders hilfreich, weil er dazu noch so schlau ist.

Wir glauben natürlich nicht, dass die Tiere so sind. Es wird immer aus menschlicher Perspektive gesprochen. Der Mensch ist das Maß aller Tiere. Manche sehen darin auch eine Verletzung tierischer Würde. Nur nach Idiomen werden wir unser Weltbild nicht ganz gestalten. Doch zum Image der Tiere mögen sie schon beitragen, vor allem im *wie*-Vergleich, einer häufigen Idiom-Form.

Hier ein paar Beispiele.

flink wie ein Wiesel
zart wie ein Reh
treu wie ein Hund
zahm wie ein Lamm
lahm wie eine Ente
stolz wie ein Pfau
störrisch wie ein Esel

essen wie ein Spatz
kämpfen wie ein Löwe
stinken wie ein Ziegenbock

2.3 Animalismen 47

Was der hier macht, ist Ihnen schon klar?

Und die folgenden können Sie selbst ergänzen:
_____ wie der Ochs vorm Berg
_____ wie die Katze um den heißen Brei
_____ wie ein Storch im Salat
_____ wie eine gesengte Sau

Natürlich haben wir auch für Tiere kognitive Modelle, die uns Idiome leichter verstehen lassen.

Pferd
- Pferde sind nützlich und können teuer sein.
  Sie wissen, Sie sind mein **bestes Pferd im Stall**.
  Der Neue **arbeitet wie ein Pferd**.
- Pferde sind nicht immer zu zähmen.
  Nun **machen** Sie mir mal nicht **die Pferde scheu**.
  Ihr sind wiederholt **die Pferde durchgegangen**.
  Langsam und **immer sachte mit den jungen Pferden**!

Hund
- Als ewiger Begleiter des Menschen kann er in seine Rollen schlüpfen..
  Früher sei er **ein scharfer Hund** gewesen, sagen die Kollegen.
  Vielleicht war der Kerl schon immer **ein krummer Hund**.
- Hunde sind Jäger, helfen bei der Jagd. Sind nicht ungefährlich.

Die Gegner waren beide **mit allen Hunden gehetzt**.
Rasch wird klar, dass er **schlafende Hunde geweckt** hat.
Danach wird im Bundestag gestritten **wie Hund und Katz**.

Huhn
- So ein Huhn hat viel mit Unsinn zu tun.
  Da gibt es einen Verleger, ein ganz **verrücktes Huhn**.
  Ein solcher Begriff, **da lachen ja die Hühner**.
- Hühner tragen zur Versorgung bei. Nicht immer glatt.
  Oh ja, da müssen wir **ein Hühnchen rupfen**.
  Plötzlich ist **das Ei klüger als die Henne**.
  So **legen** sie den Steuerzahlern **ein faules Ei ins Nest**.

Bär
- Der Bär war nicht immer Freund des Menschen.
  Sokrates hat schon Platon **einen Bären aufgebunden**.
  Und ihm damit **einen Bärendienst erwiesen**.
- Aber der Mensch konnte sich vom Bären auch was abschauen.
  So **ein Bärenhunger** und nur drei Kekse!
  Die Faulenzer **lagen** tagtäglich nur **auf der Bärenhaut**.

Maus
- Die Maus ist verspielt und spielerisch.
  Wer möchte nicht hinter den Kulissen der Macht **Mäuschen spielen**?
  Ich dachte schon, dass ich **weiße Mäuse sehe**.
  Es ist wirklich **zum Mäusemelken**.
- Die Maus spielt auch mit der Sprache.
  Wir brauchten Waffen, wenn sie **sich mausig machten**.
  Es fühlt sich als neuer Mensch, wer **sich gemausert hat**.

Wir sollten uns das aber nicht so vorstellen, als seien die kognitiven Modelle irgendwie primär und unabhängig. Idiome wirken daran mit.

Kognitive Modelle können wir auch umfassender gewinnen, indem wir das semantische Umfeld der Tierbezeichnungen erforschen. Das ergibt sozusagen ein Image des jeweiligen Tieres.

Zur Übersicht die Anteile einiger Tiere am Idiom-Zirkus in meinem Belegkorpus.

2.4 Kleine Verrücktheiten

Geistige Unterbelichtetheit spielt im sozialen Zusammenleben eine wichtige Rolle und so ist sie auch ein Tummelfeld der Idiomatik. Im Terminologisierungsdrang könnten wir innovativ auch von Stultismen reden.

Die KI sagt mir dazu:

- In sozialen Kontexten spielt Dummheit eine wichtige Rolle, da sie das Verhalten und die Interaktionen zwischen Menschen beeinflussen kann. Dummheit

kann dazu führen, dass Menschen unüberlegte Entscheidungen treffen, falsche Informationen verbreiten oder sich in unangemessener Weise verhalten.
- Dummheit kann auch dazu führen, dass Menschen manipuliert oder ausgenutzt werden, da sie nicht in der Lage sind, die Motive und Absichten anderer richtig zu erkennen. Insgesamt kann Dummheit dazu führen, dass soziale Beziehungen schwieriger werden und das soziale Leben insgesamt beeinträchtigt wird.
- Dummheit ist nicht notwendigerweise mit einem niedrigen Intelligenzquotienten gleichzusetzen. Menschen können aufgrund von Ignoranz, mangelnder Bildung, fehlender Erfahrung oder anderen Faktoren dumm handeln. Insgesamt kann Dummheit auch Möglichkeiten für Lernprozesse und persönliche Entwicklung bieten.

Und wie üblich: der Lichtblick am Ende.

Was Dummheit ist, ist eine andere Frage, die wir hier nicht zu beantworten haben. Was uns Idiome sagen, was die Menschen sagen und von der Dummheit halten, können wir in kognitiven Modellen erkennen.

▶ Defizit	fehlt was im Kopf
	nicht mehr alle Latten am Zaun
	nicht alle auf der Latte
	nicht ganz gebacken
	bei X sind nicht alle zu Hause
	den Verstand verlieren
	fehlen Schräubchen
	nicht mehr alle Nadeln an der Tanne
	sie nicht alle auf dem Christbaum
	sie nicht alle haben
	von allen guten Geistern verlassen
▶ Behälter	nicht mehr alle Tassen im Schrank
	nicht alle Kekse in der Dose
	nicht ganz dicht sein
	Flausen im Kopf
	einen kleinen Mann im Ohr
▶ Verletzung	vom Affen gebissen
	einen Hau weg haben
	einen Schlag haben
	einen Schuss haben
	einen an der Birne
	einen an der Waffel
	eine Macke haben
▶ Vogel	vom Lemmes gepickt
	einen Vogel haben

	eine Meise haben
	bei X piept es
	ein Spatzenhirn haben
	ein komischer Kauz
	ein schräger Vogel
	ein verrücktes Huhn
▸ Überhitzung	einen Föhn kriegen
	die Pfanne zu heiß
	X brennt der Kittel
	zu heiß gebadet
	hirnverbrannt sein
	einen Stich haben
▸ Defekt	bematscht in der Birne
	die Kappe kaputt
	ein Rad ab
	ein Rädchen locker
	eine Schraube locker
	einen Schaden haben
	einen Sparren locker
	einen Sprung in der Schüssel
	einen weichen Keks haben
	einen Dachschaden haben
	tickt es nicht ganz richtig
	durchgedreht
▸ Wahrnehmung	einen Knick in der Optik haben
	nicht bei Sinnen
	nicht ganz bei sich sein
	nicht mehr Herr seiner Sinne
	seine Sinne nicht beisammen
	seiner Sinne nicht mehr mächtig
	wie von Sinnen sein
	reden wie in Blinder von der Farbe

2.5 Der Teufel und seine Diabolismen

„Somatismus" ist ein eingeführter Terminus, „Animalismus" könnte durchaus einer werden, mit „Diabolismus" hat man weniger Chancen. Idiome einer einzigen Figur zuordnen? Aber vielleicht lohnt es sich.

Der Teufel, Satan, Luzifer, Beelzebub, die furchterregende Figur – mit welchem Namen auch immer – ist der Inbegriff des Bösen. Seine Rolle in Idiomen – er hat es in etwa 100 geschafft – lehrt uns nicht nur etwas über ihn, sondern auch über konzeptuelle Strukturen oder Wissensfragmente hinter Idiomen.

Wesentlich ist dabei, welches Wissen in den Idiomen hinterlegt ist und welches wichtig werden könnte, um sie zu verstehen. Wir sollten dieses Wissen aber nicht als vorgängiges Weltwissen verstehen, sondern als sprachlich gefasstes und geprägtes.

> Teufel in der Hölle!

Mit diesem Fluch wird der Teufel an seinem eigentlichen Platz lokalisiert. Und im folgenden Zitat wird das idiom-erklärend ausgesprochen.

> Wir bieten ihr noch ein bisschen Abwechslung und jagen sie dann zum Teufel! Wie Sie wissen, haust dieser Bursche in der Hölle.

Aber wo ist er hier?

> Neue Vorwürfe häufen sich, und nun **ist der Teufel** in der Gerichtsstube **los** wie vorher auf dem Hafenplatz.
> Dann wäre im Ernstfall der Teufel los gewesen, – ein Szenario mit schwerwiegenden Konsequenzen.
> Dann öffnete sich eines Tages die Hölle und ließ erst langsam, dann immer schneller alle Teufel los.

Der Teufel ist eher ubiquitär. Er ist irgendwie allgegenwärtig, wenn auch versteckt und unsichtbar.

Wo überall, ahnen Sie hier:

> Lies das Kleingedruckte, denn **der Teufel steckt im Detail** und sucht, wen er verschlinge.
> **Zum Teufel mit** dem Gold, jetzt geht es um unser Leben! erwiderte er.
> Ja, reingelegt haben sie uns, diese Schurken, **der Teufel soll sie holen**, brummte er.
> Wenn ihr nicht gerechter, friedlicher und überhaupt vernünftiger sein werdet, als wir sind, beziehungsweise gewesen sind, so **soll euch der Teufel holen**!

Ja, er kommt sogar maskiert, besonders auch, wenn das nicht jeder weiß: *Hol dich der Kuckuck!* Das wird erklärt in Adelungs Wörterbuch aus dem 18. Jahrhundert (s. v. „Guckguck"):

> Bey dem großen Haufen ist der Guckguck oft eine versteckte Benennung des Teufels. Daß dich der Guckguck!

Wenn er jemand holt, wissen wir, wo es hingehen soll.

> **Der Teufel** soll dich **holen**!
> Der Teufel soll mich holen, wenn …! **Scher dich zum Teufel!**
> Wer Kinder und Karriere will, **kommt in Teufels Küche**.

Die Hölle ist der Ort, an den der Teufel seine Opfer verschleppt. Da gibt es sogar eine Küche, wo gebraten wird. Kommt er aber raus, befasst er sich mit Menschen, lauert dem Menschen auf und wartet auf die Gelegenheit, diesen mit in die Hölle zu nehmen. Der Teufel versucht, die Seele des Menschen in Besitz zu nehmen, indem er in dessen Körper eindringt und heftige körperliche Reaktionen in diesem auslöst, so dass der Mensch keine Selbstkontrolle mehr über sich hat.

> Ein grüner Sirup, von dem ein Schluck reichte – da war er **vom Teufel besessen**.
> Vogel fragte: „Welcher **Teufel reitet Sie** eigentlich, dies alles aufs Spiel zu setzen?"

Hat er einen Menschen in Beschlag genommen, ist er schwer wieder rauszukriegen.

> Schiedsgericht zwischen euch und den Monopolen? Man will also **den Teufel mit dem Beelzebub austreiben**!

Schließlich gibt es da noch den Trick mit seinem Alias, dem Beelzebub eben, mit dem man ihn zwar austreiben kann, doch dann hat man den. Und da trägt er eher nur einen anderen Namen. Auf jeden Fall war es für viele ein Segen, wenn die Phrase nur idiomatisch genommen wurde. Sie wissen, wie die Teufelsaustreibung so vor sich ging?

Doch wenn der Teufel auf Erden erscheint, nimmt er auch menschliche Züge an. Zuerst einmal hat der Teufel ziemlich Ähnlichkeiten mit Menschen. Wir sehen, was er alles machen kann.

> Peter kann selbst ein vom Schicksal niedergedrückter Mensch sein. Er kann aber auch **ein Teufel in Menschengestalt** sein, Heidi!
> Hatte sie nicht erst heute Nacht Adelheid gegenüber vermutet, dass Graf Derk ein Teufel in Menschengestalt sein könnte, jetzt war sie mit ihm allein und ihm wehrlos ausgeliefert.
> Es war, als stünde er am Schalter einer Anzeigenannahme und gebe ein Stellengesuch ab: **In der Not frisst der Teufel Fliegen**.
> Nun nicht gleich aufgeheult in dem Tenor, den Seinen gab's der Herr im Schlafe oder **der Teufel schisse doch immer auf den größten Haufen**.
> Ich **armer Teufel**, Herr Baron, beneide Sie um Ihren Stand, um Ihren Platz so nah am Thron.

Aber die Menschen haben auch zurückgeschlagen.
Und da kann man ihn durchaus bemitleiden.

> Ein kümmerlich armer Teufel in seinem verschabten graulich-braunen Rocke und in seinen übelkonditionierten Unterkleidern als Magister.

Weil der Teufel menschenähnliche Züge hat, können Menschen auch mit ihm paktieren.

Und ein besonderer Fall ist der **Advocatus Diaboli**. Er war und ist tatsächlich ein Mensch. Der Advocatus Diaboli oder Anwalt des Teufels war einst ein wichtiger Beamter der Heiligen Kongregation. Er befasste sich juristisch mit Selig- und Heiligsprechung. Da musste er alle möglichen Argumente zusammenstellen, die gegen den Spruch sprachen. Also wirklich ein kleiner Teufel.

Und er machte Furore bis in die Rhetorik hinein. Und lebt da heutzutage weiter.

Zurück zum Pakt mit dem Teufel. Beide Parteien verfolgen dabei eigennützige Ziele. So fordert der Teufel die Seele des Menschen, der Mensch etwas für ihn Unmögliches vom Teufel.

> Und doch war es dieser frommen Gelehrten Neugier, welche im Begriff stand, **einen Pakt mit dem Teufel abzuschließen**.
> Sogar an der Seite ihres schlafenden Mannes dreimal die Woche, vorzüglich aber zu heiligen Zeiten. Sie hatte dem Teufel dergestalt Promess gemacht, dass sie nach sieben Jahren **ihm mit Leib und Seele anheimgefallen** wäre.
> Wer mit **dem Teufel essen** will, braucht einen langen Löffel.

Ein solches mentales oder kognitives Modell ist semantisches Wissen. Es ist eine Art Bild der Welt in Sprache, in dem auch der Teufel – wie andere Fiktive – seinen Platz hat. Man muss es nicht glauben, aber man nutzt es im Verstehen – und im Verstehen von Idiomen.

2.6 Fazit

Mit diesem Kapitel haben wir einen ersten Schritt in die Semantik von Idiomen getan. Eine gewisse Ordnung ergab die Zuordnung zu semantischen Rollen. Im weiteren ging es um kognitive Modelle.

Ein kognitives Modell ist eine Art strukturelles Muster für kognitive Prozesse. Sie sind insbesondere Muster, die wirken im Sprechen und Verstehen, in der Sprache und sprachlichen Kompetenz hinterlegt sind. Wir haben Modelle in Teilbereichen vorgeführt und entsprechende Idiome analysiert und zugeordnet:

- Somatismen,
- Animalismen,
- Stultismen,
- Diabolismen.

2.7 Lektüre und Aufgaben

Weiterführende Lektüre
Zur Buntheit der Kategorisierungsversuche Burger 2015, Kap. 2.2 und zu leerlaufender Terminologie Kap. 2.3.
Auch die nicht recht konsistente Typologisierung in Hessky/Ettinger 1997, XL–XLII passt ins Bild.
Chrissou 2000 erst allgemein zu Animalismen und dann im Vergleich deutsch: griechisch.
Dobrovol'skij 2016 erörtert den Ansatz der kognitiven Erforschung von Idiomen.
Zu den Verrücktheiten Sava 2023.
Und mehr zum Teufel https://www.heringer.net/mehr_teufel.pdf

2.7 Lektüre und Aufgaben

Sollten Sie an Fäkalismen interessiert sein, finden Sie welche aus diversen Sprachen hier: Gauger 2012, 149–164 und anderswo.

Aufgaben
Aufgabe 1: Eine weniger feine Rolle spielt im Somatismen-Umfeld der Arsch. Suchen Sie fünf Idiome mit *Arsch*. Geben Sie je einen Beispielsatz. Können Sie die Bedeutung skizzieren?

Aufgabe 2: Was ist alles im Herzen? Und was im Kopf?

Aufgabe 3: „Armer Teufel!" Mitleid mit dem Teufel?
Recherchieren Sie, ob Sie etwas zur Geschichte finden.

Aufgabe 4: „In drei Teufels Namen". Welche drei sind gemeint?

Aufgabe 5: Den Teufel reiten? Wie könnte sich diese Darstellung hier erklären?

Aufgabe 6: Verfertigen Sie Schablonen zu den Somatismen nach dem Kopf-Modell.

Aufgabe 7: Unter https://www.heringer.net/teufelsmärchen.pdf finden Sie drei Märchen. Bekommen Sie raus, woher sie stammen?

Aufgabe 8: Bekommen Sie raus, von wem dieser Text stammt?

> Was man in der Jugend nicht lernt, lernt man nie.
> Wenn du den Frieden willst, bereite den Krieg vor.
> Advocatus diaboli
> Ist der Anwalt des Teufels; die Zeit, sie fliegt.
> Vae victis; wehe denen, die besiegt.
> Nihil in terra sine cause fit.

Heißt, dass auf Erden nichts grundlos geschieht.
Interim fiat aliquid.

Ich bin am Ende mit meinem Latein.
Ich weiß, es kann so auf keinen Fall bleiben.

Die Bedeutung und Verwendung von Idiomen 3

Idiome sind Kippbilder.

Inhaltsverzeichnis

3.1	Bedeutungen bestimmen und formulieren	58
3.2	Ein anderer semantischer Blick	65
3.3	Zur Verwendung von Idiomen	69
3.4	Kreativ oder windschief?	71
3.5	Und produktiv!	74
3.6	Fazit	75
3.7	Lektüre und Aufgaben	75

Idiome gelten als eine Art Würze der Sprache. Sie sind attraktiv, sie verwenden erfordert und zeigt hohe Sprachbeherrschung. Idiomsammlungen versprechen den Käufern Sicherheit und Erfolg in der Kommunikation.

In diesem Kapitel werden wir – idiomatisch gesprochen – sie genauer unter die Lupe nehmen:

- Was bedeutet ein Idiom überhaupt und wie könnte man seine Bedeutung bestimmen?
- Wie und wann werden Idiome verwendet?
- Was kann dabei schon mal schiefgehen?
- Und was könnten wir selbst mit Idiomen kreativ so anstellen?

3.1 Bedeutungen bestimmen und formulieren

Wörter haben Bedeutung, und auch Idiome haben Bedeutung. Sie ist irgendwie an ihnen festgemacht und festzumachen. Die Bedeutung gewinnt ihre Identität mit dem sprachlichen Ausdruck.

Grundlegend: Zeichen haben einerseits eine äußere Form, ihren Ausdruck, und einen Inhalt, eine Bedeutung. So besteht auch ein Idiom aus seiner lautlichen Form und seiner Bedeutung. Die Bedeutung ist das Potenzial des Zeichens, in der jeweiligen Realisierung etwas zu verstehen zu geben. Sie ist auch das Potenzial, das uns gestattet, in der Verwendung dies oder jenes zu meinen und zu verstehen. Die Bedeutung entsteht in Kommunikation und ist in Kommunikation entstanden. Bedeutungen sind nicht irgendwie Dinge in der Welt oder Vorstellungen oder Begriffe, wie naiv manchmal angenommen wird. Die Bedeutung entsteht und besteht im Gebrauch des Wortes.

Eine Bedeutung ist eine lange und weit ausufernde Geschichte. Denn der Gebrauch eines Wortes in der Sprache ist eine sehr lange Geschichte. Um sie zu fassen, hätten wir gern eine short story.

Die Gebrauchstheorie der Bedeutung ist gerichtet gegen die Idee,

- es gebe eine sprachfreie Welt, die für Bedeutungen bestimmend sei,
- es gebe ein Reich der Bedeutungen unabhängig von den Zeichen,
- es gebe Bedeutungen als identifizierbare Gegenstände,
- es gebe Bedeutungen ohne Menschen, die die Zeichen verwenden.

Es macht nicht unbesehen Sinn, den Gebrauch zu verkürzen, von bestimmten Aspekten des Gebrauchs abzusehen und sie in der Betrachtung zu vernachlässigen. Jede Begrenzung, jede Fokussierung und jede Abgrenzung im Gebrauch und in der Historie eines Worts muss gerechtfertigt werden. Und sie kann eigentlich nur für bestimmte praktische Zwecke gerechtfertigt werden.

Erstaunlich:

- Es gibt keine einheitliche Auffassung, was eine Bedeutung ist.
- Es gibt keine Einigkeit darüber, was die Bedeutung irgendeines Wortes ist.
- Es gibt keine Klarheit darüber, wie die semantische Darstellung eines Wortes aussehen sollte.
- Es gibt keine Methoden, die uns verlässlich die Bedeutung eines Worts gewinnen ließen.

Welche Eigenschaften werden Bedeutungen zugeschrieben?

- Bedeutungen sind unbestimmt, vage.

3.1 Bedeutungen bestimmen und formulieren

Vage hat mit Aussagen, Formulierungen zu tun. Gemeint ist wohl:

- Eine Bedeutung hat keine klaren Grenzen.

Dahinter wäre irgendwie die Vorstellung, eine Bedeutung sollte eine räumliche Ausdehnung haben.

- Die Bedeutung kann sich wandeln.

Hier geht es um eine zeitliche Ausdehnung und die Frage: Wie weit müssen wir zurückgehen? Und wo werden Grenzen gezogen?

- Bedeutungen kann man formulieren.

Worin bestünde die Identität zwischen Bedeutung und Formulierung?
   Wäre die Bedeutung schon so etwas wie eine Formulierung? Wir schrabben haarscharf an der Trivialität vorbei.

- Eine Bedeutung kann man definieren.

So wird oft gesprochen. Aber Bedeutungen sind zu klären, zu erklären, zu beschreiben. Bedeutungen zu definieren sollte nicht die Aufgabe empirischer Wissenschaft sein. Definitorische Willkür ist in der Empirie nicht angebracht. Die Aufgabe der präzisen Beschreibung von Bedeutung setzt immer schon die Kenntnis der Bedeutung voraus. Sollten alle sie kennen oder nur Linguisten? Sollten alle sie formulieren können? Linguisten oder Linguistinnen ja. Aber wie machen sie das? Mit diesen Reserven im Kopf wenden wir uns dem Alltag zu.
   Die Bedeutung eines Wortes ist sein Gebrauch in der Sprache, sagt uns eine fortgeschrittene semantische Theorie. Demnach ist auch die Bedeutung von Idiomen zu ermitteln in ihrer Verwendung und zu vermitteln über gute Beispielverwendungen. Ihre Bedeutungen sind sozusagen Kondensate der fortwährenden Verwendung.
   Im Geist der Gebrauchstheorie arbeiten wir in der Linguistik mit Belegen, aus denen wir die Bedeutung gewinnen. Da stellen sich Fragen:

- Wie viele Belege braucht es dafür jeweils?
- Wie komme ich zu den Belegen?

Und die wichtigsten Fragen:

- Wie gut, wie typisch ist ein Beleg? Ist er überhaupt korrekt?
- Wie gewinnt man die Bedeutung aus den Belegen?

Bei Idiomen beginnen schon die ersten Probleme mit der Identifikation. Aufgrund der Halbstarrigkeit der Idiome spielt die Form ihrer Realisierung und die halbstarre Umgebung eine besondere Rolle für ihre Bedeutung.

Wir finden in einem Wörterbuch den Eintrag:

> **Kragenweite** Jemandes Kragenweite sein: jemandem sehr gut gefallen.
> *Der neue Kollege ist genau meine Kragenweite.*
> (Compact 1995: 212)

Eine Korpusrecherche ergibt folgende syntaktische Muster:

nicht unsere Kragenweite
ist … nicht unsere|die Kragenweite
sei nicht … ihre Kragenweite
sind nicht unsere … Kragenweite

Da dies bei Weitem die häufigsten Kontexte sind, darf man wohl mit Recht sagen, dass *nicht* zum Idiom gehört. Auch *jemandes Kragenweite* ist etwas zu weit: Zentral ist der Gebrauch mit Possessivpronomen. Als Schablone vielleicht:

VP_neg[NP_nom[DET_poss N_**Kragenweite**]]V_**sein**

Natürlich finden sich diverse Abwandlungen, die aber vom Idiomkern leben. Schauen wir in eine kleine Sammlung von Verwendungen.

Champions League ist nicht unsere Kragenweite.
Das ist die sportliche Kragenweite von Sauer und seinesgleichen.
Bissingen ist ein Gegner von einer anderen Kragenweite.
Melanie ist, wäre ich ein Mann, genau meine Kragenweite.
Märchen, Filme mit Tieren: Nicht wirklich meine Kragenweite.
Ich suche mir jemand in meiner Kragenweite.
Der Erstrundengegner hat nicht unsere Kragenweite.

Die Beispiele legen den Verdacht nahe, dass das Idiom wohl beheimatet ist in der Sportberichterstattung. Das mag dem Korpus geschuldet sein, deutet aber darauf hin, dass es in kompetitiven Zusammenhängen lebt. Insofern hat der Beispielsatz im Wörterbuchartikel gleich zwei Defekte. Vor allem das Negative ging verloren.

Bleibt noch die Bedeutungsangabe. Anderswo wird zwar korrekt die Negation bedacht: „kann etwas/jmdn. nicht leiden", aber die Paraphrase ist ähnlich fehlgeleitet. Wie wär's mit „etwas zu groß für …" oder „passt nicht so recht zu …"? Da wird auch wieder die Herkunft vom Kragen sichtbar. Und in der sportlichen Heimat: „eine andere Liga". Vielleicht kommt man öfter nicht aus mit einer Angabe. Wir haben gesehen, wie schwierig das werden kann, wenn wir die Ansprüche hoch stecken. Wir werden uns dem weiter widmen:

- Wie wird das Lemma gewonnen und formuliert?
- Wie kommt man zur Bedeutung? Wie formuliert man sie?
- Was wäre ein gutes Verwendungsbeispiel und wie gewinnt man es?

Wir erinnern uns: Auch in der Verwendung sind wir nicht immer sicher und vielleicht nicht ganz einig, wie das Idiom genau lautet und wie es zu verwenden ist. Man kann sogar sagen, dass Idiome keinen fest etablierten, genau abgegrenzten Gebrauch haben. Aber Idiome haben oft einen tieferen Sinn, eine Art Doppelsinn. Wegen dieses Mehrwerts sind die üblichen Paraphrasen sowieso ungenügend. Wenn das Idiom X einfach Y bedeuten würde, dann bräuchten wir X nicht. Wir könnten uns mit Y begnügen.

Darum sind auch übliche semantische Verfahren mit Vorsicht anzuwenden. Das gilt für die Beschreibung semantischer Zusammenhänge mit semantischen Relationen wie etwa ▶Antonymie (ANT) oder ▶Synonymie (SYN). Mit der ANT-Relation kann es einfach sein, wenn sie an einem Negationswort festzumachen ist.

> ANT(Gehör finden, kein Gehör finden)
> ANT(nicht in den Kram passen, in den Kram passen)

Hier aber gibt es schon öfter Zweifel, ob das Antonym verbreitet, wie verbreitet oder gar möglich ist.

> ANT(keinen Handschlag tun, einen Handschlag tun)
> ANT(nicht vom Hocker reißen, vom Hocker reißen)

Viel kritischer wird es, wenn Idiompaare als synonym erklärt werden. Von synonymen Idiomen zu sprechen ist recht gewagt. In einem Synonymen-Wörterbuch mag man manche als gleichbedeutend führen, etwa alle für die kleinen Verrücktheiten, die wir behandelt haben. Da wären sie sozusagen Möglichkeiten zum Aussuchen und vor allem zum Einpassen in den jeweiligen Kontext. So können Sprachkompetente entscheiden, was passt. In diesem Kontext hier wird *Schräubchen locker* oder *alle Tassen im Schrank* kaum passen.

Denn reden können die ja wohl nicht.

> Der Feind hört alles, sagt der kleine **Mann im Ohr**, der ganz versessen auf meinen Wahnsinn ist.

Ähnlich die Varianten

> eins   aufs Dach   geben
>   auf den Deckel
>   auf den Hut
>   auf die Nase

Wo es dann von der Martin-Luther-Kirche Heilbronn heißt:

> Der Abschluss des Turms […] zu flach, wie mit der Faust eine aufs Dach gegeben.

Für all diese Fälle genügt es von Bedeutungsähnlichkeit zu reden. Die jeweilige Einpassung, Anpassung, Anspielung und metaphorischer Background bleibt dem jeweiligen Kontext und dem Ausdruckswillen überlassen.

Und Bedeutungsähnlichkeiten gibt es genug. Wenn etwas über die Hutschnur geht oder hoch drüber, dann kann sie schon mal platzen oder reißen.

Wenn uns der Kragen platzt, dann sehen wir im Umfeld, was noch alles platzen kann: ein Ballon, eine Bombe, das Heizungsrohr und ein Reifen. Oder eine Naht und das Trommelfell. Dann spekulativ: ein Deal oder die Spekulationsblase und weiter der Geduldsfaden, der Kragen und ein Traum.

Wir können die Ähnlichkeiten linguistisch solide fassen über Korpora. So zeigt uns CCDB für verwandte Pärchen folgende Gemeinsamkeiten und Überschneidungen:

Kuratel vs. Gängelband
Vormundschaft
Allmacht
Bevormundung
Einflussnahme
Kontrolle
Machtausübung
Willkür

Tohuwabohu vs. babylonisch
Verwirrspiel
Desaster
Fiasko
Schlamassel
Debakel
Taumel
Aufruhr
Tumult

Fettnäpfchen vs. Fauxpas
Ausrutscher
peinlich
Blamage
Missgeschick
Versprecher
Versehen
Irrtum
unverzeihlich
Nachlässigkeit
Ungeschicklichkeit

Nun aber noch ein Beispiel, wie man aus Belegen auf die Bedeutung kommen könnte. Zuerst ein Blick in den Kontext.

> Die Regierung wiederum nimmt den Flirt der Studenten mit dem kommunistischen Norden für bare Münze.

3.1 Bedeutungen bestimmen und formulieren

Sie erkennen, es geht um das Idiom *für bare Münze nehmen*, für das als Bedeutung schon mal angegeben wird „etwas ernst nehmen, obwohl es scherzhaft gemeint ist". Das könnte grosso modo in diesem Kontext passen. Nun aber:

> Leichtgläubig nehmen sie Gerüchte und unkontrollierte Berichte für bare Münze.
> Jeder nähme die Schmeichelei anderer für bare Münze.
> Kein Wunder, dass das Schlagwort funktioniert, solange es für bare Münze gehalten wird.

Da würde man eher nichts von scherzhaft sehen. Vor allem aber sieht man, dass es irgendwie um Gesagtes geht, das für bare Münze genommen wird. Insofern ist wohl unser erstes Beispiel auch nicht gerade typisch.

Die folgenden Beispiele weisen uns auf einen etwas anderen Pfad.

> Sie wird die Worte als bare Münze genommen haben und nicht so, wie sie von mir gemeint waren.
> Wer sich hinter Anonymität versteckt, darf nicht erwarten, dass man für bare Münze nimmt, was er schreibt.
> Wir wünschen nicht, dass Sie uns glauben, und, was wir Ihnen sagen, als bare Münze hinnehmen.

Offenbar hat das Idiom damit zu tun, dass jemand etwas Gesagtes glaubt, das nach Meinung dessen, der das Idiom verwendet, im Grunde zweifelhaft ist. Und da wir schon mit dem letzten bei einer leichten Abwandlung sind, hier noch etwas weiter weg vom Gesagten:

> Wehe den armen Mädchen und Frauen, die etwa solche Männerblicke für bare Münze nehmen.
> Wer das Geschehen für bare Münze nimmt, mag freilich vieles widersinnig und anstößig finden.

Allerdings, nicht jeder Beleg ist gutes Deutsch und wer allerdings das letzte für bare Münze nimmt, dem sei zitiert: Klares Deutsch ist bare Münze, wie es anderwärts so schön heißt.

> **Exkurs: Metaphorik**
> Metaphern sind metaphorisch verwendete sprachliche Ausdrücke. Metaphorische Ausdrücke sind solche, die zweifach zu verstehen sind. Eines dieser Verständnisse soll das übliche, wörtliche, basale Verständnis sein. Das andere, das eigentliche – das metaphorische – soll ausgehend vom basalen im Kontext herleitbar sein. (Oft ist die Rede von einer Übertragung, ohne dass man weiß, was da genau von wo wohin übertragen wird. Auch schon eine metaphorische Redeweise?) Die Herleitung folgt einem Verstehensweg. Das sei eine plausible Darstellung des Zusammenhangs der beiden Verwendungsweisen.
>
> Die Deutungswege können wir beschreiben und einteilen in verschiedene Arten: Ein Deutungsweg mag singulär sein – man spricht dann von einer kühnen Metapher – oder er mag mehr oder weniger üblich sein. Ausgetretene Wege gibt es bei Metonymien (die viele deshalb nicht zu den Metaphern zählen), etwa:
> Teil für Ganzes: *Sie ist ein kluger Kopf.*

Eine Metonymie diesen Typs kann man auch sehen in *sich seiner Haut wehren*, wo ja wohl der ganze Mensch gemeint ist. Und ebenso Teil für Ganzes in *eins auf den Deckel* bekommen oder *die Jacke vollkriegen*. Da geht es ja immer ums Ganze.

Auch zu einer Metonymie „Gefäß für Inhalt" neigen die vielen Idiome der Art *ein Glas über den Durst getrunken haben*.

Bei Metaphern allgemein konstruiert man in ▶metaphorischen Modellen besondere Quellbereiche und ausgetretene Wege. Ganz allgemein ist vieles in einem Gefäß: das Herz voller Liebe, der Kopf voller Gedanken. Auch bei Idiomen finden wir dieses Container-Modell, nach dem in Gefäßen allerhand drin sein kann: Flausen und Grütze etwa im Kopf. Sogar die Galle, wenn sie einem hochkommt. Oder das Geld-als-Flüssigkeit-Modell in *jemandem den Geldhahn zudrehen*, so dass dann vielleicht *Ebbe in der Kasse herrscht* und sie *jemanden anpumpen muss*.

In Idiomen kann das Leben als Spiel gefasst sein, in dem man *Farbe bekennen muss* und *Paroli bieten* und vor allem *sich nicht in die Karten kucken lassen* sollte.

Geist ist Helligkeit: Da kann einem schon einmal *ein Licht aufgehen* oder man kann *im Dunkeln tappen*. Einer ist *ein heller Kopf*, ein anderer *keine große Leuchte*.

Kommunikation ist Kampf: Dann *schießen wir mal los*. Es wird *vom Leder gezogen* und *schlagende Argumente werden vorgebracht*. Wer aber *schweres Geschütz auffährt*, muss auch *was einstecken* können.

Als metaphorisch eingefahren werden gemeinhin die Tier-als-Mensch-Idiome gesehen: *jemanden vor seinen Karren spannen* (Mensch als Ochse).

Metaphorisch zu verstehen sein dürften auch Idiome, die gemeinhin als bildhaft bezeichnet werden. Allerdings genügt das Bild allein hier nicht zum Verständnis. Bei *jemanden aufs Abstellgleis stellen* kommt noch einiges dazu. Und manches kann man dem Bild gewiss nicht entnehmen wie, dass der Mensch da bleiben soll, während Züge ja nur vorübergehend (zum Ausruhen -;)) da stehen. Bei *die (große) Flatter machen* kann man noch den flüchtenden Vogel sehen, bei *die Flatter bekommen* ist schon weiter metaphorisiert.

Offene Vergleiche wie *jemanden ausquetschen wie eine Zitrone* werden hier oft angeführt, sie sind vielleicht aber keine Metaphern, weil bei echten Metaphern gerade implizit bleibt, wie der Weg zu konstruieren wäre.

Die metaphorischen Ausdrücke selbst mögen neu sein. Das heißt, dass dieser Ausdruck hier und jetzt, in diesem Kontext ad hoc sozusagen metaphorisch verwendet wird – zumindest für diese Rezipienten. Wir könnten sagen, das sei mehr oder weniger singulär. Oder der metaphorische Ausdruck ist qua solcher schon oft verwendet worden und wird auch so verwendet. Die Metapher ist etabliert (oder tot). Und man kann sich durchaus fragen, wieso man dann noch von Metapher redet.

> Idiome kann man als zwiefach zu verstehende Ausdrücke verstehen. Das idiomatische Verständnis ist etabliert. Es ist damit im Grunde nicht mehr zwiefach, außer wenn es einen weiteren etablierten, sozusagen wörtlichen Gebrauch gibt, der mit der idiomatischen Verwendung nichts zu tun hat. Öfter wird angenommen, dass bei Idiomen der Umdeutungsweg erhellend sein kann für die volle Bedeutung des Idioms. Man muss ihn nur rückwärtsgehen.

Bei verschütteten Wegen muss auch der Quellausdruck historisch verfolgt werden, seine Form und seine Bedeutung. Da kann der Weg dann auch ganz singulär sein, wie wir später sehen werden.

3.2 Ein anderer semantischer Blick

Meistens geht es in der Semantik um die Bedeutung von Wörtern. Man schaut vom Wort oder vom Ausdruck auf seine Bedeutung. Dies ist die semasiologische Perspektive. Man kann aber auch von der Bedeutung auf die Wörter und Ausdrücke schauen. Man schaut aus onomasiologischer Perspektive. Die semantische Welt begrifflich im Ganzen zu ordnen wäre ein kühnes Unterfangen. Hier geht es nur um unser Thema und da erkennen wir, wo Idiomatisches besonders produktiv war, wir erkennen fruchtbare Felder.

Hier sehen Sie Beispiele für Idiome aus den fruchtbaren Feldern.

ablehnen
Bei mir kannst du damit nicht landen. Du kannst mich mal kreuzweise.

angeben
Wer muss schon ständig eine dicke Lippe riskieren!
Und dann noch das Maul aufreißen.

Ärger, Wut
Bitte nicht an mir dein Mütchen kühlen.
Der Fritz, der läuft schon mal Amok.

übertreiben
Warum gleich aus der Mücke einen Elefanten machen?
Sie ist päpstlicher als der Papst.

Prügel
Die Angreifer haben die Jacke vollgekriegt.
Wir haben ihnen die Schnauze poliert.

reden
Rede bitte mal Klartext!
Ich lass mir das auf der Zunge zergehen.

schnell
Weg war sie, im Handumdrehen.
Das hat sich wie ein Lauffeuer verbreitet.

täuschen
Ich lass mir doch keinen Sand in die Augen streuen.
Sie haben ihnen das Fell über die Ohren gezogen.

Trunkenheit, Alkohol
Endlich hatte ich die nötige Bettschwere.
Mit leichter Schlagseite kam er schon an.

Überlegenheit
Danach hat sie wieder Oberwasser gewonnen.
Sie hatte alle Trümpfe in der Hand.

Unwissenheit, dumm
Die ist wohl bisschen schwer von Kapee.
Der Volker ist bestimmt kein Kirchenlicht.

verrückt
Du bist wohl vom Affen gebissen!
Der hat doch 'nen Schuss!

Die Fruchtbarkeit auf diesen Gebieten ist gewiss der expressiven Bedeutungskomponente der Idiome geschuldet. Darum werden viele auch der Umgangssprache zugerechnet.

Im Übrigen gibt es weitere fruchtbare Quellgebiete wie Spiel, Landwirtschaft, Handwerk, Rittertum, Militär, Strafe, aus denen viele Idiome entsprungen sind. So können sie auch später in den jeweiligen Soziolekten beheimatet sein. So sollen viele in der Jugendsprache entstehen. Allerdings sollten sie dann schon in die Gemeinsprache kommen, sei es wenigstens in die Umgangssprache.

Dabei spielen auch noch weitere Sprechakte eine besondere Rolle:

tadeln, lügen, loben, wegschicken, erklären, warnen, schönreden, bemänteln, beschuldigen, provozieren, veralbern, insistieren, thematisieren, schreien, versichern, versprechen, übertreiben, prahlen, rechtfertigen, schweigen.

In der ▶ Sprechakttheorie wird sprachliche Kommunikation im Hinblick auf die sprachlichen Handlungen betrachtet. Searles Grundidee: Sprechen ist regelgeleitetes Handeln. Das Sprachspiel ist geregelt und dadurch definiert wie das Schachspiel. Es gibt konstitutive Regeln, die überhaupt festlegen, was als bestimmter Zug gilt, unter welchen Bedingungen er gelingt, und regulative Regeln, die formulieren, wie man einen Zug besser ausführt, etwa die strategischen Regeln im Schach. Konstitutive Regeln sind deskriptiv, sie sind keine Vorschriften, nicht normativ gedacht.

Für Sprechakte werden in der Regel drei Komponenten unterschieden:

- der Akt des Äußerns (die lautliche oder schriftliche Performanz)
- der propositionale Akt (die Bedeutung oder der Inhalt der Äußerung)
- der illokutionäre Akt (das Gemeinte oder die intendierte Wirkung)

In der Systematisierung von Sprechakten wird nach mehreren Typen differenziert:

Assertiva
wie *behaupten, mitteilen, feststellen, informieren, beschreiben*
   In einem assertiven Sprechakt teilt jemand jemandem mit, dass etwas der Fall ist, dass er eine Proposition für wahr hält. Prototyp eines assertiven Sprechakts ist die Aussage.

Direktiva
wie *befehlen, bitten, fragen, verbieten, erlauben, raten*
   In einem direktiven Sprechakt versucht jemand, jemanden dazu zu bringen, etwas Bestimmtes zu tun. Prototypen sind die Frage und die Aufforderung.
   Die Welt ist mit der Äußerung in Übereinstimmung zu bringen; der ausgedrückte mentale Zustand ist ein Wunsch.

Deklarativa
wie *kapitulieren, ernennen, definieren, missbilligen, kündigen*
   In deklarativen Sprechakten schafft jemand durch seine Worte einen Sachverhalt. Wie die Taufe sind diese Sprechakte meist performativ und an die Existenz von Institutionen gebunden (z. B. Gericht, Kirche, Regierung).

Expressiva
wie *danken, bedauern, gratulieren, klagen, sich entschuldigen*
   In einem expressiven Sprechakt gibt jemand seiner Haltung oder seinem Gefühl bezüglich eines Sachverhalts Ausdruck. Beispiele sind die Danksagung und die Gratulation.

Kommissiva
wie *versprechen, geloben, ankündigen, schwören, drohen*
   Im kommissiven Sprechakt verpflichtet sich jemand selbst zu einer künftigen Handlung. Prototyp ist versprechen.
   So ist die Welt mit der Äußerung in Übereinstimmung zu bringen; der ausgedrückte mentale Zustand ist eine Absicht.

Idiome fungieren natürlich in Sprechakten und wir können sie entsprechend zuordnen. Dabei kommen sehr viele Sprechakte ins Spiel.

Dazu eine Übersicht.

ablehnen	einen Korb geben
abschweifen	an den Haaren herbeiziehen
abschweifen	reden wie ein Wasserfall
abweisen	nicht mein Bier
andeuten	durch die Blume
angeben	eine dicke Lippe riskieren
ansprechen	aufs Tapet bringen
argumentieren	ins Feld führen
aufbauschen	großes Brimborium machen
aufklären	reinen Wein einschenken
aufschneiden	den Mund voll nehmen
ausforschen	auf den Zahn fühlen
ausplaudern	aus dem Nähkästchen plaudern
beanstanden	ein Haar in der Suppe finden
bedrohen	die Hölle heiß machen
beipflichten	aus der Seele sprechen
beipflichten	die Stange halten
bejahen	ins gleiche Horn blasen
belehren	ein Licht aufstecken
beleidigen	vor den Kopf stoßen
belügen	einen blauen Dunst vormachen
beschuldigen	in die Schuhe schieben
beschwören	die Hölle heiß machen
bestätigen	nach dem Mund reden
beteuern	beim Barte des Propheten
betonen	in den Vordergrund stellen
bezweifeln	in Frage stellen
ermahnen	den Marsch blasen
erzählen	sein Garn spinnen
faseln	Phrasen dreschen
feststellen	Bilanz ziehen
hänseln	an der Nase herumführen
hochspielen	Schaum schlagen
insistieren	auf den Busch klopfen
klagen	Zeter und Mordio schreien
kränken	Nadelstiche versetzen
kritisieren	aufs Korn nehmen
necken	auf den Arm nehmen
prahlen	die Klappe aufreißen
präzisieren	auf den Punkt bringen
publik machen	an die große Glocke hängen
raten	mit auf den Weg geben

rügen	Klartext reden
schmeicheln	Honig ums Maul schmieren
schönreden	Süßholz raspeln
schwätzen	Blech reden
schwätzen	Schaum schlagen
schwätzen	vom Hundertsten in Tausendste
schweigen	keinen Mucks machen
sich einmischen	seinen Senf dazugeben
streiten	ein Hühnchen rupfen
tadeln	Bescheid stoßen
täuschen	Sand in die Augen streuen
thematisieren	zur Sprache bringen
tratschen	durch den Kakao ziehen
übertreiben	dick auftragen
unterjubeln	hinters Licht führen
unterstellen	in den Mund legen
veralbern	auf die Schippe nehmen
veräppeln	ins Bockshorn jagen
vergackeiern	einen Bären aufbinden
verkünden	die Katze aus dem Sack lassen
verleumden	ins Gerede bringen
verschweigen	dicht halten
versprechen	Brief und Siegel geben
verstummen	nicht über die Lippen bringen
verunglimpfen	durch den Dreck ziehen
weitererzählen	von Mund zu Mund
widersprechen	Paroli bieten
vergeblich zureden	sich den Mund fusselig reden
zitieren	in Gänsefüßchen sagen
zurechtweisen	Fraktur reden
zurückweisen	eine Abfuhr erteilen
zusammenfassen	langer Rede kurzer Sinn
zustimmen	Ja und Amen sagen

3.3 Zur Verwendung von Idiomen

Idiome sind irgendwie auffällig, sie sind stilistisch markiert. Sie sind öfter rätselhaft und könnten zu denken geben. Darum gibt es auch so viele Büchlein, die Idiome erklären. Und darum sind sie attraktiv für Ambitionierte und für die Werbung (s. Donalies 2009, Kap. 3).

Beispiele für stilistische Bewertungen sehen Sie hier.
Umgangssprachlich:

> Alles verschoben auf den St. Nimmerleinstag.

Bildungssprachlich:

> Alles verschoben ad calendas graecas.

Pointiert und pfiffig:

> Da könnt ihr jetzt in die Luft kucken.

Scherzhaft:

> Am Monatsende herrscht dann eitel Heulen und Zähneklappern.

Auch respektlos:

> Am Ende müssen wir doch alle ins Gras beißen.

Für ein gutes Ende steht dieses Idiom:

> So schien nach alldem zu guter Letzt alles in Ordnung.

Es wird aber öfter ironisch gebraucht:

> Sie sammelte teure Vasen und zu guter Letzt wird ihr das zum Verhängnis.

Und ebenfalls ironisch:

> Euer Söhnchen ist tatsächlich eine große Leuchte.

Derbe Idiome können auch verhüllt werden:

> Sie hat uns ja mal wieder durch den Kakao gezogen.

Da muss man wissen, dass *Kakao* aus *Kacke* gemacht worden sein soll (DuRe s.v. *Kakao*).

Überwiegend kritisch und nicht – wie manche meinen – rechtfertigend wird dieses Idiom verwendet:

> Lüge der eigenen Partei wird Klugheit genannt. Der Zweck heiligt die Mittel.

Einen Reiz der Idiome macht aus: Selbst wenn man die Verwendung gut kennt, bleibt oft etwas Rätselhaftes. Ein rätselhaftes Wort, eine irgendwie unplausible Zusammenstellung.

Solche Idiome sind Legion. Was soll hier drin der Keks oder die Leberwurst?

> Du gehst mir ganz schön auf den Keks.
> Man muss schon einen weichen Keks haben, um für den Hungerlohn zu arbeiten.
> Nun spiel nicht die beleidigte Leberwurst, bitte.

Warum sind Idiome attraktiv? Nur weil sie auffällig sein können? Idiome sind kurz und knackig. Sie bringen mancherlei auf den Punkt und veranschaulichen es. Viele sind expressive Ausdrucksmittel, oft spielerisch und wecken Assoziationen. Idiomfans zeigen ihre Zugehörigkeit zu einer Gruppe, zeigen Gemeinsamkeit in den kulturellen Kondensaten. Sie zeigen Bildung, besonders auch klassische Bildung. Das wird dann oft verdeutlicht durch eine Art Kommentar: ... *wie man sagt, ... wie es so schön heißt*. Doch Idiome sind so zahlreich und üblich, dass sie auch glatt und unauffällig durchgehen.

Von vielen werden und wurden Idiome auch kritisch gesehen. Im Prinzip grade deshalb, weil man die Stärken der Idiome kritisch sieht. Es heißt: Sie vereinfachen, bedienen und bestärken Klischees und Stereotypen. Sie fördern Denkfaulheit und werden oft als Totschlagargumente eingesetzt. Für Morgenstern waren sie die Fratze eigener Gedanken, Mitesser im Zellengewebe des Denkers. Die Idiomfreundin wie der Idiomfreund profitieren und erfreuen sich der Gemeinsamkeit.

In kritischer Sicht werden viele Idiome wie Leerformeln oder Phrasen gesehen. In Juttas Phrasensammlung (http://phrasensammlung.blogspot.com/) wurden viele diskriminiert. Etwa *Das Kinde bei seinem Namen genannt*. Warum? Weil Jutta das korrekte Idiom nicht kennt?

3.4 Kreativ oder windschief?

Für die aktive Verwendung eines Idioms stellt sich zuerst wieder die Frage nach seiner Stabilität: Welche Abwandlungen sind in der Schablone zugelassen und was wäre schon eine Modifikation?

> Stellung: *Die Eselsbrücke, wurde sie hier gebaut?*
> Passiv: *Dieser Bär wurde ihnen aufgebunden.*
> Negation: *Das geht schon auf eine Kuhhaut.*
> Bezug in Relativsatz: *Die Sache hatte einen Haken, der mir entgangen ist.*

Ersetzen: *auf Heller und Cent abgerechnet*
Auffüllen: *auf den ersten und letzten Heller bezahlt*
Kürzen: *Der Kleine hatte keinen Dunst von der Sache.*
Umformen: *Die Achselzucker sind unter uns.*

Sprache ist wesentlich Wiederholung. Sprache lebt von Wiederholung. „Wenn wir den Mund aufmachen, reden immer zehntausend Tote mit", schrieb Hugo von Hofmannsthal.

Das ist bei Idiomen besonders deutlich. Doch aus den Wiederholungen gewinnen wir als Lernende auch Regeln. Mit den Regeln machen wir unendlichen Gebrauch von endlichen Mitteln. Gemeinhin überschätzen wir das Neue, das Selbstgemachte zu Ungunsten des Vorgefertigten, schon Dagewesenen. Aber Idiome können auch neu und kreativ genutzt werden. Dazu dienen vor allem Anspielungen.

Anspielungen sind ein Fall von ▶ Intertextualität. Sie sind ein Fall riskanter Kommunikation. Hinter der Anspielung steckt ein Textstück in absentia, in unserem Fall ein Idiom. Anspielungen verlangen ein doppeltes Verstehen, sind damit ähnlich der Ironie. Um eine Anspielung zu verstehen, muss man sie zuerst erkennen.

Dazu muss man:

- das Idiom kennen,
- es im jetzigen Text erkennen,
- wissen, wie es verwendet wird,
- den Witz der Anspielung erfassen.

Anspielende mögen vom Idiom ausgehen und verschiedene Verfahren anwenden: Substitution, Permutation, Addition, Deletion, Modifikation, Restrukturierung, Kontamination und auch diese Verfahren kombinieren. Der Witz von Anspielungen ist auch, dass die Bedeutung kippen kann. Sie bekommen hier Beispiele für die Verfahren.

Substitution

Marita war über Jahre seine linke Hand.
Der Franco nimmt sogar Fersengeld.
Man sollte auch schon mal mit den Wölfen lachen.

Permutation

In diesem Film geht's Fall auf Knall.
Das Fleisch ist willig, aber der Geist!
Er ist ein rechtes Schaf im Wolfspelz.

Addition

Er füllte sich im siebten Himmel.
Sie wagte sich nur einmal in die Hölle des Löwen.
Ich leg die Hand für dich ins Feuer – nur mit Asbesthandschuhen.
Macht dem Stürmer klar: Eine Schwalbe macht noch keinen Sommer!
Ich kann nicht aus meiner Haut, auch wenn ich schon mal rausfahre.

3.4 Kreativ oder windschief?

Deletion

Neuerdings hängt bei denen der Hausegen schief.
Mit dem Porsche aufs Gradwohl los – gegen einen Baum.

Modifikation

Wer macht den Kindern eigentlich den Garein?
Wir blieben lange unter der Gürtellinie.
Wer sowas sieht, muss mit dem Hängenden würgen.
Sie warf ihm ständig Kastanien ins Feuer.
Der Poet setzte sich zwischen alle Stile.

Restrukturierung

Sie verflitterten die Woche auf den Malediven.

Kontamination

Soll ich mir gute Beispiele aus den Haaren saugen?
Da fällt mir ein Schwein vom Herzen.
Ich trau meinen eigenen gespitzten Ohren nicht.

Verfahren kombiniert

Führen auch Holzwege nach Rom?
Du bist für mich das Aha und Oho.
Nach dem Kriege haben wir die Flinte ins Feuer geworfen. Da findet sie keiner.

Beliebtes Wortspiel mit Idiomen ist das Wörtlichnehmen:

Shoppen, bis der Arzt kommt, und danach Tüten tragen, bis der Arzt wirklich kommen muss.

Gang und gäbe ist das in Schwänken und Eulenspiegeleien.
Anspielungen werden natürlich gemacht. Aber einige Formen sind den meisten auch unwillkürlich geläufig. Dies dürfte öfter darauf zurückzuführen sein, dass sie mehr wollen, als sie können. Das kann schon mal in die Hose gehen, vielleicht auch witzig werden, besonders für die klügeren Rezipienten. Für die Produzierenden ist es aber peinlich. Da wird eben deutlich, dass sie sich ein Feiertagsgwandl (Nestroy) anziehen wollen, das ihnen nicht passt. Wir führen mal einige vor. Hier ist die Standardform nicht getroffen oder etwas vermischt:

Das ist dem Pudel sein Kern.
Ich lass doch nicht Maus und Katze mit mir spielen.
Alle hatten ein gerütteltes Maß an Schuld.
Sie hatten ihr Pferd vom Schwanz aufgezäumt.
Wir haben eine Niederlage errungen.
Frieder sollte sein Licht nicht unter dem Scheffel leuchten lassen.

> Lass dir doch von dem keine Laus ins Ohr setzen.
> Die haben immer wieder wider den Stachel geleckt.

Vermischung von Idiomen ist auch hier nicht selten:

> Ständig legte sie ihm Kastanien ins Feuer.
> Letztlich handelte es sich bei dieser Ankündigung aber doch nur um ein Strohfeuer, dem der lange Atem fehlte.
> Da stand er, wie ein begossener Elefant im Porzellanladen.
> Wenn's der Kuh zu wohl wird, geht sie aufs Eis!

Diese und die folgenden kommentiere ich nicht im Detail. Sie können die Deutung als Ihre Aufgabe sehen. Im Kastanienbeispiel ist wohl vermusselt *Steine in den Weg legen* und *Kastanien aus dem Feuer holen*. Und die Mischung gibt durchaus Sinn.

Besonders peinlich erscheinen windschiefe Verwendungen. Sie könnten zeigen, dass, wer sowas produziert, den Sinn des Idioms nicht richtig erfasst hat:

> Dein neues Kleid ist wunderbar. Es passt wie die Faust aufs Auge.
> Das nehme ich nun wirklich auf mein Kerbholz.
> Toll auf der Party, wie der Tanz um das Goldene Kalb.
> Ich habe so manche Enttäuschung in petto.
> Vor Freude ist sie aus den Latschen gekippt.

Entscheidend bei solchen Beispielen ist immer die Rezeption. Was unterstellen wir? Was unterstellen wir, jenen, die die Ausreißer produziert haben?

Konnten sie es nicht besser oder wollten sie was vorführen? Wollten sie uns vorführen? Wenn wir annehmen, sie hätten es extra gemacht, dann können wir es genießen. Dann können wir mitgenießen. Aber das können wir auch, wenn wir gemein deuten.

3.5 Und produktiv!

Mit diesem Zwischenspiel würde ich Sie gern anregen zum Spielen mit einschlägigen Wörtern und Idiomen. So können Sie sich auch auf das nächste Kapitel einstimmen.

Spielerische Neubildungen

> *Bankschiebereien, Barthels Mostverkauf, Beulen nach Athen, Bärendienstleistung, drehwurmstichig, nicht lange fakeln, um meinen Bart streiten, warmherziger Samariter, der Geist ist flach, aber das Fleisch ist wach, die Flinte in den Korn werfen, Fiesematenten machen, Fremdfederschmuck, ins Wildgehege kommen, sich ins Essgeschirr legen, Versentgelt geben.*

Und vielleicht auch kleine Gedichtlein.

> Wie oft unterdrückt man die eine!
> Die andre alleine
> Sei die reine.

Wenn man ihn sich zerbricht
Bricht er doch nicht.
Und fällt man drauf,
Bricht er nicht immer auf.

Oft dicker als dick
Sitz ich auf Hals und Genick.

Was sagt dein Gesicht?
Du weißt es nicht.

Hier auch interessant, was die Rechtschreibprüfung sagen würde zu diesen Neubildungen.
Also: Ab in die Binsenweisheit!

Abkanzlerin
Amökle
Augiasstallbursche
Blaublütler
bredouilliös
Bären auf- und abbinden
bärenhäuten
einen schlauen Montag machen
Erlebe dich, du schwacher Geist!
ins Boxhorn jagen
methusalemisieren
mit Bengelszungen
Spiegeleier à la Kolumbus

3.6 Fazit

In diesem Kapitel haben wir erfahren,

- dass Bedeutung ein verwickeltes Konzept ist,
- dass Bedeutungen nicht leicht zu gewinnen sind und schwierig zu beschreiben,
- dass Idiome einzuordnen sind in semantischen Feldern,
- dass Idiome einzubetten sind in Kommunikation und sprechaktsensibel,
- dass Idiome nicht immer ungefährlich in der Verwendung sind,
- dass sie aber kreativ und produktiv gestaltet und verstanden werden können.

3.7 Lektüre und Aufgaben

Weiterführende Lektüre
Der Klassiker zu Anspielungen ist Wilss 1993. In Müller 1994 finden Sie eine Zusammenstellung vieler Idiome in Feldern. Differenziert schon in Hessky/Ettinger 1994. Jetzt auch eine online-Fundgrube: https://www.ettinger-phraseologie.de/pages/artikel.php

Dobrovol'skij 2008 bietet viele aufschlussreiche Beispiele.
Zur stilistischen Beurteilung sog. derber Idiome Dziurewicz 2019.
Immer noch ein guter Überblick zu Sprechakten: Manfred Krifka https://amor.cms.hu-berlin.de/~h2816i3x/Sprechakte2004.pdf
Mehr zur Metaphorik in Burger 2015, 90–100.

Aufgaben

Aufgabe 1: Auf wen geht die Gebrauchstheorie zurück? Was besagt sie im Detail. Recherchieren Sie und formulieren Sie die Grundthesen.

Aufgabe 2: Suchen Sie zu jedem Feld in der Aufstellung zu den fruchtbaren Feldern ein weiteres Beispiel.
   Es gibt ein Idiom, das in zwei Felder gehört. Das Ankerwort fängt mit R an.

Aufgabe 3: Was hat es auf sich mit *Kind und Kegel*, mit *Knall auf Fall*? Recherchieren Sie.

Aufgabe 4: Es gibt sehr viele Idiome im Feld „sterben". Suchen Sie wenigstens 10.

Aufgabe 5: Verbessern Sie diese drei Schablonen:

   [ART_indef] **treulose Tomate** [V_kop **sein**]
   [N_pers_akk] [**V reiten**] [ART_def] **Teufel**
   [NP] V **gehen auf** [ART_indef] **Kuhhaut**

Aufgabe 6: Welche Idiome könnten hier kontaminiert sein?

   Da reibt er sich die Fäustchen.
   Da fällt mir ein Schwein vom Herzen. Da liegt der Hase begraben.
   Das hängt mir nun wirklich zur Nase raus. Der reißt sich doch keinen Finger aus!

Aufgabe 7: In Christian Morgensterns Galgenlieder gibt es mindestens zwei Gedichte, in denen mit einem Idiom gespielt wird. Welche sind es?

Aufgabe 8: Werden Sie selber kreativ. Suchen Sie sich passende Idiome und wenden Sie die Kriterien an. (Sorry, das ist natürlich keine Aufgabe. Die Aufforderung, kreativ zu werden, ist eher ein double bind.)

Idiome in Texten

4

Christian Morgenstern
Die weggeworfene Flinte
Palmström findet eines Abends,
als er zwischen hohem Korn
singend schweift,
eine Flinte.
Trauernd bricht er seinen Hymnus
ab und setzt sich in den Mohn,
seinen Fund
zu betrachten.
Innig stellt er den Verzagten,
der ins Korn sie warf, sich vor
und beklagt
ihn von Herzen.

Inhaltsverzeichnis

4.1	Rhetorik, Stilistik und Stilkritik	78
4.2	Idiome in literarischen Texten	82
4.3	Titel, Slogans, Schlagzeilen und Embleme	86
4.4	Idiome in diversen Textsorten	91
4.5	Idiotismen als Schreibanlässe	94
4.6	Fazit	95
4.7	Lektüre und Aufgaben	95

Dieses Gedicht darf hier nicht fehlen. In diesem Kapitel geht es um die Verwendung und Rolle der Idiome in Texten verschiedener Sorte. Wir beginnen mit dem ganzen Bereich und seiner Stellung und Beurteilung in der Stilistik im weiten Verständnis. Dann geht es von der hohen Literatur in Stufen abwärts: Von Nobelpreisträgern über Kinderbuchautoren und Songtexte hinab zu Schlagzeilen und Titeln.

4.1 Rhetorik, Stilistik und Stilkritik

Idiome spielen seit eh mit in Rhetorik und Stilistik. So schon mal im 17. Jahrhundert, wo ihnen bescheinigt wurde, dass sie Krafft und Safft geben können. Kritischer dann im 18. Jahrhundert bei Adelung, der ihnen nachsagt, dass sie weitgehend aus „dem niedrigen Leben" hergenommen seien. Und außerdem sei es doch lächerlich, wenn man Flöhe husten hört. Doch wenn man sie klug verwendet, könnten sie auch ein Licht sein, welches einen großen Raum erleuchtet. Könnte ein Licht aufgehen, selbst einem wie Adelung.

In der Rhetorik mögen sie auch schon mal als attraktive Mittel der Überzeugung empfohlen werden. Wichtiger ist aber, welche rhetorischen Figuren in der Idiomatik überhaupt eine Rolle spielen.

An erster Stelle wohl die Hyperbel, also die Übertreibung:

> Gift und Galle spucken *oder* die Würmer einzeln *(!)* aus der Nase ziehen.

Und gleich danach die Ellipse, bei der man sich immer was dazudenken muss: *eine auf die Löffel kriegen* oder *jemandem eins auswischen*, wo man allerdings nicht so genau weiß, was das wäre.

Und dagegen die Tautologie in Paarformeln etwa, bei der aber öfter ein eher dunkler Teil erklärt oder bewahrt wird, also doch nicht ganz tautologisch:

> frank und frei, rank und schlank.

Vielleicht auch die Antithese, in der Gegensätzliches einander gegenübergestellt wird:

> gute Miene zum bösen Spiel machen, mit Zuckerbrot und Peitsche, nicht kleckern, sondern klotzen.

Auch spezieller das Paradoxe, bei dem mit overt Widersprüchlichem ein tieferer Sinn verbunden ist:

> wie ein Blinder von der Farbe reden *oder* einen Besen fressen.

Und nicht zuletzt die Ironie, mit der landläufig gesprochen das Gegenteil gemeint ist, als was gesagt wird. So wenn einst das Fett was Gutes war, dann aber negativ *sein Fett abkriegen*. Auch in *zum Besten halten* kann man eine ironische Komponente sehen.

Und zum Verständnis kann die metaphorische Kompetenz nützlich sein.

Etwa in der Metonymie, wo ein Teil für das Ganze steht:

> seine Haut zu Markte tragen Haut = *Mensch*.

Oder gar ein Kleidungsstück für das Ganze:

> etwas auf seine Kappe nehmen?

4.1 Rhetorik, Stilistik und Stilkritik

Aber auch sonst, wenn man sich sozusagen bildlich vorstellt, wie der Brotkorb höher gehängt wird.

In der stilistischen Wertung ist immer die Frage: Wie wird sie angewendet und wie wird die Zuschreibung begründet. Was würde die Kennzeichnung „derb" bringen für

> ins Gras beißen?

Hier einige Beispiele:

> Das Elend sei groß, sagte der Gesandte, der arme Mann müsse sich von Kräutern nähren und also in zwiefachem Sinne ins Gras beißen.
> Gerade gestern haben zwei kerngesunde Männer ins Gras gebissen.

Das letzte Textstück zeigt schon, wo das Idiom beheimatet ist, und die folgenden eine wichtige Modifikation, die eher Anteilnahme ausdrückt:

> Das fängt bei Hanno Koffler an, der als erster der jungen Piloten ins Gras beißen muss.
> Einer musste dafür auch ins Gras beißen, dem man blühenden Unsinn nachsagte.
> Seine Familie musste deswegen nämlich ins Gras beißen.

Und das folgende derb?

> Und wenn sie dann ins Gras gebissen haben, werden sie erst recht geehrt.

Hier gar im literarischen Zusammenhang:

> Beim dritten Engel musste sie selbst ins Gras beißen, Brentano ward unglücklich zu Tode betrübt.

Mit derart Stilurteilen muss man vorsichtig sein. Die textuelle Welt ist komplexer.

Eine andere Fragestellung betraf die Einordnung von Idiomen in Stilschichten und Stilniveaus. Da wurden sie beheimatet in Umgangssprache und als „salopp", eben „derb" bis hin zu „vulgär" gekennzeichnet. Heilmittel war da schon mal die stilistische Anhebung.

Mancherlei Verbesserungen vom Ungepflegten zum Gepflegten haben es dann auch zu Varianten geschafft.

> Kopf > Haupt
> Perlen vor die Säue schmeißen > Perlen vor die Säue werfen
> Schnauze > Schnabel > Mund
> fressen > essen > speisen

Also weg von der Hemdsärmeligkeit!

Eine etwas mildere Stilwertung – und für manche wohl positiv – war „volkstümlich", vielleicht auch „burschikos" oder „frech". Man musste ja nur wissen, wann was angebracht war.

Dann waren da noch die Stilbrüche (Katachresen), Bildvermengungen und Bildmengerei, vor denen zu warnen war. An andere Stelle werden wir zu ihnen kommen.

Kritisch gesehen hat – wie gesagt – die Idiome schon im 18. Jahrhundert: Adelung, Johann Christoph: Ueber den Deutschen Styl.

> **Ausdrücke mit unedlen Nebenbegriffen.**
>
> §. 7. Ferner, 2. Ausdrücke, welche ein unedles Bild, einen beleidigenden Nebenbegriff enthalten, besonders wenn das Bild oder der Nebenbegriff ganz aus dem Conventionellen der untern Classen entlehnt ist. Diese Classe ist die zahlreichste, indem sie so wohl einzele Wörter, als auch ganze Redensarten, und besonders die meisten **Kraftwörter** unserer neuern Schriftsteller in sich fasset. Von einzelen

Ferner ganze Redensarten,
einen zur Bank hauen, die meisten figürlichen Ausdrücke *mit Bart und Nase, ins Gras beißen, einem etwas einkauen, Haare auf den Zähnen haben, einem auf dem Halse liegen, am Hungertuche nagen, einem die Rolbe laufen, eine Schlappe bekommen, dicke thun, an einem Orte stecken, nichts zu beißen noch zu brechen haben, es hinter den Ohren haben, sich an jemanden reiben, den Braten riechen, etwas vor Begierde verschlingen, in die Büchse blasen*, u. s. f.
(In: https://www.digitale-sammlungen.de/de/view/bsb10583312?page=,1)

Und das Ganze unter dem Titel „Würde". Da würde es fast schon sprachkritisch moralisch.

Verdächtig waren Idiome vor allem wegen ihrer Uneigentlichkeit. Das war manchen zu unklar, zu vage. Dies auch im Zuge der aufklärerischen Tradition gegen das Metaphorische. Gerade damit wird aber auch gespielt. Einmal kritisch, indem man vorführt, wie Blöde Idiome verstehen könnten, aber spielerisch und witzig wie in den Eulenspiegeleien. Da werden wir noch ein Auge drauf werfen.

Als musterhafte Prägungen besonderer Art spielen Idiome weiter in Stilistiken und in der Stilkritik ihre Rolle, sozusagen eine Doppelrolle – und eine zwiespältige. Einerseits werden sie als feste Muster in der Nähe von Floskeln gesehen, mit denen die Leute es sich leicht machen, sich bedienen bei Vorgefertigtem, wenn nicht gar zum Phrasenschwein werden. Andererseits sind sie nicht ganz oder immer leicht zu verwenden, sind anspruchsvoll, bis hin zu gefährlich in ihrer Verwendung, gelten schon mal als gehoben und anspruchsvoll und vor allem als attraktiv, zeugen sie doch von hoher Sprachkompetenz.

Die Kritik betraf alle möglichen idiomatischen Phraseme oder immer schon Funktionsverbgefüge. Die letzteren hatte die Kritik schon lange auf dem Kieker.

Weiter wurden diverse Stilkrankheiten diagnostiziert:

Modewendungen,
Streckformen,
Sprüche.

Dann war die Rede von

> Konservensprache,
> Schablonenstil,
> aufgeblasenen Klischees,
> Phrasen und Floskelrepertoire.

Gar vom Floskeldeutsch und vom Phrasendreschen mit abgedroschenen Wendungen. Klingt leicht paradox?

Dies wurde dann in Zusammenhang gebracht mit schematischem und stereotypem Denken und diffamierend genutzt bis hin zur Unterstellung von Täuschungsabsichten.

Eine andere Kritik war, dass diese Wendungen nach Bürokratie, nach Leistungsgesellschaft riechen. Eher dümmlich wohl, dass hier kein grammatisch gültiger Satz vorliege.

Eine ganz andere Frage betrifft Idiome in der feministischen Sprachkritik und ihre Genderspezifik. Verdachtsfälle könnten sein:

> an die Wäsche gehen
> Seemannsgarn spinnen
> Hahn im Korb(e) sein
> den Schwanz hängen lassen
> sich in die Horizontale begeben
> unterhalb der Gürtellinie
> etwas an die große Glocke hängen
> einen zur Brust nehmen

Auch dies sollten wir nicht kontextlos betrachten. Sonst zeigen wir vielleicht zu viel von uns.

> Sie hatte es faustdick hinter den Ohren.

Ja, was wohl? Wenn man annimmt, dass es Dreck wäre, dann wäre es schon eklig und diskriminierend. Aber wer nimmt das an? Diskriminierende? Angebliche Diskriminierung kann vor allem durch die wörtliche Lesart evoziert werden. Und mancherlei kritische Betrachtungsweise ist auch geprägt von einem Ausblenden historischer Zusammenhänge.

Bei Antje Kelle in *DUDEN Stilsicher schreiben* tauchen die Problemfälle im unterschiedlichen Kleid auf. Den Schablonen fehle die persönliche Note und vorgefertigte Versatzstücke benutzen wir natürlich nicht. Dann aber auch bei den stereotypen Wendungen, die meisten machen ihre Sache gut und kommen immer wieder zum Einsatz (man beachte die Formulierung!). Nun seien sie aber müde und überarbeitet vom Stress des ständigen Einsatzes und eben ganz blass.

Füllsel und Schablonen wie *das mach ich mit links* und *damit hab ich nichts am Hut* sollen gefälligst im informellen Geplauder bleiben. Den Weg zur Schriftsprache sollten wir ihnen erschweren.

Soweit meine Darstellung im eingefühlten Stil.

4.2 Idiome in literarischen Texten

Was literarische Texte sind, wird natürlich unterschiedlich gesehen. Gehören etwa sogenannte Kitsch-Texte hierher? Wir bleiben offen und großzügig.
  Zuerst ein Pendant zu unserem Motto-Gedicht.

> Josef Guggenmos
> Der Kuckuck
> Der Kuckuck ruft mit Macht im Wald,
> ruft kuckuck, dass es hallt und schallt.
> Sein Weib schlüpft heimlich durchs Geäst
> und schiebt ihr Ei ins fremde Nest.
>
> Die Katze
> So ist die Katze: allzeit rein.
> Und wie auf Moos geht sie, so fein.
> Da gäbe manche Maus was drum,
> hätt' jede Katz' ein Glöcklein um.

Klar es geht um *ein Kuckucksei ins Nest legen*, kürzer wohl auch schon mal *(k)ein Ei ins Nest legen* und deutlicher *ein faules Ei ins Nest legen*, die alle nicht für das Gelbe vom Ei stehen und vielleicht nicht unbedingt als Varianten genommen werden sollten, wenngleich es immer darum geht, jemandem etwas zu tun, das sich im Nachhinein als nachteilig erweisen wird.
  Und das zweite scheint dichterisch modifiziert aus *der Katze die Schelle umhängen*, wie es in der Fabel über die Mäusekonferenz diskutiert wird. Da ging es vor allem darum, wer es denn tun könnte, ein Aspekt, der etwas verloren gegangen ist. Aber doch: „Wer soll der Katze die Schelle umhängen" ist noch recht typisch.
  Und weiter zur Einstimmung durch die Jahrhunderte mit diversen Somatismen und ihren Varianten zu den Ohren.

> […] wir solten den Frieden machen / ehe die Sonne aufgieng / da mit er den künfftigen Morgen kein Ursach hätte / uns einen Tätigsmann zu geben / aber über dessen procedere wir uns **hinter den Ohren** zu **kratzen** / würden Ursachen haben. (Grimmelshausen, Hans Jakob Christoffel von: Trutz Simplex. Utopia [i.e. Nürnberg], 1670)
> […] hingegen sich Barnevelt bemühete / daß es zum Stillstand mit Spanien kommen möchte / weil bey friedlichen Zeiten der Capitain-General so viel nicht zu sagen hat / welches Graf Moritz **sich hinter das Ohr schrieb**. (Pufendorf, Samuel von: Einleitung zu der Historie der Vornehmsten Reiche und Staaten. Frankfurt/Main, 1682)
> Wessenthalben der König offt **hinder den Ohren gekratzt** / offt von inniglichen Hertzen geseufftzet / offt vor andern seinen Hof-Herren / vnd Hofbeamten geklagt. (Clara, Abraham a Sancta: Judas Der Ertz-Schelm. Bd. 1. Salzburg, 1686)
> Es stand nun bedenklich, denn am Thürpfosten lehnte der Hausknecht und der doppelt Geschlagene rief ihn zu Hülfe; dieser jedoch verharrte in seinem Phlegma und sagte zu mir: „Schad't nichts, der Herr ist immer naseweiß gewesen, gehört ihm schon lang **eins hinter die Ohren**." (Vischer, Friedrich Theodor von: Auch Einer. Eine Reisebekanntschaft. Bd. 1. Stuttgart u. a., 1879)

4.2 Idiome in literarischen Texten

> Ich bezwang mich und **schlug den Dicken** mit seinem lächelnden Verständniß für mein Dasein und meine exotischen Errungenschaften **nicht hinter die Ohren** [...] (Raabe, Wilhelm: Stopfkuchen. Eine See und Mordgeschichte. Berlin, 1891)
> Wenn ich bloß so 'n Hallunken 'mal treffe, **dem geb ich zuerst 'n Paar hinter die Ohren**, – dann bring ich ihn unbarmherzig zur Anzeig. (Hauptmann, Gerhart: Der Biberpelz. Berlin, 1893)

Wir sehen wieder – was wir schon wissen – eine Palette von Variationen und wohl auch verschiedene Idiome.

In der Kette großer Namen klassisch weiter mit einem weiteren Nobelpreisträger. Bei Thomas Mann – wie in anderen literarischen Texten – finden wir Idiome ganz normal, in üblicher Verwendung, etwa in diesen Beispielen (aus: „Dostojewski – mit Maßen" und „Das Gesetz"):

> Was Goethe betrifft, der auch ein Psycholog ersten Ranges war, [...] so erklärt er **frank und frei**, er habe nie von einem Verbrechen gehört, dessen er selbst sich nicht fähig gefühlt hätte.

Und wie üblich, werden die Idiome grammatisch variiert in den Kontext eingepasst.

> Man hat ihre Namen doch mehr oder weniger nur als schmuckhafte Umschreibungen für ein einziges Druckmittel anzusehen, dessen sich Mose gegen Ramessu bediente, nämlich einfach immer nur für die Tatsache, dass Pharao sein Lüsternheits-Großvater war, und dass Mose es in der Hand hatte, dies **an die große Glocke** zu hängen.
> Denn die meisten Verliebten würden nicht glauben, dass ihrem Gefühl genügend Ehre geschähe, wenn nicht alle Welt, sei es auch selbst unter Spott und Hohn, sich damit beschäftigte: es muss **an die große Glocke gehängt sein**.
> Charlotte spürte das Bedürfnis, sich zu setzen. mein Gott, sagte sie, das hat kein anderer als der unselige Enthusiast, dieser Mager, mir eingebrockt. er muß unsere Ankunft **an die große Glocke gehängt haben**.

Sprach- und stilbewusst spielt Thomas Mann auch schon mit Idiomen. Etwa im Zauberberg mit den Binsen:

> Das Mannsbild **geht** Ihnen **in die Binsen**, wenn es vorzeitig Ihren gemütvollen Nebel schluckt ...

Und geballt, halb synonymisch:

> ... dann können Sie beide **zum Kuckuck gehen, in die Binsen** oder **vor die Hunde**, ganz nach beliebiger Auswahl.

Hier in *Joseph und seine Brüder* mit einer Art stilistischem Kommentar:

> Lasst ihn doch weinend **in die Grube fahren** [...]! Hier fielen Worte, die wir nicht unmittelbar wiedergeben, weil sie eine neuzeitliche Empfindlichkeit erschrecken und, eben in unmittelbarer Form, die Brüder, oder einige von ihnen, in ein übertrieben schlechtes Licht setzen würden. Es ist Tatsache, dass Schimeon und Levi [...] sich erboten, dem Gefesselten kurzerhand **den Garaus zu machen**.

Und die Objekte des Garausmachens mögen dann auch vielfältig sein.

> [...] die vieler sentimentalen Ahnungslosigkeit **den Garaus machen** wird. [...] der Humanität den Garaus zu machen.
> Er findet **diese symbolische oder prälogische Denkweise**, der kein Sokrates je habe **den Garaus machen** können, in der Menschennatur begründet und entschuldbar.

In unserer eher willkürlichen Auswahl spielt der Garaus auch anderen Orts seine Rolle.

Wir bleiben weiter bei den Nobelreisträgern und kommen zu Günter Grass. Er erscheint als Fan von Idiomen.

Mit der folgenden Passage aus Grass' *Blechtrommel* hat sich schon Koller 1977 beschäftigt und sich recht schwer damit getan.

> Mama konnte sehr lustig sein.
> Mama konnte sehr ängstlich sein.
> Mama konnte schnell vergessen.
> Mama hatte dennoch ein gutes Gedächtnis.
> Mama schüttete mich aus und saß dennoch mit mir in einem Bade.
> Mama ging mir manchmal verloren, aber ihr Finder ging mit ihr.
> Wenn ich Scheiben zersang, handelte Mama mit Kitt.
> Sie setzte sich manchmal ins Unrecht, obgleich es ringsherum Stühle genug gab.
> Auch wenn Mama sich zuknöpfte, blieb sie mir aufschlussreich.
> Mama fürchtete die Zugluft und machte dennoch ständig Wind.
> Sie lebte auf Spesen und zahlte ungerne Steuern.
> Ich war die Kehrseite ihres Deckblattes.
> Wenn Mama Herz Hand spielte, gewann sie immer.

Es ist Sprachspielerei mit Idiomen. Die Grundstruktur ist, sozusagen gegensätzliche zu verbinden oder gegenüberzustellen. Das beginnt mit dem rätselhaften *ausschütten mit dem Bade*. In den Übersetzungen, mit denen Koller vergleicht, wird das nicht weniger rätselhaft bleiben.

> Maman me flanquait à la porte et pourtant m'admettait dans son bain.
> Mama warf mich aus der Tür und ließ mich trotzdem in ihr Bad.
> Mama would throw me out with the bath water, and yet she would share my bath.
> Mama schüttete mich mit dem Badewasser aus und teilte trotzdem mein Bad.

Koller meint mit dem Ausschütten könne das Gebären gemeint sein. Ja, das ergibt einen gewissen Sinn. Aber Interpretationen bleiben immer offen – für weitere Interpretationen.

Eine recht spielerische Passage aus den *Hundejahren* zitiert Burger:

> Irgendwo muß der Spaß ein Ende haben. Aber das ist wieder mal typisch: von einem Extrem ins andere und wollen immer den Teufel mit Beelzebub. Dabei ehrliche Makler, aber wenig Witz und viel zu viel Behagen. Außerdem lernen sie nie aus ihrer Geschichte: meinen immer, die anderen.
> Wollen partout die Kirche im Dorf und niemals gegen Windmühlen. Soweit ihre Zunge klingt: Wesen und Welt genese. Salome des Nichts. Gehn über Leichen nach Wolkenkuckucksheim. Haben immer den Beruf verfehlt. Wollen jederzeit alle Brüder werden und Millionen umarmen. Kommen bei Nacht und Nebel mit ihrem kategorischen Dingslamdei. Jeder Wechsel schreckt sie. Jedes Glück war niemals mit ihnen. Jede Freiheit wohnt auf zu hohen

Bergen. Dabei allenfalls ein geographischer Begriff. In drangvoll fürchterliche Enge gekeilt. Revolution immer nur in der Musik und niemals das eigene Nest ... (Burger 2007, 18)

Burger markiert natürlich Idiomatisches. Aber als erfahrener Didaktiker überlass ich das Ihnen.

In dem Text wird eine gewisse Sorte Mensch porträtiert oder auch karikiert. Und es werden Bruchstücke aus Idiomen vorgeführt, mit denen solche Menschen sich äußern oder äußern könnten. Insofern nach dem Prinzip gestaltet:

„Zeige mir, wie du sprichst, und ich sage dir, wer du bist."

Und dann zu *Katz und Maus*. Die Grass-Novelle trägt nicht nur den Titel. Der gesamte Plot hat die Struktur des Katz-und-Maus-Spiels.

Die Novelle beginnt:

Eine Katze strich diagonal durch die Wiese und wurde nicht beworfen.
Die Katze gehörte dem Platzverwalter und war schwarz.
Jung war die Katze, aber kein Kätzchen.
Die schwarze Katze des Platzverwalters zeigte hinter Grashalmen ein weißes Lätzchen.
Die Katze übte.
Die Katze kam übend.
Des Platzverwalters schwarze Katze spannte sich zwischen mir und Mahlke zum Sprung.
Mahlkes Adamsapfel wurde der Katze zur Maus.

So jung war die Katze, so beweglich – jedenfalls sprang sie Mahlke an die Gurgel.

Der Adamsapfel zieht sich als Motiv durch die Geschichte. Er ist eine Art Sexsymbol, aber auch mit Adams Schuld behaftet. Der Adamsapfel ist thematisch beherrschend, die Katze kommt immer wieder vor, auch als ausgestopfte in einem Glaskasten.

Der Wunsch, von seinem Adamsapfel abzulenken, wird zum zentralen Motiv für Mahlkes Leistungen und Schrulligkeiten. Unglaublich ist das Leistungsvermögen des bisherigen Schwächlings beim Schwimmen und Tauchen.

Die Grundstruktur der Erzählung: die Auseinandersetzung des von der „Maus" verunstalteten Mahlke mit der von diesem Anblick befremdeten Umwelt und dem Erzähler Pilenz, der in der Geschichte selbst Handelnder ist und ein Antipode Mahlkes.

Mehrmals erinnern später Augenzeugen an diese einprägsame Eingangsszene, und am Ende können wir sicher sein: Der Schreibende selbst war's.

Er hat Mahlkes Abnormität deutlich in den Blick der Umwelt gebracht und so die Kämpfe ausgelöst, in denen Mahlke siegte – und (am Ende) verlor. Das Image der Protagonisten schillert laufend zwischen Katz und Maus. Und wurde Pilenz, der Schreiber, am Ende die Katze?

Im Entscheidungskampf zwischen Mahlkes Maus und der bösen Welt bekommt der Underdog Pilenz Oberwasser. Er tut so, als wolle er Mahlke helfen. Aber Mahlkes Scheitern ist endgültig. Sein letzter Zug zur Front ist vor Stunden abgefahren, er hat den Urlaub überschritten und gilt damit als fahnenflüchtig.

Er schwimmt hinaus und bleibt verschwunden.

Was kann mit Mahlke geschehen sein? Hat er schwimmend ein geeignetes Schiff erreicht? An diese geringe Überlebensmöglichkeit klammert sich Pilenz, der Erzähler, noch fünfzehn Jahre später.

Übrigens kann man die Novelle auch als Schul- oder Jugendgeschichte verstehen. Und schon im Adamsapfel voll sexueller Anspielungen und einer ausführlichen Sex-Olympiade, die in den 1960er Jahren zu Verbotsanträgen für das Büchlein führte.

Johann Peter Hebel hatte einen dauernden Erfolg mit seinen Kalendergeschichten und seiner eher volkstümlichen und zugleich feinsinnigen Schreibweise, in der er scheinbar alltägliche Situationen humorvoll darstellt. Dafür sind natürlich Sprichwörter gut geeignet, aber Idiome auch, wie wir sehen werden.

> *Wie man in den Wald schreit, also schreit es daraus*
> Ein Mann, der etwas gleichsah, aber nicht viel Komplimente machte, kommt in ein Wirtshaus. Alle Gäste, die da waren, zogen höflich den Hut oder die Kappe vor ihm ab, bis auf einen, der ihn nicht kommen sah, weil er gerade die Stiche zählte, die er im Mariaschen von seinem Nachbar gewonnen hatte. Und als er eben das Herz-Ass durch die Finger schob und sagte: „Zweiundfünfzig und elf sind dreiundsechzig", und bemerkte immer den Fremden noch nicht, der etwas gleichsah, fragte ihn der Fremde: „Herr, für was sehet Ihr mich an?" Der Gast sagte: „Für einen honetten Mann; was weiß ich von Euch?" Der Fremde sagte: „Das dank' Euch der Teufel!" Da stand der Gast vom Spieltisch auf und fragte: „Für was sieht denn der Herr mich an?" Der Fremde sagte: „Für einen Flegel." Darauf sagte der Gast: „Das danke dem Herrn auch der Teufel! Ich merke, dass wir einander beide für den Unrechten angesehen haben." Als aber die andern Gäste merkten, dass doch auch in einem feinen Rock ein grober Mensch stecken könne, setzten sie alle die Hüte wieder auf, und der Fremde konnte nichts machen, als ein ander Mal manierlicher sein.

Als idiomatisch Gebildete hoffen wir, dass der Teufel hier die Hand im Spiel hatte. Und noch ein paar Hebel-Idiome spielerisch genutzt, zweideutig im ersten:

> Also tranken sie miteinander sieben Maß Wasser Durlacher Eich über der Mahlzeit, und noch drei Maß **stehendes Fußes** auf viel nachfolgende.

> Auf der Leiter, als ihm der Henker den Hals visitierte, sagte er zu ihm: „Guter Freund, Ihr habt's ziemlich dick da herum sitzen, noch **dicker als hinter den Ohren**. Fast hätt' ich einen längern Strick nehmen sollen."

> Am Abend aber sagte er zu seinem Bedienten: „Hansstoffel", sagte er, „vigiliere heut nacht um das Haus herum, bis der Hahn kräht, und wenn du den Kujonen attrapierst, so bekommst du einen grossen Taler Fanggeld. Ich will sehen", sagte er, „ob ich mir soll **auf der Nase herumtanzen** lassen."

4.3 Titel, Slogans, Schlagzeilen und Embleme

Mit *Katz und Maus* hatten wir ja schon einen Buchtitel, der wohl hielt, was er versprach. Titel sind allgemein oft Textlein, die etwas versprechen. Wenn sie mit Idiomen zu tun haben, könnten sie besonders attraktiv sein und die Leute anmachen. Wir wollen ein paar ansehen.

Vielleicht würden Sie ja gern ein Buch schreiben. Da müssten Sie schauen, was es schon gibt, könnten sich aber auch davon anregen lassen:

4.3 Titel, Slogans, Schlagzeilen und Embleme

Das Handwerk des Teufels
Der Teufel im Glas
Der Teufel im Märchen
Der Teufel in der Küche
Der Teufel im Leibe
Der Teufel in dir

Das erste würde wohl auch als Anleitung für Sie dienen können. Und wenn Sie schon einen Gegenpart bräuchten, dann die hier:

Der Teufel und der Pfarrvikar
Der Teufel und seine Engel
Der Teufel und seine Advokatin. Seelengespräche

Aber denken Sie immer daran: Wer vom Teufel spricht …

Andere Kurztexte sind etwa Slogans. Der Slogan „Persil bleibt Persil" ist gewiss der Renner des Jahrhunderts. Und er hat es in gewissem Sinn auch in die Idiomatik geschafft und historisch in die Vergangenheitsbewältigung. Mit dem Unikale *Persilschein* gab es nach 1945 den Persilschein oder eben auch nicht. Idiomatisch wurde *einen Persilschein ausstellen* und *einen/keinen Persilschein bekommen*.

Nach 1945 konnten Mitglieder der NSDAP oder auch andere Persilscheine bekommen (natürlich nicht als solche beantragen), die der Reinigung von ihrer Vergangenheit dienten. Dabei ging es nicht nur um den Bescheid der Behörde. Häufiger waren Unbedenklichkeitsversicherungen Dritter, die den entsprechenden Leumund hatten. So ein Dokument bestätigte, dass die betreffende Person sich nicht aktiv am NS-Regime beteiligt hatte oder nicht an Verbrechen beteiligt war.

Still und allgemein hatten einen Persilschein die Priester und geistliche Wehrmachtssanitäter zum Beispiel. Verallgemeinert dann später idiomatisch abgehoben und kritisch gesehen Persilscheine für Rechtspopulisten, für die NPD gar und für Schweizer Banken. Aber schon früh findet sich „Hintermänner stellen sich gegenseitig Persilscheine aus" oder spöttisch „Persilscheine für blütenweiße Parteigenossen".

Hier bitte noch ein paar Beispielverwendungen:

Die Besatzer, die die großzügige Ausstellung von Persilscheinen hinnahmen, entsprachen so gar nicht dem kultivierten Klischee vom hemdsärmeligen Ami.
Also eine neue Sorte von „Persilschein", diesmal nicht für blütenweiße Parteigenossen, sondern für unentbehrliche Beamte …
Nachprüfungen ergaben vielmehr, dass sich manche von ihnen auch freiwillig zur SS gemeldet hatten, die mit ihrem „Persilschein" beim Entnazifizierungs-Ausschuss der Polizeikommission glatt durchgekommen waren. Sie habe, so erzählt sie, zunächst in Duisburg in der städtischen Wohnungsschlichtungsstelle gearbeitet und dort „eine Fabrik für Persilscheine" betrieben.
Eidesstattliche Erklärungen werden abgegeben und Persilscheine gesammelt, es wird versichert, gelobt und geschworen.
Persilschein ausstellen heißt hier: zu Unrecht rechtfertigen.
Hoffentlich bleibt uns, als weithin sichtbares Beispiel, Filbinger noch lange im Amte erhalten, dank der Persilscheine, die ihm Spaemanns Kollegen neuerdings ausstellen.

Slogans sind natürlich immer noch prototypisch für Werbung. Darum auch selbst beworben.

Aus einer Werbung: Wie man bessere Werbetexte verfasst.

> Du suchst nach Wegen, die das zeitaufwendige „Aus den Fingern saugen" beim Schreiben deiner Werbetexte beenden?
> Tu es mit Metaphern und Redewendungen!
> Damit deine Texte lebendiger werden, brauchst du Metaphern und Redewendungen.
> Aber erfinde das Rad nicht neu.
> Wir fangen mit alten an.
> Dann modifizieren und transformieren wir sie in unseren Kontext:
> Die Dose zum Film. Nix für Flaschen!
> Ein Wimpernschlag für deine Schönheit.

Sowas kommt dann dabei raus?
Da gehen wir lieber zur KI. Man muss sie aber auch gut füttern:

> Unser Produkt ist kalorienarm – das macht den Kohl nicht fett!
> Unsere effektive Diätmethode – macht den Kohl nicht fett! Und Sie auch nicht.
> Entdecken Sie unsere leichte Genusswelt – da wird der Kohl nicht fett!

Oder noch in Eigenwerbung:

> Was Hänschen nicht lernte, lernt Hans immer mehr.
> Vertrau nur ChatGPT!

Wir bleiben weiter in diesem Bereich kürzester Formen. Bei ihnen ist der Anmach-Charakter noch wichtiger. Schließlich geht es ja nicht ums Weiterlesen, sondern ums Kaufen. Auch wir könnten in der Werbung mit Idiomen spielen.

- Sie spielen mit dem Kontrast von Bild und Text.
- Sie spielen mit der wörtlichen Bedeutung in einer Art Doppeldeutigkeit.

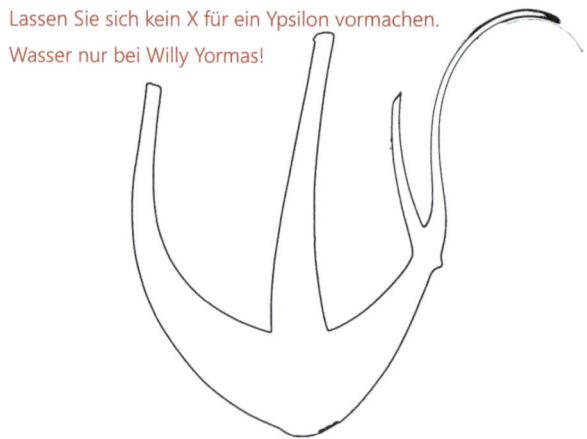

Lassen Sie sich kein X für ein Ypsilon vormachen.
Wasser nur bei Willy Yormas!

4.3 Titel, Slogans, Schlagzeilen und Embleme

Noch ein kurzer Blick auf Schlagzeilen. Mit Schlagzeilen soll ein Thema auf den Punkt gebracht werden, aber auch an- und aufgerissen. Kritisch Eingestellte werden darum immer auch darauf achten, ob die Schlagzeile hält, was sie verspricht. Ob der Folgetext wirklich davon handelt.

Schlagzeilen mögen sich irgendwie volkstümlich geben, wenigstens als geläufige Sache. Ein ander Mal auch als gebildet. Und hier im Spiel mit Idiomen.

In der Ampel geht es hoch her:

> Ampel wieder auf Rot
> Neue Grüne in der Ampel
> Frisches Grün in der Ampel
> Die Ampel muss endlich Farbe bekennen

Die Meldung oder Story sollte dann schon auf irgendeine Weise das Versprochene einlösen. Zu „Aus dem Staub gemacht" fällt Ihnen gewiss was ein. Und auch zu „Im Stich gelassen".

Die Verwandtschaft von Titeln und Schlagzeilen zeigt sich in Titelschlagzeilen mit verwandter Funktion. Sie sind hier so angeordnet, dass die sanfte Entpersönlichung des Subjekts in der idiomatischen Verwendung sichtbar wird:

> Die kalte Schulter und der warme Händedruck
> Doch Babette zeigt allen blaublütigen Bewerbern die kalte Schulter
> Wir zeigen den Nazis die kalte Schulter
> Franzosen wollen ihnen die kalte Schulter zeigen
> Kleinanleger zeigen neuen Unternehmen die kalte Schulter
> Lukaschenko kann Moskau nicht die kalte Schulter zeigen
> SPD zeigt Koalitionspartner die kalte Schulter
> Die kalte Schulter der EU
> Der Februar zeigt dem Nieselwetter die kalte Schulter

Schlagzeilen wie Titel spielen ihre besondere Rolle in besonderen Bereichen. In Texten, die von Kriminellem handeln, finden sich häufig *aus dem Staub gemacht, auf den Leim gegangen, übers Ohr gehauen, zur Strecke gebracht*. Insgesamt sind die Felder „betrügen", „stehlen", „bestrafen", „Schlauheit" ja idiomatisch wohl bestellt. Wenn Sie nun eine Schlagzeile lesen wie „Im Deal übers Ohr gehauen", könnten Sie sich denken, warum das hier so idiomatisch ausgedrückt ist. Sollten da zwei Dealer unter sich einander betrogen, beschummelt oder getäuscht haben? Die idiomatische Formulierung legt nahe, dass es nichts Großes, Weltbewegendes war, und vor allem, dass hier eine gewisse Distanz gewahrt ist bis hin vielleicht zur Schadenfreude.

Embleme oder Emblemata sind eine Kunstform, die im 17. und 18. Jahrhundert recht zu einer Mode wurde. Ein Emblem besteht aus einem (oft stilisierten) Bild und einem kurzen Text, öfter noch versehen mit einer thematischen Überschrift. In Emblemen werden oft gängige Weisheiten oder als solche gedachte festgehalten. Insofern eignen sie sich als Tummelfeld für Idiome. Hier sehen Sie nur die Bildchen. Die Idiome finden Sie leicht.

4.4 Idiome in diversen Textsorten

Dies ist eine Art kleiner Sammlung, die zeigt, dass Idiome natürlich vor keiner Textsorte halt machen. Es wird also mehr ein Kaleidoskop.

Beginnen wir mit Paul Celan, mit eher Enigmatischem:

> *Stimmen*, nachtdurchwachsen,
> Stränge, an die du die Glocke
> hängst.
> Wölbe dich, Welt:
> Wenn die Totenmuschel heranschwimmt,
> will es hier läuten.

Und im Kontrast: Songtexte sind voller Idiome und vor allem deftige.

> **Von Konstantin Wecker**
> Amerika, Amerika …
> Wir jubeln dir von Ferne zu
> Endlich regiert dich Dabbelju
> Der wäre uns erspart geblieben
> Hätt man in Texas abgetrieben
> Er ist kein großer Denker
> Dafür ein Freund der Henker
> Er kriecht der Wirtschaft in den Arsch
> Und bläst dem Rest der Welt den Marsch
> Es bleibt dabei Verschwendung pur
> Scheißt doch auf Umwelt und Natur
> Doch deine Schuh von Nike
> Die leik i.
>
> *Stoppok*
> Leider ist das alter brauch
> Wenn du am arsch bist stinkt's mir auch
> Es wurmt dich und es geht dir an die nieren
> überall geht's nur ums profitieren
> Unglaublich dass die brüder sich nicht mal genieren
> Ich sag' dir das wurmt mich auch
> Wenn du am arsch bist stinkt's

Spielerisch geht Paul Maar im Kinderroman *Herr Bello und das blaue Wunder* mit dem Idiom um. Der Hund Bello schleckt in einer Apotheke eine blaue Flüssigkeit vom Boden und prompt verwandelt er sich in einen Menschen, der aber dennoch irgendwie ein Hund bleibt, also das Wunder nicht ganz gelingt. Aber Herr Bello hat Glück und kann sich auch wieder in einen Hund zurückverwandeln – sozusagen ganz, wie er will. So wird eben *blau* doppeldeutig verwendet: einmal im Idiom und einmal für die Farbe der Flüssigkeit. Die Farbe Blau zieht sich weiter durch das Buch, noch im Namen der Frau Verena Lichtblau, in die sich Max' Vater im Verlauf der Handlung verliebt – und vielleicht auch sein blaues Wunder erlebt?

Oh, mein Kätzchen,
Oh, mein Schätzchen,
Mit Kittekat
Krieg ich dich satt.
So bleibst du rank und schlank,
Wirst selten krank.
Und das Fell der Holden
Getigert und golden.
Und bei Nacht? Genau!
Wirst du leider grau.

Und so etwas produzieren Kinder schon mal selbst:

So kam es, dass er sich aus dem Staube machte oder weglief.
Hadrian war stets im Kampf mit den Römern. Aber sie waren ihm am Ende keinen Schuss Pulver mehr wert.
Wenn sie im Mittelalter nur ihr eigenes Fell gegerbt bekommen hätten, hätten sie kaum Leder gehabt.

Realisiert wird ein Idiom hier: Das Spiel „Katze und Maus" hat eine alte Tradition als Kinderspiel. Die Kinder bilden einen Kreis und fassen sich an den Händen. Die Maus steht innerhalb, die Katze außerhalb des Kreises. Bevor die Katze beginnt, die Maus zu jagen und zu fangen, wird ein rituelles Frage-Antwortspiel aufgesagt.

Dann beginnt die Verfolgung, wobei der Maus alle Tore offen stehen. Denn die übrigen Kinder versuchen, der Maus zu helfen und erschweren der Katze durch Heben und Senken der Arme das Durchqueren des Kreises.

Als Kinderreime gedacht sind diese Rätselsprüchlein.

Wir sind zweiunddreißig Gesellen,
Leben in diversen Ställen.
Beim Essen werden wir munter,
Bewegen uns rhythmisch: Rauf und runter!

Wir schauen nur aus dir heraus.
Und nie hinein? Wär das ein Graus?
Wir sind zwei süße Fensterlein.
Wir können zu und offen sein.

Elegant und wunderbar
Bewegt sie sich stets in Gefahr.
Sie dient nicht nur zum Lutschen,
Kann schon auch mal ausrutschen.

Im Käfig, im Munde
Tanzt sie sicher ihre Runde.
Mit der Gefahr
Kommt sie meistens klar.

Es gibt sogar Idiome aus oder nach Geflügelten Worten. Idiome dieser Art sind sozusagen Reimporte. Bei ihnen stellen sich immer Fragen:

4.4 Idiome in diversen Textsorten

- Ist die Quelle wirklich die Quelle?
- Wie weit ist die Quelle allgemein bekannt?
- Wem ist die Quelle noch bewusst?

So führen die meisten dieser Idiome eher ein Eigenleben. Etwa *den Staub von den Füßen schütteln* biblischen Ursprungs. Oder *der Wunsch der Vater des Gedanken*, was bei Shakespeare belegt ist – allerdings das englische Pendant. Dann all die indianischen wie die mit dem Kriegsbeil, die aus der Übersetzung der Cooperschen Lederstrumpferzählungen zu uns kamen. Anders *das Kind beim Namen nennen*, das in Goethes Faust steht. Aber sollte das der Ursprung sein? Ihr Ursprung ist – besonders wohl durch häufigen Gebrauch – irgendwie in den Hintergrund geraten oder in Vergessenheit. Hinzu kommt, dass im häufigen Gebrauch auch Varianten und Abwandlungen entstehen oder die Satzwertigkeit schwindet, so dass eben ein übliches Idiom daraus wird.

Und natürlich sind Idiome beheimatet in Dialekten. Zuerst mal mit der Mannemer Gosch, do kennama Elwetritschle fange. Einige spezielle sehen Sie hier.

Die Textlein sind von Shakespeare inspiriert:

> Waadewejlsche, glejch hoste Kirb.
> Mer kann eener och met enem Laache em Geseech en de Pann haue.
> Aach med em lachende Gesiecht kannste äne verseckele.
> Liehn jedem e Uhr ävver bloß e paar ehr Stemm.
> Schenk jerem a Ohr, awa lorren nerre so viel saan.
> Schbärr dä Leffl uff.
> I schmodds ama jede Honig omd Gosch.
> Wo ma ned deckelmiert, heerd ma selda a Läddagschwädz?
> Sold i de Bäddel naaschmeißa?
> 's Leihn vorrbummfiedeld meeschndeels dorselbsd.
> Mit Pumpn vabutterste Moneten.
> Bläste weenisch innen Wind.
> Wea die Hoos voll hott, schtirbt oft, bevora de Leffel abgibt.
> Isch wärd jedm Brei um de Bart schmiere.
> Wenn 'n Feierdeifel in die Luft geht.
> Daatst wenger schwatzn, war wenger fiar d' Katzn.
> Konkret Klappe halten, dann nix umsonst.

Unn Mannemer nur importiert *arm sei wie e kerschemaus* oder *viel holz vorm haus hawwe*.

Da wird Karl Valentin nicht zurückstehen:

> „den möchte ich kennen, der wo die vielen Nägel in Himmel neigschlagn hat, wo die Geigen alle dran hängen".

Leicht modifiziert und adaptiert auch sonst gängige:

> Modifiziert: Die Frau hat en Schneid, da kann sich mancher Schneider eine Scheibe abschneiden.
> Adaptiert: Wer in den Wind bläst, kriagt a windige Antwort.
> Der Huat is ja ganz zaquetscht. – I war ned af da Huat.

Idiome haben es auch in die Träume, in Traumdeutung und Therapie geschafft. Das könnte dann vielleicht so aussehen:

> Ein Mensch ist heut
> Beim Therapeut.
> Packt die Gelegenheit beim Schopf,
> Reißt sich das Brett vom Kopf.

> Ihr träumte, sie sei das erste Mal bei einem Pferderennen. Sie bewunderte die schlanken Jockeys und vor allem die rassischen Pferde. Sie beschloss, zum ersten Mal in ihrem Leben zu wetten. Sie setzte alles auf jenen blütenweißen Schimmel. Und der vergaloppierte sich schon aus der Startbox. Ja, sie hatte sich eben …

Beim Therapeuten wurde deutlich, dass der Traum mit ihrer Ehe zu tun hatte.

> Igor, ein junger exilierter Russe, war schizophrenverdächtig. Als Junge wog er 55 Kilo, mittlerweile sind es an die 80. Er hörte innere Stimmen. Hunderte flüsterten in ihm. Er liebte Kohlsuppe mit Speck. Das war der Geruch der Wolga. Eine Stimme intonierte immer wieder: „Das macht den Igor auch nicht fett."

4.5 Idiotismen als Schreibanlässe

Hier führen wir in aller Kürze Beispiele vor, in denen mit Idiomen gespielt wird. Also eine bunte Sammlung fürs Poesiealbum sozusagen.

> Da bin ich aus allen Socken gefallen
> Da muss ich mit meiner Frau noch einmal drüber schlafen.
> Du bist mein Ein und O
> Fehlerteufel mit dem Brezelbub austreiben
> Jemand mit rohen Handschuhen anfassen
> Dafür werd ich mir nicht die Ohren um die Nacht schlagen.
> Sie hat ihm Honig um die Augen geschmiert.
> Das muss man sich im Mund zergehen lassen.

> Kannst du sie nicht zähmen,
> Musst du dich öfter schämen.
> Vor allem, wenn sie lügt,
> Andere betrügt.

> Gedacht sind sie zum Sehen.
> Du kannst sie auch verdrehen.
> Anderen wie dir.

> Mit ihr kannst du lecken.
> Mit ihr kannst du schmecken.
> Auch zum echten Küssen
> Wirst du sie brauchen müssen.

Zwei Aphorismen zum Schluss.

> Eine Hand wäscht die andere – Und beide die Füße.
> Ich soll zum Teufel gehen, kenn aber den Weg nicht.

4.6 Fazit

Sind wir wirklich in Stufen abwärts gegangen?
Wir haben

- uns eher üblichen Verwendungen gewidmet,
- die hohe Kunst der Idiomimplementation in Ansätzen interpretiert, Kurztexte und kreative Verwendungen als Anregung verstanden.

Attraktiv sind Idiome auch textuell, weil sie

- nicht einfach glatt zu verstehen sind,
- im spielerischen Doppelverständnis nutzbar sind, für Anspielungen taugen,
- Pfiffigkeit zeigen.

Und Sie sind hoffentlich selber kreativ geworden und werden es nun weiter.

4.7 Lektüre und Aufgaben

Weiterführende Lektüre
Zu Idiomen in Texten immer noch lesenswert Koller 1977. Und zur Rolle und Beurteilung im Laufe der Zeit Pape 1985.

Aufgaben
Aufgabe 1: Zu unserem Motto zu Kapitel 3: Recherchieren Sie nach berühmten Kippbildern. Auch bei einem berühmten Philosophen. Inwiefern trifft der Vergleich auf Idiome zu?

Aufgabe 2: Eulenspiegeleien sind gut geeignet für das Spiel mit Idiomen. In Küpper 1987 finden Sie 250 Einträge zu *Arsch*. Schauen Sie, welche idiomatisch hier passen würden.

Nichtsnutz und Schalk
Als nun Eulenspiegel so alt war, dass er stehen und gehen konnte, da spielte er viel mit den jungen Kindern. Denn er war munteren Sinnes. Wie ein Affe tummelte er sich auf den Kissen und im Gras so lange, bis er drei Jahre alt war. Dann befleißigte er sich aller Art Schalkheit so sehr, dass sich alle Nachbarn miteinander beim Vater beklagten, sein Sohn Till sei ein Schalk. Da nahm der Vater sich den Sohn vor und sprach zu ihm: „Wie geht das doch immer zu, dass alle unsere Nachbarn sagen, du seist ein Schalk?" Eulenspiegel sagte: „Lieber Vater, ich tue doch niemandem etwas, das will ich dir eindeutig beweisen. Geh hin, setz dich auf dein eigenes Pferd, und ich will mich hinter dich setzen und stillschweigend mit dir durch die Gassen reiten.

Dennoch werden sie über mich lügen und sagen, was sie wollen. Gib darauf acht!" Das tat der Vater und nahm ihn hinter sich aufs Pferd. Da hob sich Eulenspiegel hinten auf mit seinem Loch, ließ die Leute in den Arsch sehen und setzte sich dann wieder. Die Nachbarn und Nachbarinnen zeigten auf ihn und sprachen: „Schäme dich! Wahrlich, ein Schalk ist das!" Da sagte Eulenspiegel: „Hör, Vater, du siehest wohl, dass ich stillschweige und niemandem etwas tue. Dennoch sagen die Leute, ich sei ein Schalk."

Aufgabe 3: Wer könnte so werben?

Wir machen Ihnen schöne Augen.
Kauf nie die Katze in der Flasche.
Schenk dir mit „La Giocosa" reinen Wein ein!
Wir bekennen Farbe.

4.7 Lektüre und Aufgaben

Aufgabe 4: Und diese Werbung. Haben Sie eine Idee wofür?

Sie haben noch kein zweites Gesicht?
Dann sind Sie richtig bei SuperPartner.

Seien Sie keine Schlafmütze!
Seien Sie bei **HUT!**

Aufgabe 5: Sie haben Auftrag, einen Slogan für die Bundesbahn zu kreieren. Irgendwas mit „Zug um Zug"?

Aufgabe 6: Haben Sie Lust bekommen? Wie lautet Ihr letzter Vers?

> Ja, ja, das Himmelstor.
> Wer steht davor?
> Leicht paradox:
> ……

Aufgabe 7: Ergänzen Sie idiomatisch:

Ein Mensch, ein echter Idiomist,
Der schluckt noch lang nicht jeden Mist.
Ein Mann von echtem Schrot
Der ist doch kein _____ .

Im Ohr den Floh,
Im Kopf das _____ .

Aufgabe 8: Von Morgenstern gibt es auch ein Gedicht, in dem „Perlen vor die Säue" eine Rolle spielt. Finden Sie es? Stichwort „Perlhuhn".

Idiome im Wörterbuch 5

Es gibt Worte, die gibt es nicht mal im Wörterbuch.

Inhaltsverzeichnis

5.1	Nutzerinteressen	100
5.2	Aufbau und Lemmatisierung	103
5.3	Bedeutungsangaben und Verwendungsbeispiele	107
5.4	Erklärungen	111
5.5	Das mentale Lexikon	112
5.6	Zwei Exempel: *mein Bier* und *Fuß fassen*	114
5.7	Fazit	118
5.8	Lektüre und Aufgaben	119

Die Mengen von Wörterbüchern, Sammlungen und Websites zeigen reges Interesse an Idiomen. Welches ist das Interesse? Sicherlich nicht in allen Fällen das gleiche. Im Normalfall dienen Wörterbücher in erster Linie dem Nachschlagen, wenn man etwas nicht kennt oder weiß. Dem widmen wir uns ausführlich.

- Was wollen Menschen, die Wörterbücher benutzen?
- Wie gehen sie vor?
- Was wird ein Wörterbuch für Idiome bieten?
- Und vor allem wie geordnet und wie nutzerfreundlich?

5.1 Nutzerinteressen

Es gibt zwei Typen von Wörterbüchern, die unterschiedlichen Zwecken dienen und aus unterschiedlichem Anlass konsultiert werden mögen:

- Ich weiß nicht, was das heißt oder wie es genau heißt.
- Ich weiß nicht, wie ich das sagen könnte.

Der erste Typus geht aus von einem sprachlichen Ausdruck und bietet uns seine Bedeutung. Solche Wörterbücher haben eine semasiologische Ausrichtung. Sie dienen dem Verstehen, der Rezeption.

Der zweite Typus geht aus von der Redeabsicht, von dem, was man sagen will. Er bietet uns die sprachlichen Ausdrucksmöglichkeiten dazu, unter denen wir dann auswählen können. Solche Wörterbücher haben eine onomasiologische Ausrichtung. Sie dienen dem Sprechen und Schreiben, der Produktion. So sind die Voraussetzungen und die Zielsetzungen der Benutzerin oder des Benutzers beider Typen verschieden. Aber natürlich sind sie nicht gänzlich getrennt. (Muss ich darauf hinweisen, dass *Nutzer* im folgenden eine Rollenbezeichnung ist?)

Ein klassisch onomasiologisches Wörterbuch für Idiome ist problematisch. Man könnte sich fragen, warum jemand das, was er sagen will, partout idiomatisch ausdrücken sollte oder wollen sollte. Vor allem muss er wissen, was er sagen will.

Zum andern ignoriert dies weitgehend die entscheidenden Unterschiede der Idiome, ihren tieferen Sinn. So etwa wenn für „verrückt sein" Synonyme angeführt werden wie *einen Knall haben, nicht ganz dicht sein, eine Schraube locker haben, ein Rädchen locker haben, einen Dachschaden haben, nicht alle Tassen im Schrank haben, sie nicht alle haben, nicht alle beisammen haben, einen Stich haben, einen Sparren locker haben*. Welches würde man da wählen und warum? Wer übrigens diese Idiome als synonym ansieht, dem könnte gerade der Witz entgehen.

Auch wer ein onomasiologisches Wörterbuch benutzt, muss übrigens verstehen, was die Ausdrücke bedeuten, die es ihm anbietet. Wenn er das nicht schon weiß, braucht er zusätzlich ein semasiologisches Wörterbuch. Man könnte daraus schließen, dass die semasiologische Sichtweise grundlegender und wichtiger ist. So ist es auch. Denn jede Sprachbeherrschung fängt mit dem Verstehen an. Und das heißt: Wissen, was ein Ausdruck bedeutet.

Bei den Idiomen kommt noch hinzu, dass ihre produktive Verwendung zu einem recht hohen Niveau der Sprachkompetenz gehören kann, wenngleich manche auch früh gelernt werden. So ist es besonders im Fremdsprachen Lernen schwierig und selten erforderlich, seltene Idiome selbst zu verwenden. Selbst in der Muttersprache haben manche schon ihre Probleme.

Was die Rezeption betrifft, so haben Lernende aber keine Wahl: Wenn sie auf ein unbekanntes Idiom im Text treffen, dann müssen sie es identifizieren und zu verstehen suchen.

Wir nehmen an, das Interesse am semasiologischen Idiomwörterbuch ist vor allem auf drei Fragen gerichtet:

- Wie lautet das Idiom genau?
- Was bedeutet das Idiom?
- Was steckt hinter dem Idiom?

Idiome werden auch in Allgemeinwörterbüchern behandelt, wenn auch begründeter Meinung nach eher stiefmütterlich (Müller/Kunkel-Razum 2007; Stumpf 2019).

Dies könnte ein Artikel aus einem Allgemeinwörterbuch sein.

> **bunt 1** *farbig (nicht nur schwarzweiß)*
> **2** *mehrfarbig* **3** *gefleckt* (Kuh)
> **4** (fig.) *mannigfaltig, vielgestaltig, abwechslungsreich* ● ein bunter **Abend** *Veranstaltung mit verschiedenen unterhaltsamen Darbietungen*; in bunter **Reihe** *sitzen immer abwechselnd ein Herr und eine Dame* ● im Schubkasten **lag** alles bunt durcheinander; **treibt** es nicht zu bunt! *werdet nicht übermütig!*

Dazu ein kurzer Kommentar. Ob alles so stimmt, ist eine Frage, und welches Stilniveau der Beschreibungssprache angemessen wäre, eine andere. Warum etwa *ein Herr und eine Dame*? Würde *Mann und Frau* nicht besser passen? Ob eine bunte Kuh eine gefleckte ist, weiß ich nicht. Idiomatische Fügungen kommen hier durchaus vor. Sie sind durch ● gekennzeichnet. Und *bunte Kuh* hätte vielleicht auch eines verdient. *Bunt durcheinander* und *es nicht zu bunt treiben* gehören auf jeden Fall hierher. Was fehlen könnte: *Es ist mir zu bunt jetzt*. Vielleicht wäre auch ein Verweis auf **kunterbunt** angebracht.

In anders orientierten Wörterbüchern könnte man zu *bunt* vielleicht auch mehr finden – etwa Etymologisches und Sprachhistorisches. Denn so leicht erschließt sich ja nicht, was es mit der bunten Reihe auf sich haben könnte.

Hier in Gegenüberstellung zweier Artikel aus Allgemeinwörterbüchern.

Patsche, nur im gemeinen Leben übliches Wort.
1. Ein Werkzeug zum Schlagen. Die Strohdachdecker haben eine solche Patsche. In einigen niedersächsischen Gegenden heißt das Ruder aus eben dieser Ursache eine Pätsche.
2. Der Ort, woran etwas schlägt. In diesem Verstande heißt in den Salzwerken die Mauer an der Salzpfanne, woran das Feuer schlägt, die Patsche oder Pitschke.
3. In der tändelnden und vertraulichen Kindersprache wird die Hand die Patsche, die Patschhand, genannt.
Dieses Wort leitet man mit Recht von *patsch* ab, welches unabänderliche Zwischenwort den Schall ausdrückt oder nachahmt.
Patsch! da hatte er eins auf das Maul, von jemanden, welcher eine Maulschelle bekommt. (Oekonomische Encyklopädie von J. G. Krünitz)

Patsche, die
[Formales: Grammatik, Aussprache, Worttrennung]
Mehrwortausdrücke: in der Patsche sein, in der Patsche sitzen
1. [umgangssprachlich] Hand, Händchen
2. Feuerpatsche
mit der Patsche das Feuer löschen
3. [umgangssprachlich] schlammiger Straßenkot, Dreck
Da lag er in der nassen Patsche.
● [übertragen] Bedrängnis, unangenehme Lage, Verlegenheit
Beispiele:
in der Patsche sitzen, sein, stecken
jmdn. in der Patsche sitzenlassen
jmdm. aus der Patsche helfen
jmdn. aus der Patsche ziehen (DWDS)

Diese beiden Beispiele stammen aus unterschiedlich orientierten Wörterbüchern und aus anderen Zeiten. Links eher sachbezogen, Idiome kommen erst gar nicht vor. Rechts ein Allgemeinwörterbuch, das auch schon Mehrwortausdrücke verzeichnet. Bemerkenswert, dass sie schon so weit oben erscheinen. Das scheint gerechtfertigt, da sie bei weitem die frequentesten Verwendungen darstellen. Allerdings im Artikel nicht unbedingt in der besten Abfolge. Denn *aus der Patsche helfen* ist gewiss das frequenteste Idiom. Wollte man eine Art Serie präsentieren? Die Bedeutung der Idiome wird nicht gegeben.

Sollte sie sich erschließen unter der Bedeutungsvariante?

In zweisprachigen Wörterbüchern spielen Idiome wohl eine größere Rolle. Unter dem Stichwort *Kopf* im großen Deutsch-Englisch-Langenscheidt machen Idiome gut zwei Drittel des Artikels aus, insgesamt etwa 15 Idiome. Da ist dann auch immer die Frage, wie sie behandelt werden. Wie werden sie formuliert, wie angeordnet und wie übersetzt? Gehört alles zusammen, was im Kopf sein könnte? Und wie gut ist die Übersetzung *sich durch den Kopf gehen lassen* > *think about*?

Patsche f. fam. (Fliegenklatsche) tapette f. [à mouche] #jd./etw hilft jdm / zieht jdn aus der ~ qn/ qc tire qn du pétrin	**Patsche** a (= Hand) *paw, mitt* b (= Matsch) mud (= Schneematsch), slush, (fig) jam **in der ~ sitzen** or **stecken** *to be in a jam* **jdm aus der ~ helfen** *to get sb out of a jam*
(PONS: Großwörterbuch Deutsch-Französisch 1996)	(Langenscheidt: Großwörterbuch Englisch 2004)

Wenn man hin zu *pétrin* kommt, was bekommt man zurück? *Knetmaschine* und das passt doch gut. Allerdings bei google.translate ist das nicht so befriedigend:

Tu peux me tirer du pétrin?
Kannst du mich von Pétrin ermüden?

Das Englische überlass ich Ihnen. Bemerkenswert noch, selbst in einem kleinen Taschenwörterbuch finde ich:

estar en un apuro essere in un bel guaio

In welchen?

Wörterbücher sind zur Schnellsuche gedacht, die Nutzer brauchen einen schnellen Zugriff. Dazu ist am besten der Zugriff über ein Wort geeignet und eine alphabetische Ordnung.

Selbst Idiomwörterbücher, die zur Erklärung und weniger zur Aufklärung und Unterhaltung gedacht sind, hängen ihre Artikel an einem Kernwort auf. Im folgenden soll es hier nun um spezielle Idiomwörterbücher gehen, also weniger um einfache Sammlungen und populäre Bücher. Wir setzen ein gewisses lexikographisches Niveau und linguistische Fundierung voraus.

Ein Idiomwörterbuch kann uns in etwa die Anzahl von Idiomen im Deutschen zeigen. So gibt es in Müller (1994) etwa 5000 Einträge, in Compact (1995) wenigstens 5000 und in DuRe gar 10.000.

Die Anzahl der Eintragungen zu einem bestimmten Stichwort zeigt uns auch, wie produktiv es ist.

5.2 Aufbau und Lemmatisierung

Das Zugriffswort heißt in der Lexikographie das ▶ Lemma. Das ist in der Regel die Grundform eines Wortes. Vom Lemma ausgehend wird der Artikel präsentiert. Im Fall der Idiome ist das allerdings nicht so einfach:

- In der Regel muss ein Wort aus dem Idiom herausgefischt werden oder
- das Idiom wird in einer Grundform gegeben, die zu konstruieren ist.

Ausgehend von ihm sind Einträge im Idiomwörterbuch in einer Art Standardform meist wie folgt aufgebaut (Sellner 1997 verzichtet allerdings weitgehend auf das Beispiel):

Lemma	jemandem auf den Leim gehen/kriechen
Bedeutung	auf jemanden hereinfallen
Beispiel	Da bist du einem Betrüger auf den Leim gegangen.
Erklärung	Kommt von den Leimruten, mit denen Vögel gefangen wurden. Es waren dünne Stöckchen mit Leim, an denen die Vögel kleben blieben

Zu allen Abteilungen gibt es einiges zu sagen. Das Lemma soll Nutzern ja zeigen, wie das Idiom heißt. Da wird im Beispiel schon eine Alternative geboten. In einem anderen Wörterbuch kommt noch *führen* hinzu. Die Frage ist, ob das ein anderes Idiom wäre. Eine Korpusrecherche zeigt, dass *kriechen* im Idiom (oder einer Variante?) tatsächlich vorkommt, aber hoch selten und im Korpus gesprochener Sprache überhaupt nicht. Die Frage wäre, ob man das Lemma damit und etwa mit stilistischen Angaben aufblähen sollte. Oder sollte all das einfach in die Variationsbreite gehören? Ein ganz anderes Problem bietet *führen*, das als Transitiv gar nicht in dieser Form in den Eintrag passt. Im Übrigen kommt dieses Idiom zwar vor, ist aber extrem selten. Das Lemma sollte die halbstarre Struktur gegenüber dem freien Gebrauch zeigen.

Eine wichtige Frage ist: Was passiert, wenn man das Idiom infinitivisiert, in die Nennform bringt, wie in Wörterbüchern üblich? Was geht hierbei vielleicht verloren?

In unserem Fall ist etwa viel häufiger *auf den Leim gegangen* als *auf den Leim gehen*. Das Hinterher könnte eine Rolle spielen wie bei der Laus, die meist schon über die Leber gelaufen ist, eh man es merkt. Zum Idiom kann also mehr oder weniger ein bestimmtes Tempus und damit das Verb in präferierter Form gehören. Wichtiger noch ist die Generalisierung des Dativobjekts. Hier gibt es nämlich typische Füllungen wie *Betrüger*, *Schwindler* oder *Rattenfänger*. Wichtiger noch ist, dass das Subjekt in der infinitivischen Form unterdrückt ist. In diesem Fall vielleicht nicht so gravierend. Man kann annehmen „jeder Mensch", müsste aber zumindest Tiere ausschließen. Aber:

> Sogar der Sender selbst ging dem Präsidenten zunächst auf den Leim.

Sollte das abweichend sein? Und auch *bei durch die Lappen gehen* sollte man wohl wissen, was da alles so durch gehen kann. *Millionen Euro*, gar *Milliarden*, *ein dicker Fisch*, *Geld* allgemein. Und das meiste soll man sich nicht durch die Lappen gehen lassen. Doch oft genug ist es schon passiert.

Schauen wir zu *Leim* die frequenten Chunks an, erkennen wir, dass erst weit unten das Idiom im Infinitiv erscheint. Und kurz danach dann eine Variante mit *kriechen*:

> einem Betrüger auf den Leim gegangen war|sind
> auf den Leim […] gegangen […] sind
> auf den Leim […] gegangen
> gehen Rattenfängern … Leim … nicht
> Rattenfängern auf den Leim […] gehen
> auf den Leim [zu] gehen
> Sprüchen von Stone auf den Leim gekrochen sind

5.2 Aufbau und Lemmatisierung

Eine Idee, die wir später etwas ausführen: Warum nicht gleich die Chunks als Beispiele?

Mit Alternativen im Lemma kann es auch inflationär werden:

(immer) die alte/dieselbe/die gleiche/die nämliche Leier

Frage, ob man das braucht. Und wenn ja, sollte man nicht die typischste markieren oder die frequenteste? Mit häufigen Chunks würde man auch hier allerdings viel besser fahren:

immer die gleiche [...] Leier
immer wieder die alte Leier
ist die immer [wieder|die] gleiche Leier
die ewig gleiche Leier

Man könnte sich auch fragen, warum das *die* im Lemma oben wiederholt wird.

Eine andere Frage für ein alphabetisches Wörterbuch ist, welches Wort warum als Stichwort gewählt wird. Diese Frage stellt sich, wenn ein Idiom mehr als ein Inhaltswort enthält – Funktionswörter kommen offenbar kaum in Frage. Ideal wäre natürlich: Man wählt dasjenige, unter dem Suchende suchen werden. Nur, das weiß man wohl eher nicht und eine Empirie dazu gibt es nicht.

So scheint es, dass Wörterbuchproduzenten von einer gemeinsamen Intuition ausgehen. Sie präferieren als Stichwort zum Beispiel:

- Nomina: die **Klingen** kreuzen, jemandem die **Jacke** volllügen, die bittere **Pille** schlucken
- Das erste in Frage kommende Wort: wo **Milch** und Honig fließen, fürchten wie der **Teufel** das Weihwasser, **Hals** über Kopf

Das kann aber schon mal Fragen aufwerfen. Bei *wie gewonnen, so zerronnen* könnte ja semantisch der Verlust mehr im Vordergrund stehen, bei *eine Laus über die Leber gelaufen* mehr der Körperteil als das Tier und bei *Gewehr bei Fuß* weniger der Körperteil als die Herkunft aus der Soldatensprache. Und das erste unter *Klinge*, obwohl der Plural fix ist? Und bei *fix und foxi* kommen wir noch auf ein anderes Dilemma:

- Das erste Kernwort wählen?
- Das Unikale wählen?

Im ersten Fall hat man mehrere Verwendungen, im zweiten kommt man vielleicht gleich zum Idiom. Aber auch da wissen wir wenig darüber, wonach gesucht wird. Im Grunde müssen Suchende lernen, wo sie was finden. Durch die Stichwortorientierung können Printwörterbücher den Idiomen nicht ganz gerecht werden. Zum einen können sie der Schablonenstruktur von Idiomen nicht gerecht werden, zum andern hat man das Problem der Wahl des Zugriffsworts. Online-Wörterbücher sind hier in einer wesentlich besseren Situation.

Unter den elektronischen Wörterbüchern für das Deutsche ist zuerst zu nennen das Trierer Wortschatznetz, das eine Fülle von Wörterbüchern für die online-Suche bereitstellt. Für unsere Zwecke sind dabei wichtig, natürlich DWB das Grimm'sche Deutsche Wörterbuch und für besondere historische Fragestellungen AWB, BMZ und FWB. Bisweilen lohnt auch der Blick in DRW und natürlich in Wander.

Diese Wörterbücher wurden nach den entsprechenden Printwörterbüchern elektronisch erfasst und stehen für die schnelle online-Suche zur Verfügung. Es handelt sich dabei um klassische Wörterbücher, die jetzt auch untereinander vernetzt sind. Elektronische Wörterbücher eröffnen viel mehr Möglichkeiten. Sie sind nicht nur reine Suchinstrumente, sondern Instrumente der Forschung und Empirie.

Wir zeigen am Beispiel des DWDS, wie flexibel und fruchtbar die Nutzung eines Online-Wörterbuchs sein kann.

Sie sind ein moderner Mensch und Sie möchten wissen, was es idiomatisch mit den alten Zöpfen auf sich hat und warum sie abgeschnitten gehören. Sie suchen und geben ein: *Zöpfe*. Umgehend werden Sie umgeleitet auf *Zopf* und bekommen dazu eine Reihe von Informationen:

- Bedeutungsangaben,
- Synonyme,
- eine Umgebungsanalyse
  - als wordle oder
  - kategorial geordnet als Wortprofil,
- etwa 7000 Belege.

Dazu noch eine Verlaufskurve, die Frequenzen der Vorkommen über die Zeit darstellt, und gar eine regionale Verteilung.

Die Belege basieren auf mehreren Korpora und können entsprechend eingesehen und für Korpora getrennt exportiert werden. Ein solches Wörterbuch ist kein reines Zugriffswörterbuch, sondern ein lebendes Wörterbuch, ein Forschungsinstrument, mit dem wir Korpora durchsuchen, das uns online Ergebnisse präsentiert. Insofern ist die Rede von Belegen nicht adäquat. Sie ruht auf einer philologischen Tradition, bei der es partiell darum ging, gewonnene Thesen zu belegen. Hier aber geht es um die interaktive Erforschung des potentiell unendlichen Texts, wenn auch nach vorgefertigten Kriterien.

In unserer ersten Suchanfrage wurde unser Suchwort automatisch auf eine Grundform gebracht. Das mag für die meisten Anfragen ok sein, war aber nicht in unserem Sinn. Wir wollen ja nicht 7000 Belege studieren. Außerdem wäre die Frage:

- Wie verlässlich ist die Konvertierung in die Grundform?

Wir suchen exakt nach unserer Wortform. Das Angebot kennen Sie von Google (das es dann doch nicht einhält). Und noch besser gleich unseren Ausdruck: *alte Zöpfe*. Das Ergebnis zeigt uns weniger als 500 Funde, hält die Reihenfolge unserer Suchwörter ein, passt aber die Formen des Adjektivs an.

Wenn wir uns für die Historie interessieren, gehen wir zu den Funden im Subkorpus „Deutsches Textarchiv". Es sind für unseren Suchstring zur Zeit 11 und die frühesten stammen vom Ende des 18. Jahrhunderts. In allen finden wir *alter Zopf* im Singular, zwar meist übertragen verwendet, aber doch nicht ganz im Sinne unseres Idioms.

Der KWIC-Index zu einem neueren Korpus zeigt uns aber, dass der Idiomkern *alte Zöpfe abschneiden* sein dürfte, allerdings finden wir auch den alten Kern in idiomatischer Verwendung:

> alle alten Zöpfe abschneiden und von Grund auf modernisieren
> einen Zopf abschneiden: eine alte Tradition abschaffen
> wir müssen alte Zöpfe abschneiden, Gewohnheiten ändern
> welcher alte Zopf abzuschneiden ist
> wenn die lächerlichen Zöpfe abgeschnitten
> das offenkundige Bestreben, Zöpfe abzuschneiden

Das DWDS bietet für die Erforschung der Korpora aber noch einen anderen Suchalgorithmus an. Es ist die Suche mit regulären Ausdrücken. Wollen Sie nur exakt den Singular, suchen Sie mit „@Zopf". Die Erklärung dürfte hier zu weit führen. Stattdessen eine Aufgabe am Schluss des Kapitels.

Im DWB bekommen wir bestätigt, dass das Idiom nicht älter ist. Da wird der Zopf als Sinnbild des 18. Jhs. gesehen, etwa an der Perücke hoher Militärs. Vor allem die Studenten forderten in der Zeit der Befreiungskriege, dass die alten Zöpfe abgeschnitten gehörten.

Der Zopf war Symbol der Rückständigkeit und Philisterei. Und so finden wir im Korpus auch:

> Lasst es schallen
> Von Haus zu Haus,
> Ruft um Hilf' die Poesei
> Gegen Zopf und Philisterei,
> Dann heraus bei Tag und Nacht,
> Bis sie wieder frei gemacht,
> Burschen heraus!

So wurde es gesungen.

5.3 Bedeutungsangaben und Verwendungsbeispiele

Bedeutungen angeben ist schwierig. Meist dient als Vorbild die klassische Struktur von Definitionen: ein X ist ein Y, das ... Das funktioniert bei Idiomen schon gar nicht. Hier wird die Bedeutung meist gegeben in Form einer Paraphrase, eigentlich eine Phrase, die die gleiche Bedeutung hat oder haben soll. Für Wörterbücher gibt es eine Tradition und einen gewissen Standard. Wichtigstes Kriterium ist vor allem Kürze, aber natürlich auch die Verständlichkeit. Schließlich sollte die Paraphrase ja die Verwendung des Idioms erklären. Nützlich, wenn die Bedeutungsparaphrase in der gleichen syntaktischen Kategorie bliebe oder die Valenzstruktur des Idioms beibehalten könnte, somit in etwa im Satz an die Stelle des Lemmas treten könnte und im jeweiligen Satz überprüfbar würde.

Die wichtigste Frage ist natürlich: Stimmt die Paraphrase? In unserem Leim-Beispiel oben fällt sofort auf, dass sie einem gewissen gehobenen Deutsch verpflichtet ist. Eigentlich müsste es *reinfallen* heißen, es wäre ja auch ein Reinfall, kein Hereinfall. Wer ein Idiom führt unter „für einen Apfel und ein Ei", sollte lieber sich auf Beispiele stützen wie

Ich habe die feinsten Sachen gemalt, immer fürn Appel un 'n Ei.

Das Vokabular für Bedeutungsangaben ist öfter etwas speziell bis hochgestochen: „in Bedeutungslosigkeit verfallen, unbegründeter Alarm, auf Anraten des Arztes, Ärger erregen, Ablehnung hervorrufen, an den Schläfen ergrautes Haar, an jemandes körperlichen und geistigen Kräften zehren, der Busen und der Po einer Frau, eine Sache vervollkommnen, etwas als Entschuldigung für jemandes Versagen anerkennen, für jemanden große Wertschätzung empfinden, sich einer Sache widersetzen, völlig erschöpft sein".

Aber auch: „nicht ganz richtig im Kopf, begriffsstutzig" oder „beschwipst". Die Bedeutung sollte aus Verwendungen gewonnen werden. Sie ist ein Kondensat von Verwendungen. Dazu machen wir uns Korpusrecherchen zunutze. Ich demonstriere das am Beispiel des Idioms *nach Strich und Faden*. Als Bedeutungsangabe finde ich „etwas gut, gründlich und vollständig tun".

Ein Blick in ein großes Korpus zeigt uns Folgendes, hier in drei Päckchen nach Häufigkeit geordnet:

nach Strich und Faden verwöhnt
Enkel nach Strich und Faden verwöhnen

nach Strich und Faden verprügelte
nach Strich und Faden geprügelt
nach Strich und Faden verdrosch
nach Strich und Faden zerlegten

nach Strich und Faden betrogen worden
nach Strich und Faden belogen
nach Strich und Faden ausgebeutet
nach Strich und Faden reingelegt
nach Strich und Faden übers Ohr
nach Strich und Faden vergackeiert
nach Strich und Faden ausmanövriert

Wir erkennen leicht, dass unsere Bedeutungsangabe einen wesentlichen Bedeutungszug auslässt: Das Idiom wird fast ausschließlich in kritischen Zusammenhängen verwendet. Ob das *gut* in der Paraphrase nicht in die Irre führt? Wie wäre dieser Bedeutungszug in die Angabe einzubringen?

Zurück zur Bedeutungsangabe im Beispieleintrag *auf den Leim gehen*. Eine Hilfe bei der Suche nach einer Paraphrase könnten uns Synonyme bieten.

Eine erste Alternative zu „reinfallen" wäre „getäuscht werden". Dazu finden wir nun weitere Synonyme in beachtlicher Zahl, auch idiomatische:

in die Falle gehen
ins Netz gehen
der Lackierte sein
angeschmiert werden

ins Garn gehen
an die Angel gehen
einem aufsitzen
aufs Kreuz gelegt werden

5.3 Bedeutungsangaben und Verwendungsbeispiele

Alle haben ihr eigenes Gschmäckle, manche idiomatischen sind unserm Idiom recht nah. Wenngleich auch keines direkt als Bedeutungsangabe taugt, wären sie vielleicht doch erwähnenswert. Sie stecken ein Feld ab. Wie weit sie treffen, bliebe aber den Usern zu beurteilen. Eine Art Rezept für den Selbstversuch.

Eine andere Frage ist, wie Wörterbücher zu ihren Bedeutungsangaben kommen. Viele Wörterbuchproduzenten schauen einfach ins Wörterbuch. Das hat eine lange Tradition. Suchen wir nach dem Idiom *ins Bockshorn jagen*, finden wir es unter *Bockshorn*:

    sich nicht unnötig angst machen lassen (DuWb)
    sich nicht einschüchtern, sich nicht in Bedrängnis bringen lassen (DuRe)
    ... sich (keine) Angst machen lassen (Hessky/Ettinger)
    sich nicht täuschen oder verwirren lassen (Langenscheidt Deutsch als Fremdsprache)

Das wäre nur die passive Variante, und zwar in der Variante *sich ins Bockshorn jagen lassen*.

Hier also zur aktiven Variante: in Furcht setzen (DWb)

    jmdn. einschüchtern (Müller 1994)
    jemanden in die Enge treiben, einschüchtern (Compact)
    jemandem Angst machen (Pöppelmann)
    ihn zaghaft machen, in die Enge treiben (Wander)
    verblüffen, in Verlegenheit bringen (Röhrich)

Wir finden bemerkenswerte Ähnlichkeiten, aber ebensolche Unterschiede. Mir gefällt Röhrich am besten. Und Ihnen? Und warum?

Wie die Angst-Komponente ins Spiel kommt, bleibt schleierhaft. Alte Wörterbuchtradition des Abschreibens und Tradierens? Die folgenden Verwendungsbeispiele lassen davon nichts erkennen:

    Gorbatschow hat niemanden ins Bockshorn gejagt.
    Da glaubt man sich ins dadaistische Bockshorn gejagt.
    Hat die anderen mit dem Blitzstart ins Bockshorn gejagt.
    Das Gericht ließ sich nicht ins Bockshorn jagen.
    Der Minister sollte sich nicht ins Bockshorn jagen lassen.
    Von Unkenrufen lässt sich Billa nicht ins Bockshorn jagen.
    von solcher Frotzelei nicht ins Bockshorn gejagt
    von rabiater Tierliebe nicht ins Bockshorn jagen lassen

Ein Verwendungsbeispiel sollte zurückgehen auf Belege. Nur so kann in der Wörterbuchproduktion Intuition gestützt werden. Erfundene Beispiele sind individuell, nach eigener Kompetenz gestrickt und sie zeigen oft keinen Bezug zu einem Kontext. Darüber hinaus neigen die Konstrukteure zu Generalisierung irgendeiner Art und zu einer Dekontextualisierung.

Ein gutes Verwendungsbeispiel

- sollte das Typische, das Idiomatische zeigen,
- ist eine Art Prototyp, von dem aus der Nutzer weiterdenken kann,
- zeigt deutlich das Skelett des Idioms oder die Schablone,
- zeigt die Stillage der normalen Verwendung.

Im Aufbau eines Artikels sollte das Beispiel eigentlich dem Lemma folgen und vor der Bedeutungsangabe stehen. So können Nutzer als Warmup sich selbst schon eine These über die Bedeutung bilden. Im online-Wörterbuch wird es den Nutzern überlassen, sich eine These zu bilden für ein gutes Beispiel. Wenn das Wörterbuch korpusbasiert ist, können sie dafür eine Reihe von Belegen nutzen.

Hierzu für unser Idiom wieder ein Blick in das DWDS. Das Wörterbuch bietet uns den Vorteil, dass wir – wie gesagt – nicht nur nach einzelnen Wörtern suchen können, sondern im Rahmen bis auf Dreierketten.

Suchen wir nach „auf den Leim".
(1) Die Menschen sind dem Demagogen auf den Leim gegangen.
(2) Es geht um die Vertiefung des DDR-Bewusstseins, damit jeder den Rattenfängern des Westens nicht auf den Leim geht.
(3) Bei der nächsten Gelegenheit gehe man ihr wieder auf den Leim.
(4) Sie gehen ihren Feinden auf den Leim.
(5) Gewaltig ausgelacht wird der auf den Leim gegangene Heiratsvermittler.
(6) Fast die ganze Presse und einige Fernsehkollegen sind dieser Behörde auf den Leim gekrochen.
(7) Ich fürchte, Sie sind einem falschen Irrtum völlig auf den Leim gegangen!
(8) Aber mich führen Sie damit nicht auf den Leim.
(9) Die Stallmeisterkunst locke die Leute nur auf den Leim und sei überflüssig.
(10) Ein birkenfarbener Nachtfalter war uns buchstäblich auf den Leim gekrochen.

In (1) sind Subjekt und Dativobjekt deutlich. Mit *Demagogen* werden auch die Täter kategorisiert. Weil der Beleg so kurz ist, wäre er als Beispiel geeignet. (2) käme wegen der Länge eher nicht in Frage. In (3) bleibt das Dativobjekt unspezifisch, wie auch in (4) das pronominale Subjekt. In (5) fehlt der Dativ und fraglich könnte auch sein, wie tauglich das Idiom als Adjektivphrase wäre. Danach kommen Varianten, die man kaum für typisch halten sollte. (10) wäre interessant als Spiel mit dem Wörtlichen und als Hinweis darauf, dass es eine idiomatische, eben nicht-wörtliche Verwendung gibt.

Eine leicht innovative Idee könnte sein, Chunks als oder statt Verwendungsbeispielen zu geben. Das würde einerseits sichern, dass sie typisch und empirisch valide gewonnen sind. Zum andern könnten sie für weitere Verwendung und fürs Lernen offen und produktiv werden.

> wer […] wen aufs Kreuz gelegt
> hat uns/sie die Regierung aufs Kreuz gelegt
> Bei Verhandlungen aufs Kreuz gelegt hatte
> hat […] alle … aufs Kreuz gelegt
> ihre/seine Routine hat [uns] aufs Kreuz gelegt
> den (FDP-Vorsitzenden) aufs Kreuz legte
> […] (bisher) durch die [engen] Maschen schlüpften
> schlüpften … Täter durch die Maschen des Systems/der Justiz

5.4 Erklärungen

Erklärungen sind der Point in den meisten Idiomwörterbüchern. Uns kommt es bei ihnen vor allem an auf:

- Form und Stil
- Verlässlichkeit

Die Erklärung ist ein narrativer Text, der erschließen soll, wie das Idiom zustande kam und wie es motiviert ist, wie es sich entwickelt hat. Ihr Ziel ist, den Sinn des Idioms weiter zu klären, insbesondere historisierend die wörtliche Grundlage vorzuführen. Je nach angepeilten Adressaten wird die Erklärung stilistisch angepasst. Entsprechend kann sie unterschiedlich formuliert sein. Entscheidend ist:

- Stimmt die Erklärung?
- Wird sie belegt?
- Wie wird sie belegt?

Die Erklärung in unserem Eingangsbeispiel ist kurz und plausibel. Was die Verlässlichkeit betrifft: Das Idiom wird allgemein so erklärt, die Erklärung scheint weitgehend akzeptiert.

Je nach Adressat wird die Erklärung angereichert mit weiterem kulturellen Hintergrund oder mit Belehrungen (die auch schon mal zu belehrend sein können, wie dass Vogelfangen mit Leimruten verboten ist und dann noch mit dem (chauvinistischen) Zusatz „bei uns"). Mancher kann sich auch des aufklärenden Hinweises nicht enthalten, man könne jedes Jahr in der Presse lesen, in Italien würden wieder mal Singvögel gefangen und verzehrt (was ja auch erklären könnte, warum Italiener so schön singen).

In historischen Abschweifungen wird uns erzählt, welche Arten von Leim verwendet wurden und wie und woraus er hergestellt wurde. Das soll wohl kulturhistorischer Hintergrund sein, hat aber mit dem Idiom nichts zu tun. So erfahren Sie in Schwedt (2008, 105–107) einiges über die Herstellung von Knochenleim. Dass dazu Knochen, Knorpel, Gräten, Bindegewebe, Hautstücke und dergleichen in heißem Wasser gekocht wurden.

Andere führen auch schon mal aus: Welche Vögel wurden wie und wann bei uns gefangen (über die Zubereitung hab ich nichts gefunden). Dies hätte Ihre Deutschlehrerin gewiss als Teil einer Themaverfehlung moniert. Wie viel und was gewünscht wird, bleibt auch die Frage für Rezipienten. Ob die Erklärung allerdings stimmt, sollte keine Frage der Willkür sein.

Zielführender angereichert wird die Erklärung damit, dass da auch noch ein **Lockvogel** im Käfig eine Rolle spielte und der arme gefangene eben ein **Pechvogel** war (der allerdings nicht mit Leim, sondern mit klebrigem Pech gefangen ward). Das Eingehen auf alternative Fangmethoden kann uns thematisch weiterbringen. So hat wohl das Fangen mit Netzen auch Idiome geliefert oder beeinflusst wie *ins Netz gegangen* und vielleicht *durch die Maschen geschlüpft* wie auch manch andere, die auf Gepflogenheiten in Jagdgesellschaften zurückgehen.

Mein Kommentar zu einem Beispiel (Pöppelmann 2019, 97):

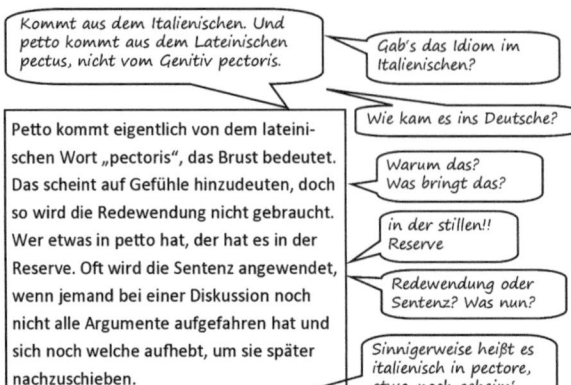

Auch Illustrationen werden schon mal in einer Erklärung beigegeben. Aber schlicht ein skizzierter Leimtopf dürfte da nicht viel bringen.

Viele Idiomsammlungen sind im Grunde weniger gedacht als Wörterbücher, in denen man nachschlägt, um etwas für seinen Sprachgebrauch zu gewinnen. Sie sind eher ein sprachliches Kuriositätenkabinett. So wenn in DuRe 2018 aufgenommen wurde „Unrasiert und fern der Heimat", das im Prinzip kaum verwendet wird. Darum kann auch keine Bedeutung gegeben werden, eher eine erfundene. Und dazu noch allgemein eine Herkunftsvermutung.

Vom schönen Schlager ist da noch nicht mal die Rede. Und so hat man sich auch entgehen lassen Stenka Rasin, die Wolgaschiffer und Ivan Rebroff und so weiter.

5.5 Das mentale Lexikon

Noch ein Wort zum mentalen Lexikon. Das mentale Lexikon ist ein psycholinguistisches Konstrukt und wichtiger Gegenstand psycholinguistischer Forschung. Man denkt es sich als eine Art Speicher der Wörter im Gedächtnis. Es geht um seine Struktur, Organisation und Funktion. Wichtige Fragen sind:

- Wie ist es organisiert?
- Wie wird es im Sprechen und Sprachverstehen genutzt?

Zur Organisation wäre absurd, anzunehmen, das mentale Lexikon sei alphabetisch geordnet. Damit wäre schwer erklärbar, wie schnell und meist anstandslos wir in Produktion und Rezeption zugreifen können. Darum wird sogar angenommen, dass die Ausdrucksseite der mentalen Einheiten sekundär ist und das Lexikon semantisch in assoziativen Netzwerken organisiert ist. Allerdings muss das Verstehen ja wohl von der Wortform erst mal ausgehen.

Was Idiome angeht, braucht man auch empirische Evidenz dafür, wie sie etwa abgespeichert sind. Über welche Elemente sind sie zugänglich im Verstehen. Dazu gab es Tests mit Probanden.

Eine Grundfrage für uns ist: Stehen Idiome als Ganzes im mentalen Lexikon oder in ihren Teilen? Dazu sollte man unterscheiden, ob das Idiom voll idiomatisiert ist (in dem sich die Teile nicht sinnvoll isolieren lassen) oder ob manche Teile wörtlich geblieben sind und wörtlich zur Bedeutung des Idioms beitragen. In der Psycholinguistik wurde versucht, die Grundfrage, wie Idiome im mentalen Lexikon gespeichert sind, über Verstehensexperimente zu beantworten. Vor allem ging es dabei darum, wie schnell Probanden Idiome verstehen konnten. Drei konkurrierende Modelle sollen das Verstehen von Idiomen erklären.

- Das erste geht davon aus, dass Hörerleser zuerst wörtliches Verstehen probieren. Wenn dies misslingt, wenden sie sozusagen ihr Wissen im Idiomspeicher an.
- Das zweite nimmt an, dass Hörerleser sofort die Idiome identifizieren und sie aus ihrem Idiomwissen verstehen.
- Das dritte Modell setzt ein zweigleisiges Verfahren an, nach dem die Hörerleser Idiome sowohl übertragen verstehen (qua Idiome also) als auch zugleich wörtlich.

Einige Forschungsergebnisse lassen vermuten, dass Sprachkompetente im Hören und Lesen meist nach dem zweiten Modell funktionieren. Die Thesen sind kurz so zu kommentieren:

wörtlich vor figurativ
Der Hypothese liegt zugrunde, dass die wörtliche Bedeutung der Einzelwörter leichter zugänglich sei als die figurative Alternative.
Der Verarbeitungsprozess verliefe demnach folgendermaßen:
Zuerst versucht man die Kette im gegebenen Kontext wörtlich zu verstehen und nur, wenn dieses Verstehen nicht gelingt, wird eine figurative Deutung versucht. Voraussetzung hierfür ist jedoch, dass Rezipierende das Idiom, also auch seine idiomatische Bedeutung kennen und im mentalen Lexikon bereit haben. (Cacciari 2014)

figurativ vor wörtlich
Die Hypothese geht davon aus, dass das Idiom mit seiner figurativen Bedeutung im mentalen Lexikon gespeichert und direkt zugänglich ist. Nur wenn im Kontext der idiomatische Ausdruck keinen Sinn ergäbe, würde die wörtliche Lesart erprobt. Dem liegt die Annahme zugrunde, dass Idiome sogenannten long words entsprechen, die wie Wörter im mentalen Lexikon gespeichert sind, nur eben aus mehreren Wörtern bestehen. (Gibbs 2011).

wörtlich und figurativ simultan
Die Hypothese versucht, die Ergebnisse der empirischen Experimente zu harmonisieren und so einen übergreifenden Ansatz zu bieten.

Der Prozess verliefe demnach folgendermaßen:
Beide potentiellen Bedeutungen werden gleichzeitig realisiert und jeweils mit dem Kontext abgeglichen. Danach wird entschieden, welche Deutung vorzuziehen ist. Falls das Idiom dem Rezipierenden bekannt ist und der gegebene Kontext die idiomatische Deutung unterstützt, wird die figurative Interpretation gewählt.

Alle drei Hypothesen kranken daran, dass sie nicht den laufenden Lese- oder Hörprozess berücksichtigen. Möglicherweise steht vom Vortext her schon die Erwartung parat, dass ein Idiom folgt oder dass ein wörtliches Verständnis gar nicht in den Kontext passt. Im übrigen dürfte der Rezeptionsvorgang je nach Sprachkompetenz unterschiedlich verlaufen. So wird vielleicht insbesondere, wer die Sprache noch lernt, eher vom Wörtlichen auszugehen versuchen. Und außerdem verläuft der Prozess nicht Schritt für Schritt oder Wort für Wort. Es stehen uns im Kommunikationsverlauf ständig schon erwartbare, übliche Fortsetzungen aufgewärmt parat. Dies ist eine Folge des sog. Priming, nach dem wir etwa beim Lesen Assoziationen aktivieren, die prospektiv Erwartungen auslösen.

Das Konstrukt der wörtlichen Bedeutung, das hier Verwendung findet, hält sich schon lange. Es wird gestützt, weil

- es nur wortbezogen verwendet wird,
- Wörterbuchproduzenten es stützen,
- es sich in der Sprachlehre bewährt hat.

Wörterbuchproduzenten weichen locker davon ab, wenn sie etwa *Wolkenkratzer* aufnehmen und es als tote Metapher deklarieren.

Die wörtliche Bedeutung soll das sein, was allen Verwendungen, in allen Kontexten gemeinsam ist – bis auf …? Bis auf die nicht-wörtlichen. Man müsste also vom Sinn der jeweiligen Verwendung einiges abziehen und dazu wäre zu definieren, was denn. Sicher alles Metaphorische, alles Idiomatische. Und wie gewinnt man das? Anscheinend stehen wir vor einem Zirkelschluss.

Ein anderer Ansatz war, die wörtliche Bedeutung sei das Konventionelle. Und da scheint man anzunehmen, der Rest sei nicht konventionell, so als gäbe es in der Sprache Nicht-Konventionelles und das gehöre doch zur Sprache. Falls hier aber „konventionell" anders verstanden würde, sollte man eine Definition mitgeben.

Eine weitere Idee war, die wörtliche Bedeutung sei kontextunabhängig. Das würde heißen, dass man sie gar nicht aus Verwendungen gewinnen kann. Wie aber dann? Empirisch dürfte eine solche Idee kaum zu belegen sein. Oder soll sie gar ein Konstrukt sein, das in jedweden Kontext passen würde?

5.6 Zwei Exempel: *mein Bier* und *Fuß fassen*

[N_abstr] [V_sein] (**nicht**) [DET_poss] **Bier**

Das ist nicht mein Bier, damit habe ich nichts zu tun.

5.6 Zwei Exempel: mein Bier und Fuß fassen

Ein solcher Satz wird zur Abwehr genützt. Man lässt sich nicht für etwas verantwortlich machen. Schauen wir, was dieses Etwas sein könnte. Hier sehen wir, es geht um Handlungen:

> Das Regieren bleibt aber, wie schon gesagt, sowieso eine Aufgabe des Stadtrats; das ist wirklich nicht mein Bier.
> Der Krieg für die Revolution ist nicht mein Bier.

Selbst wenn das N_abstr vordergründig keine Handlung bezeichnet, steht eine im Hintergrund: Wenn Kuchen nicht mein Bier ist, geht es um essen, backen, verkaufen usw. Wenn man diese Verwendungsweise modal ausdrückt, lautete sie: Ich muss das nicht tun. Gleiches gilt für weitere Äußerungen in der 1. Person:

> Wie die das wohl hinkriegen, ist nicht unser Bier, sagte Lukowski.

Was passiert, wenn man das Idiom unnegiert verwendet, in der ersten Person?

> Wo und was ich schreibe, ist immer noch mein Bier.
> Dann ist das mein Bier, es geht diesen Staat überhaupt nichts an.
> Aber ob ich gesund lebe oder nicht, das ist mein Bier.

Auch dies dient der Abwehr. Modal ausgedrückt: „Ich darf das". Beim Wechsel in die 2. Person bleiben wir in diesem Bereich:

> Natürlich ist es dein Bier, wie und wo du schreibst.
> Wie du das hier regelst, ist dein Bier.

Hier aber auch wieder der Switch in die schärfere Modalität: „Du musst …"

> Die Ausführung ist dein Bier. Ich bin für Ideen zuständig.

Gleiches in der 2. Person Plural:

> Wir halten uns da raus, es ist euer Bier.
> Zwar plädiert er für moderate Lohnabschlüsse, fügt aber postwendend hinzu: „Aber das ist euer Bier, nicht meines."

Diese Beispiele schillern aber schon in der Modalität. Und hier geht es schon bis zum *mag* oder *möchte nicht*:

> Rennfahrerei ist nicht mehr sein Bier.

Das Idiom bewegt sich im Bereich der Modalität, des Sollens und Müssens. Die Negation ist die normale in diesem Bereich:

nicht müssen V ~ dürfen nicht-V
nicht schlafen müssen ~ wach bleiben dürfen
müssen V ~ nicht dürfen nicht-V
schlafen gehen müssen ~ nicht wach bleiben dürfen

Aber von Feinheiten ist da noch nicht die Rede.

Mit der Korpusbasierung linguistischer Untersuchungen ist ein höherer empirischer Anspruch verbunden und sicherlich eine bessere Qualität der Ergebnisse und der verwendbaren Produkte zu erreichen. Davon können und sollten auch Wörterbücher profitieren. Über einzelne Aspekte nun am zweiten Beispiel.

Das Lemma
Gängige Einträge in Wörterbüchern sind *Fuß fassen* oder *(festen) Fuß fassen*. Die Korpusrecherche ergibt erst einmal, dass in der Idiomverwendung *Fuß* invariabel vorkommt und somit als fixer Kern gelten kann. Das Verb kommt im Prinzip pari pari in den Formen *fassen* und *gefasst* vor. Andere Flexionsformen sind zu vernachlässigen. Außerdem erscheint in jeder vierten Okkurrenz das Adjektiv *festen* in dieser Form.

Wir beginnen die Schablone also so:

(festen) Fuß V_fassen/gefasst

Zwischen beiden Kernelementen finden wir nun, aber recht häufig *zu*. Wir nehmen das auf:

(festen) Fuß (zu) V_fassen/gefasst

Die Schablone gibt eine Standardfolge wieder. Frage könnte sein, wie häufig sie eingehalten wird. Das Idiom wird im Prinzip wie ein zweiteiliges Prädikat verwendet und so rückt in entsprechenden Sätzen *Fuß* hinter das flektierte Verb. Damit entsteht ein Satzrahmen, in dem andere Satzteile platziert sein können.

Zum syntaktischen Muster des Idioms gehört die Valenz des Verbs. Hier sind die üblichen Wörterbucheinträge recht defizitär. Sätze mit dem Idiom haben in der Regel ein Subjekt. Gibt es für diesen Slot selektive Beschränkungen?

Auffällig ist eine starke Tendenz zu Bezeichnungen für Personen und Institutionen. Das wäre schwer einzubringen. Was den Valenzrahmen betrifft, vernachlässigen gängige Einträge zwei weitere Leerstellen: Zum einen ein lokatives Komplement, zum zweiten den gängigen Modifikator *stark/stärker*.

Damit sähe die Schablone nun so aus:

[NP_nom] [PP_lok] **(stark/stärker)/(festen) Fuß (zu) V_fassen/gefasst**

Weiter wären die Selektionsbeschränkungen der Slots in Eckklammern zu erfassen. Das regeln wir an anderer Stelle, weil es weitgehend semantisch ist. Die Korpusbasierung gäbe auch die Möglichkeit, Idiome im Wörterbuch nach Frequenzklassen zu kategorisieren.

Kontext und Umgebung

Ein ▶ KWIC-Index zeigt uns alle näheren Umgebungen. Allerdings vorderhand keine Systematik oder Struktur. Wenn wir überfrequente herauspicken, sehen wir aber Relevantes. Wir erkennen, dass es beim Fuß fassen um einen komplizierten **Prozess** gehen kann. Häufige **Versuche** bis zum **Kampf**. Aber es **kann** auch **gelingen**. Die zeitliche Komponente ist wichtig. Es mag **langsam** gehen und **endlich** gelingen. Kann aber auch **rasch** gehen und **bald** gelingen.

Und natürlich ist der Ort wichtig: **in X, auf Y**.

Der Kontext kann Hilfe bieten für die pragmatische Wirkung des Idioms. In welchen Handlungszusammenhängen, für welche Sprechhandlungen wird es vor allem verwendet? Bei unserem Bier-Idiom haben wir einen modalen Zug erkannt, in anderen Fällen ist das deutlicher, etwa abwehren, beleidigen usw.

Textsorte und Stil

Wörterbücher bieten oft Stil- oder Registerhinweise. Die Schriftgröße hier zeigt die Häufigkeit der Zuschreibung.

lit.
spött. archaisch   derb   iron.
vulgär   dichter.
geh.   scherzh.
                ugs.

Mit einer Korpusrecherche gewinnt man mehr Einsicht. Insbesondere könnte man die Überzeugung gewinnen, dass die üblichen Zuschreibungen nicht immer begründet sind. Im DWDS sind diverse Korpora vorgehalten, die sich für eine Differenzierung eignen könnten. Versuchen wir es mit einem extremen Beispiel: *in den Arsch kriechen*. Die Zahl der Funde ist nicht sehr hoch, sicherlich auch, weil das Idiom eher der gesprochenen Sprache angehört.

Dafür sprechen vielleicht die Funde in Blogs. Richtig überraschend sind viele Filmuntertitel, die das Idiom verwenden. Das wird noch signifikanter, weil es sich hier nicht um ein Riesenkorpus handelt (wogegen etwa im Deutschen Textarchiv die 0 erscheint). Erstaunlich dürfte aber sein, dass die ZEIT uns viele Funde zeigt, aber auch das Interessante, dass die meisten in distanzierenden Anführungszeichen stehen. Das könnte bestätigen, dass diesen Sprechern das Vulgäre bewusst ist und dass sie vielleicht andere vorführen. Die wenigen Funde im Kernkorpus bestätigen das: Sie sind überraschenderweise alle literarisch.

Bedeutung und Beispiel

Selbstverständlich liefern Korpora keine Bedeutungsangaben. Sie geben uns aber wichtige hints für die Formulierung von Paraphrasen, etwa indem wir die Struktur der Umgebung erkennen und nützen. In gleicher Weise helfen sie bei der Wahl und Zubereitung der Beispiele. Zum einen hat man in der Regel eine Menge Kandidaten, aus denen man reflektiert auswählen kann. Für die Zubereitung gibt es dann zumindest eine gut geleitete Intuition. Als Beispiele taugen ganze Sätze am besten, weil sie die Einbettung des Idioms zeigen können.

Die Aspekte, die wir aus der Umgebung gewonnen haben, würden hier jeweils für die a-Version sprechen.

a) In diesem Land fasste schon mein Großvater als Auswanderer Fuß.
b) Es ist längst Zeit, dass Preußen wieder Fuß fasst.
c) Im Immobiliengeschäft konnte die Familie nie recht Fuß fassen.
d) Die beiden haben eigentlich schnell Fuß gefasst.

Bei der Variante mit *festen* könnte man fragen, ob schon eine andere Bedeutung vorliegt. Es scheint auf jeden Fall die Sicherheit des Ergebnisses betont. Bei den Slot-Füllungen sehen wir sonst keinen Unterschied:

> So haben Griechen endlich auf der Insel festen Fuß gefasst.

Auch hier tun es nicht nur Personen:

> Auch in Asien hat der Kaffeeanbau festen Fuß gefasst.
> Wenn meine Seele festen Fuß fassen könnte, …

Mit den Chunks hätten wir schließlich offene Beispiele, die verlässlich und automatisch erzeugt sind und die mit ihrer offenen Struktur Mittel zur Eigenproduktion an die Hand geben.

> Fuß [zu] fassen
> stärker […] Fuß [zu] fassen
> auf dem Arbeitsmarkt […] Fuß [zu] fassen
> in dem … Markt [für …] stärker Fuß […] fassen

5.7 Fazit

Wir haben uns in diesem Kapitel damit befasst,

- wie Wörterbücher mit Idiomen umgehen,
- unter welchem Lemma sie aufgeführt werden und
- wie das Lemma formuliert wird.

Und wir haben gesehen,

- wie schwierig es ist, Bedeutungen anzugeben
- und Verwendungen zu illustrieren.

Trotz Verbesserungsbedarf bleiben Wörterbücher wichtigster Schatz der Idiome, ihrer Verbreitung und Erklärung.

5.8 Lektüre und Aufgaben

Weiterführende Lektüre
In Dräger 2010 geht es um die Erfassung von Idiomen in Wörterbüchern. In Kap. 3.2 wird das Problem der Lemmatisierung behandelt. Auch Harras/Proost 2002 behandeln Fragen der Lemmatisierung.
Geyken 2004 demonstriert in fortgeschrittener Form die Nutzung von Korpora für die Lexikographie. Dabei werden auch grundlegende Verfahren und Termini vorgeführt.
Römer 2019 Kap. 4 bietet eine Art Überblick über feste Fügungen, kritisch zu lesen. Zum Idiom „mein Bier" Dobrovol'skij 2018b. Zu „kurz angebunden" Draeger 2010 Kap. 4.
Grundlegendes zur Frage, wie Idiome und Kollokationen in einschlägigen Wörterbüchern geführt werden, in Herbst/Klotz 2003, 222–227.

Aufgaben
Aufgabe 1: Recherchieren Sie: Was hat es auf sich mit *kunterbunt* und *bunte Reihe*? Und noch *durch die Lappen gehen*.

Aufgabe 2: Wählen Sie nach der Frequenz der Stichwörter in der Grafik drei eher seltene aus und suchen Sie zu jedem drei Idiome.

Aufgabe 3: In Burger 2015, 25 erscheint als Lemma *auf dem absteigenden Ast sitzen*. Recherchieren Sie im DWDS, ob dies eine gute Lemmaform wäre. Besonders das Verb?

Aufgabe 4: In Koller 1977, 25–26 finden Sie eine Sammlung, in der der Autor zu standardisieren sucht. Gehen Sie die Sammlung durch nach Ihrer Kompetenz. Anschließend recherchieren Sie in Korpora oder im DWDS nach diesen Beispielen.

Aufgabe 5: Verbessern Sie diese Lemmata.

> jemanden (auf etwas) sitzenlassen
> wie aus Kübeln gießen
> Ja und Amen zu einer Sache sagen

Aufgabe 6: Suchen Sie im DWDS nach „@Sprünge" (ohne die Anführungszeichen). Schauen Sie das Ergebnis in einem großen Korpus als KWIC-Index an. Nun suchen Sie: „@Sprünge && helfen" (wieder ohne Anführungszeichen). Das Ergebnis aus „Berliner Zeitung" wieder als KWIC-Index. Wie würden Sie das Idiom nun formulieren?

Aufgabe 7: Verbessern Sie die Bedeutungsangaben.

Ja und Amen zu einer Sache sagen
　　sich widerstandslos fügen
das Kind mit dem Bade ausschütten
　　mit etwas Schlechtem auch etwas Gutes ablehnen
wissen, wie der Hase läuft
　　die Hintergründe einer Sache gut kennen und darum wissen, wie sie funktioniert
die Katze im Sack kaufen
　　nicht wissen, was auf einen zukommt

Aufgabe 8: Welche Bedeutungsangabe wäre hier die beste?

noch mehrere Eisen im Feuer haben
mehr als eine Möglichkeit haben, um für die Zukunft vorbereitet sein
umsichtig sein, gut vorbereitet
auf Alternativen zurückgreifen können
den Stein der Weisen suchen
etwas Unrealistisches anstreben
etwas suchen, das es gar nicht gibt
die endgültige Lösung für ein Problem suchen

Aufgabe 9: Diese Kleinform hier nenne ich Exempel.

> **Da ging der Schuss nach hinten los.**
> Weltweit werden geschützte Tiere geschmuggelt. Die Fänger fangen sie unter Schwierigkeiten im brasilianischen Urwald. Und schmuggeln sie unter großen Gefahren heimlich in reiche Länder. Jetzt wurde ein Zertifikat geschaffen, das bestätigt, dass zu importierende Tiere gezüchtet und nicht wild sind. Eine große Erleichterung für die Schmuggler: Jetzt mussten Sie nur noch die Zertifikate fälschen.

Erfinden Sie ein Exempel zu: **auf den Hund gekommen**.

Idiome übersetzen? 6

traduttore – traditore!

Inhaltsverzeichnis

6.1 Analoge Idiome in verschiedenen Sprachen 122
6.2 Idiome in verschiedenen Kulturen 125
6.3 Was tun wir im Übersetzen? 129
6.4 Idiome im Fremdsprachunterricht 136
6.5 Fazit 139
6.6 Lektüre und Aufgaben.. 139

Idiome und idiomatisches Reden sind verbreitet in allen europäischen Sprachen und wahrscheinlich eine sprachliche Universalie. In der Grunddefinition (mindestens zwei Wörter) wäre allerdings für manche Sprachen wie Japanisch oder Chinesisch zum Beispiel der Wortbegriff zu präzisieren. Außerdem könnte es bei der Variationsbreite Unterschiede geben, weil es in flektierenden Sprachen mehr morphologische Variation gibt. Eine Frage wäre auch, ob die Anteile idiomatischer Ausdrücke am Gesamtwortschatz unterschiedlich sind für die einzelnen Sprachen. Mel'čuk (2023, 4) hat da unterschiedliche Zahlen. Doch ist die Zählmethode, was und wie gezählt wird, eine andere Frage.

In diesem Kapitel gehen wir über Deutsch hinaus. Wir untersuchen

- eine Palette von Idiomen in diversen Sprachen,
- wie Kultur in Idiomen hinterlegt (oder versteckt?) ist,
- ob und vielleicht wie Idiome übersetzt werden können,
- welche Probleme uns erwarten, wenn wir idiomatisch Fremdsprachen lernen
- und wie sie vielleicht zu bewältigen wären.

6.1   Analoge Idiome in verschiedenen Sprachen

Wenn man Idiome in Sprachen vergleichen will, hat man zwei Möglichkeiten:

- Man geht aus vom Ankerwort in einer Sprache und sucht nach Äquivalenzen in der anderen.
- Man versucht bedeutungsähnliche Idiome zu ermitteln.

Beides kann fruchtbar werden.

Mit Zunge gibt es im Deutschen einige Idiome. Die meisten haben mit sprechen zu tun. Wer eine spitze Zunge hat, redet schon mal bisschen schärfer. Ähnliches gibt es auch anderswo, so im Französischen *une langue de serpent*, das formal anders ist, aber dem Sinn nach ähnlich. Im Spanischen muss statt der Schlange der Skorpion herhalten: *una lengua de escorpión*. (Haben Skorpione Zungen?) Mit den Äquivalenten von Wasser finden wir vielerlei, darunter italienisch *aver l'acqua alla gola* „Schwierigkeiten haben". Das würde in etwa passen zu *steht das Wasser bis zum Hals*. Ob es aber genau träfe, ist eine andere Frage. Klingt das deutsche nicht etwas dramatischer?

Formal analog und semantisch ganz nahe beieinander sind die folgenden vier:

> sempre la stessa litania, siempre la misma letanía, toujours la même litanie, always the same litany *und das deutsche* immer die gleiche Litanei.

Solcher Art Übereinstimmung könnte vordergründig erstaunen, wir ahnen aber gleich: Es gibt gemeinsame Quellen. Bei den gemeinsamen Quellen unterscheiden wir drei:

- Gemeinsame Tradition und Geistesgeschichte
- Entlehnung und Import
- Analoge menschliche Erfahrungen

Direkte Quellen sind im Prinzip bestimmte textuelle Quellen. Da speisten uns vor allem die Bibel, antike Texte plus deren Tradierung und Fabeln, weil die oft schon pointiert waren.

Aus der Bibel nährt sich ein Idiom, das wir schon in einer Aufgabe kennen gelernt haben und später ausführlich behandeln werden. Es stammt aus Matthäus 7,6 „Ihr sollt das Heiligtum nicht den Hunden geben, und eure Perlen nicht vor die Säue werfen." und lautet im Deutschen *Perlen vor die Säue werfen*. Bemerkenswert ist, dass es schon in der Quelle idiomatisch verwendet sein dürfte. Wir finden es wieder in englisch: *throws pearls before swine* und spanisch: *echar margaritas a los cerdos*.

Auch Fabeln sind eine Quelle, die sprudelt. Ziemlich Furore hat wohl Lafontaine mit seinen Fabeln gemacht.

Hier geht es um die Fabel vom Affen Bertrand und der Katze Raton.

6.1 Analoge Idiome in verschiedenen Sprachen

Auf diesem Emblem ist das Idiom dargestellt, das im Deutschen *die Kastanien aus dem Feuer holen* ist, im Französischen *tirer les marrons du feu* und im Spanischen etwas anderes betonend *sacar la brasa con mano de gato*. Das Spanische hat etwas mehr vom Bild erhalten. Aber alle sagen das Gleiche: „für einen anderen etwas Riskantes tun". Übrigens, in der Fabel frisst sie der Anstifter selbst. Also ein positiver Aspekt?

Und noch erfolgreicher als Lafontaine war Aesop. Oft genug im Leben ist die Frage: Wer bekommt den Löwenanteil? Wir hatten den Löwen ja schon bei den Somatismen. Das Idiom ist abgezogen von einer Fabel des alten Äsop.

Sie geht etwa so:

> Löwe, Esel und Fuchs schlossen einen Bund und gingen zusammen auf die Jagd. Als sie reichlich Beute gemacht hatten, befahl der Löwe dem Esel, diese unter sie zu verteilen. Der machte drei gleiche Teile und forderte den Löwen auf, sich selbst einen davon zu wählen. Da aber wurde der Löwe wild, zerriss den Esel und befahl dem Fuchs zu teilen. Der nun schob fast die ganze Beute auf einen großen Haufen zusammen und ließ für sich selbst nur ein paar kleine Stücke über.
> Da schmunzelte der Löwe: „Ei, mein Bester, wer hat dich so richtig teilen gelehrt?"

Das war so lebenspraktisch, dass es sich weit verbreitete:

> Chaque année, les universités américaines se taillent **la part du lion**.
> Aucun des humoristes en lice ne s'est taillé **la part du lion**.

Das heißt, hat ihn sich genommen (abgeschnitten). Die Verben variieren in den Sprachen und unter den Sprachen, ähnlich wie im Deutschen.

> Pieri e Mauri fanno **la parte del leone**.
> Unicredit giocherà **la parte del leone**.
> Fare **la parte del leone**, significa dunque riservarsi la parte migliore e più cospicua.

Auch hier spielt der Täter die Hauptrolle: Er macht, holt sich und teilt den Löwenanteil.

Die Deutschen scheinen mehr zu hoffen, dass sie ihn bekommen. Was vielleicht anfangs (als die Fabel noch bekannt war) als ironisch verstanden wurde, scheint heute verblasst, aber in anderen Sprachen bewahrt.

Der Löwe hat natürlich noch zu mehr angeregt. Dazu später eine Aufgabe. In Sprachkontakten kommt es zu Entlehnungen seit eh und je, ein Geben und Nehmen zwischen Sprachen. Das Deutsche hat immer schon einseitig profitiert vom Latein (auch schon mal vom Griechischen).

Mit dem Wind wurde historisch ordentlich Wind gemacht. Durch die Geschichte wurde in den Wind geredet und geblasen. Schon bei Lucrez finden wir *ventis verba profundere*. Und im Mittelhochdeutschen: *Tristan und Isolt slahen manec in den wint*.

Was die Idiome betrifft, waren die Geber seit dem 16. Jahrhundert vor allem Französisch und Italienisch. Viele Idiome kann man aber auch als gemeineuropäisch sehen.

Aus dem Italienischen kommt *bankrott gehen* oder *machen*. Im 17. Jahrhundert wird es schon erklärt:

> die andere Art von pancrotten ist / wann einer ... durch privat Brand eines Hauses / oder durch Diebstal / oder durch Raub Schaden leydet / und da ist der pancrottirer schuldig erstlich zu erweisen ... (DWDS)

Und recht italienisch klingt doch *Paroli bieten*. Es kam aber über den Umweg des Französischen zu uns. Stammt aus einem Kartenspiel und bedeutete so etwas wie *contra* im Skat.

Frankreich im 18. Jahrhundert war das Eldorado der feinen Manieren und Leute. Von da kam *den Hof machen* zu uns. Frühen Beleg dafür liefert Gottsched in seiner Critischen Dichtkunst 1730:

> ich schreibe ... einem Frauenzimmer den Hof machen, weil die Franzosen sprechen ... faire sa Cour a une Dame

Aber leider auch schon *den Laufpass geben* nach *donner son congé à quelqu'un*. Und vielleicht auch weniger fein: *s'envoyer un derrière la cravate*. Auf Deutsch *sich einen hinter die Binde gießen*.

Durch Bildung und Geistesgeschichte ist auch mancherlei Formelhaftes lateinisch erhalten geblieben:

- Aus der Philosophie etwa: *quod erat demonstrandum*
- Aus der Rhetorik etwa: *pars pro toto*
- Aus der Grammatik etwa: *consecutio temporum*

Im Deutschen sind überhaupt viele Lateinreste zu finden, etwa mit *ex: aequo, machina, post, negativo, nihilo*.

Auch innersprachlich kann man eine Art Entlehnung sehen, wenn Idiome aus der Fachsprache in die Allgemeinsprache gelangen.

Da war eine wichtige Quelle die juristische Fachsprache, die sich selbst hinwiederum aus dem Latein (dem Römischen Recht) nährte.

in flagranti
Überraschen habe er sie wollen, ertappen in flagranti sozusagen.

In der Hälfte der Belege kommt als Verb *ertappen*, aber öfter erscheinen so etwas wie Synonyme, oft *erwischen*, auch *festnehmen, fassen, schnappen*. Weil das Recht eine europäische Gemeinsamkeit etabliert, finden wir dieses Rechtsidiom auch anderswo: *pillar en flagranti, pris en flagrant délit, colto in flagranti*. Und englisch nicht? Jedenfalls nicht im Langenscheidt-Wörterbuch. Selbstverständlich sind die Wege der Übernahme so deutlich nicht. Sprache und Sprachgeschichte sind immense Textkorpora, die wir schwerlich überblicken. Nur manche Texte ragen aus dem textuellen Ozean. Die Wege nachzuvollziehen bliebe oft akribischer historischer Forschung überlassen. Von entscheidender Bedeutung ist das hier vorerst nicht.

Bliebe noch das Feld allgemein menschlicher Erfahrung. Mit dem Langweiligen hatten wir schon zu tun. Ein weites Feld war im Deutschen die Dummheit. Aber nicht nur im Deutschen. Hier scheint die Idiomwelt eher bunt. Im Deutschen ist ziemlich vereinzelt *dumm wie Bohnenstroh*. In anderen Sprachen muss dafür anderes herhalten: *stupide comme un âne, estúpido como un zorro latino, stupid like a donkey, stupido come una capra*. Im Deutschen neuerdings auch *dumm wie Brot*. Aber die Idiome dürften im Prinzip ähnlich verwendet werden.

6.2 Idiome in verschiedenen Kulturen

In diesem Abschnitt geht es weniger um Gemeinsamkeiten im idiomatischen Feld als um die Unterschiede, auch um die feinen. Das Augenmerk liegt auf der Bedeutung, vor allem auf dem kulturellen Hintergrund, den die Idiome uns zeigen. Sie sind kleine Kulturtröpfchen, vielleicht auch kognitive Modelle.

So zeigt uns auch das Italienische, dass Menschen mit dem Teufel im Bunde sein können:

Dedicata a tutti quelli che vogliono fare **un patto con il diavolo**.

Und auch vom Teufel besessen. Aber in etwas anderer Ausführung:

Emanuele Cipriani, al contrario, **ha un diavolo per capello**.

Wo der Teufel bei uns im Leib sitzt, haben ihn Italiener in den Haaren. Er macht sie sehr wütend.

Und wo der Teufel bei uns seine Hand im Spiel hat, nimmt er im Italienischen den Schwanz: *Il diavolo ci ha messo la coda*.

Etwas ergiebiger ist der Vergleich von Somatismen. Im Türkischen sind Leber und Galle ziemlich anders konzipiert als im Deutschen und im Italienischen, wo Schneid oder Mumm hat, wenn wer Leber hat (*avere il fegato*).

Non **avete il fegato** per stare dove vorreste stare.

Puoi venire e metterti in discussione, se **hai** sufficiente **fegato** per farlo.

Wir beginnen für das Türkische mit der Leber und wir sehen gleich interkulturelle Unterschiede, gar ein anderes Modell als das deutsche, wo die Leber stärker mit Ärger verbunden ist. (Zum folgenden auch Heringer 2017).

Die Leber spielt im Türkischen eine besondere Rolle.

Idiom	Bedeutung
Zum Deutschen	
eine durstige/trockene Leber haben	oft oder viel Durst haben, Grund zum Trinken
es muss herunter von der Leber	es kann nicht mehr länger verschwiegen werden
frei/frisch von der Leber reden/sprechen	ohne Umschweife, ungehemmt sagen, was man denkt
Zum Türkischen	
ciğer acısı [Leberschmerz]	Verlustschmerz (bei verlorenen Kindern)
ciğerine işlemek [in die Leber (ein) arbeiten]	einen Schmerz des Anderen spüren und Mitleid haben
ciğerini delmek [die eigne Leber durchbohren]	jmdn. sehr kränken
ciğerini yakmak [jemandes Leber verbrennen]	jmdn. sehr tief verletzen
ciğeri parçalanmak [die Leber zerstückeln]	sehr trauern
ciğeri yanmak [seine Leber brennt]	einem großen Schmerz unterliegen
ciğerini okumak [seine Leber lesen]	Gedanken und Gefühle eines Anderen erkennen
ciğeri beş para etmez [seine Leber ist keine fünf xxx wert]	ein unnützer Mensch sein
ciğerimin köşesi [(die) Ecke meiner Leber]	Liebling, geliebtes Kind

Nun noch zur Galle. Auch sie lebt interkulturell recht verschieden. Im Deutschen ist die Galle vorwiegend der Sitz von Wut. Im Türkischen hingegen ist vor allem der Hunger mit ihr verbunden.

Idiom	Bedeutung
jmdm. läuft die Galle über	jmd. wird wütend
jmdm. kommt die Galle hoch	jmd. wird wütend
Gift und Galle speien/spucken	cholerisch, gehässig schimpfen
safra atmak [Galle werfen]	jmdn. (schädliche Person) von sich fern halten
safra bastırmak [die Galle drücken]	ein bisschen essen, um den Hunger zu stillen
safrası kabarmak [Galle geht auf]	vor Hunger Übelkeit verspüren

6.2 Idiome in verschiedenen Kulturen

All diese Beispiele und Überlegungen zeigen, wie differenziert der Gebrauch sprachlicher Ausdrücke ist und wie viel Kultur in ihnen steckt. Wer eintauchen will, wer verstehen will, der muss sich weiter mit den Details und mit Nuancen befassen.

Auch für andere Somatismen finden wir markante Unterschiede in verschiedenen Kulturen und auch andere Modelle.

> läuft einem kalt den Rücken runter
> jklla kulkee kylmät väreet selkäpiitä pitkin

So etwas wie „kalte Strahlen laufen entlang der Wirbelsäule".

> bekommt weiche Knie   jkn polvet alkavat tutista

So etwas wie „die Knie beginnen zu hängen".
Und noch ein verbreitetes fürs Herz: „Mir blutet das Herz".

> Sydämeni vuotaa.   Mi corazon esta sangrando.
> Mon cœur saigne.   Meu coração está sangrando.
> My heart is bleeding.   El meu cor sagna. Il mio cuore sanguina.

Die Frage bleibt: Wie weit werden sie ähnlich verwendet?

Nun noch zur Zunge interkulturell. Mit der Zunge im Arabischen hat es auch Besonderes auf sich:

Das Wort لسان (lisān) bedeutet „Zunge", im klassischen Hocharabischen auch „Sprache". Hier sind einige Idiome, in denen das arabische Wort auftaucht, zusammengestellt von Ahmad Mousa:

> مسحوب من لسانه
>
> gezogen an seiner Zunge: Er sagt Sachen, die man lieber verschweigen soll, vielleicht verrät er auch Geheimnisse.
>
> لسانه طويل
>
> Seine Zunge ist lang: er ist immer frech, unhöflich und beschimpft oft Leute.
> Dem Mann ist seine Zunge gebunden. Das bedeutet, was er sagt, muss er machen. Was er verspricht, muss er halten.
> Das war auf der Kante/Spitze meiner Zunge: Ich hätte es gleich gesagt.
> Deine Zunge = dein Pferd. Das bedeutet, man muss auf seine Worte achten wie auf sein edles Pferd.
> Der (einmalige) Ausrutscher seiner Zunge: Man hat einen Fehler (meistens Verrat eines Geheimnisses) ohne nachzudenken gemacht hat.
> Die Schärfe der Zunge: Diese hat man, wenn man frech ist.
> Niemand entkommt seiner Zunge: Er kritisiert und verletzt jeden.
> Seine Zunge erkennt ihn ab: Er beschimpft viel und deshalb wird er gehasst. Seine Zunge bringt ihn nicht selten in Schwierigkeiten oder Streitigkeiten.
> Seine Zunge ist wie Honig: Er spricht immer nett und höflich.
> Sie haben es mit dem Knochen Ihrer Zunge gesagt: Sie haben es selber gesagt. Man will damit sagen: Sie haben es gesagt, dann sind Sie selber schuld, sollten die Konsequenzen tragen.

So fremd ist uns ein solches Modell nicht.

Und hier noch im interkulturellen Vergleich etwas zu den Eigenschaften von Tieren, die auch Modellcharakter haben. Sie sind zum Teil auch aus Idiomen gewonnen und natürlich idiomträchtig.

	dumm	**feige**	**gewieft**	**fies**	**gemein**	**dreckig**
Englisch	Esel	Huhn	Schlange	Hund	Ratte	Schwein
Deutsch	Esel/ Kamel	–	Fuchs	Hund	–	Schwein
Französisch	Esel	–	–	Hund	–	Schwein
Spanisch	Esel	Huhn	–	–	–	Schwein
Arabisch	Esel/ Kamel	Hase	Schlange	Schwein/ Hund	Schwein	Schwein
Farsi	Esel	–	Fuchs	Schwein	–	Hund
Japanisch	Esel	–	Dachs	Ratte	–	Schwein
Afrikaans	Esel	Huhn	Fuchs	Schwein	–	Schwein
Chinesisch	Esel	–	Fuchs	–	–	–
Capverde	Esel	Ente	Schlange	Hund	–	Schwein
Italienisch	Esel	Hase	–	–	–	Schwein
Hebräisch	Esel	–	–	–	–	–

Wir können darin Modelle sehen, wie die Tierwelt und die Welt in verschiedenen Kulturen konzipiert ist. Während man bei uns bei bestimmtem Wetter keinen Hund vor die Tür jagen würde, würden ihn Muslime vielleicht erst gar nicht reinlassen, vor allem einen schwarzen, in den sich der Teufel verwandelt haben könnte.

Idiome, die mit Farbe zu tun haben, in der Regel Farbwörter enthalten, leben von diversen Assoziationen und Backgrounds. Auch das streut über Sprachen und Kulturen. Dafür nur ein paar Beispiele. Wir beginnen mit blau. Dazu gibt es einige im Deutschen mit diversem Background. Wir konzentrieren uns auf das *Blaue vom Himmel versprechen*, manche würden es auch *herunterlügen* „ohne Bedenken lügen". Das Blaue des Himmels ist attraktiv, aber unerreichbar. Und analog *ins Blaue hinein*. So dass man abgeleitet dann *sein blaues Wunder erleben* kann.

Das französische *bleu mourant* ist nicht mehr so fruchtbar, hat aber bei uns in *blümerant* seine Spuren hinterlassen und zum Idiom hat's es auch nicht geschafft. Im Englischen ist *blue* natürlich doppeldeutig schon mit der Melancholie liiert. Aber auch in einem spektakulären Idiom zu Hause: *the air was blue with oaths*, wo es wohl um großes Geschrei geht. Weniger Background braucht es hier, wo gleich noch das Grün hinzukommt: *jemanden grün und blau schlagen*.

Grün ist eigentlich positiv besetzt bei der *Fahrt ins Grüne* und sogar in auf *keinen grünen Zweig kommen*. Da kann man schließen, dass es positiv wäre, wenn man auf einen käme. Aber auch in der Umkehrung schon *jemandem nicht grün sein*. Italienisch steckt aber die Wut dahinter *verde dalla bile*. Irgendwie vielleicht über das grüne Gesicht? Und ein bisschen der Neid, der bei uns ja auch grün ist. Da auch *ridere verde*:

> „Ridere forzatamente, senza averne affatto voglia poiché si è in realtà pieni di rabbia, d'impotenza, d'invidia e così via".
> Kraftvoll lachen, ohne dass man es überhaupt will, weil man eigentlich voller Wut, Ohnmacht, Neid und so weiter ist.
> Il verde è il colore della bile, che si riteneva aumentasse di quantità sotto l'effetto dell'ira.
> Grün ist die Farbe der Galle, von der angenommen wurde, dass sie unter dem Einfluss von Wut an Menge zunimmt.

Die Wendung *green around the gills* ist alt im Englischen, belegt seit dem 17. Jahrhundert. Auch sie spricht nicht von Gutem: Es geht um Krankheit und krank aussehen. Besonders ist, dass es die gills, die Kiemen, sind die grün wurden.

In den roten oder schwarzen Zahlen sein ist jedenfalls europäisch verbreitet und immer abgezogen von der Bilanz. Da gibt es eine schöne europäische Gemeinsamkeit. Und jetzt vielleicht weltweit?

Noch ein kurzer Blick auf das Schwarze. Das ist bei uns ganz dunkel. Ob man nun das *schwarze Schaf* sein muss oder *sich schwarz ärgern*, beides ist sehr ärgerlich. Besser schon *ins Schwarze treffen*, so es denn gelingt. Eine seltene, aber bemerkenswerte Version für das Schwarze unter dem Fingernagel im spanischen *negro de la uña*:

> Si te propasas con ella el negro de la uña, del primer samugazo te eslomo.
> Wenn du ihr das Schwarze des Fingernagels vorhältst, wird sie dich mit einem Schlag von Sinnen machen.

Diesen eher rätselhaften Text sollte man wohl als Ganzes lesen.

6.3 Was tun wir im Übersetzen?

Übersetzt wird am laufenden Meter. Übersetzt werden tatsächlich Texte. Am Anfang steht ein Text T_1 einer Ausgangssprache AS und am Ende einer T_2 in der Zielsprache ZS.

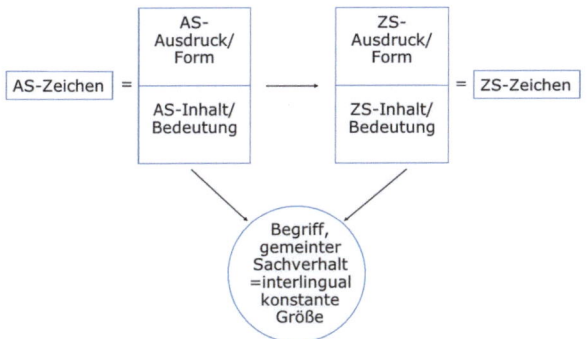

Zum Verhältnis der beiden wird schon mal vorsichtig gesagt, in T_2 sei T_1 gespiegelt. Prinzipiell wird aber eine Äquivalenz der beiden gefordert. Das könnte zur Annahme verleiten, es werde irgendwie wörtlich vorgegangen, nicht unbedingt Wort für Wort, aber immerhin nach der Bedeutung von Wörtern in der Ausgangssprache. Ein deutsches Wort hat aber keine englische Bedeutung und wenn ein Wort mehrere Bedeutungen hat, dann muss es nicht und kann auch nicht durch ein in gleicher Weise mehrdeutiges Wort übersetzt werden. Echte Wortäquivalenzen zwischen Sprachen gibt es nicht – wenngleich Wörterbücher einen das glauben machen könnten. Die Äquivalenz, von der in mehreren Definitionen die Rede ist, bezieht sich – kurz gesagt – auf den Sinn des Textes. Was in einer Sprache gesagt wird, soll in einer anderen Sprache gesagt oder gefasst werden, eben der Sinn eines Textes.

Der Sinn eines Textes nun ist ein weites Feld:

1. Ein Text wird von verschiedenen Leuten verschieden gedeutet und verstanden. Also wäre vorgängig eine Art Verständigung über den Sinn des Textes nötig. Oder eine Analyse? Tatsächlich sind darum immer auch viele Übersetzungen eines Textes möglich. Und so gibt es das Äquivalent eben nicht.
2. Was zum Sinn gehört, ist durchaus strittig. In literarischen Übersetzungen kennt man die Probleme. Wie könnte man übersetzen:
   – die literarische Form,
   – die Reime,
   – das stilistische Register,
   – die Assoziationen der Wörter.

Übersetzer werden oft gescholten als Verräter:

> Übersetzen dieser Art gleicht dem Wechseln des Geldes: Man tauscht fremde Währung in eigene aus: Der Wert (so meint man) bleibt derselbe. (Wolfgang Schadewald)

Aber sie sind eben auch wichtige Kulturmittler.

> … so ist gerade die Fremdheit des Fremden das kostbarste dem Übersetzer anvertraute Gut. (Wolfgang Schadewald)

Tummelfeld für diese Aufgabe könnte die Übersetzung von Idiomen sein, und zwar eine idiomatische Übersetzung. Da sieht man die Schwierigkeiten. Die Entscheidung ist natürlich immer individuell. Sie hängt ab von der Sprachkompetenz der Personen, die übersetzen, besonders aber davon, ob und wie sie den Sinn erfassen und dann neu fassen.

Weil Idiome idiosynkratisch sind, stehen sie immer vor der Frage:

- Gelingt eine idiomatische Übersetzung?
- Muss ich paraphrasieren?

Gehen wir ein paar Schritte in die Praxis. Im günstigsten Fall gäbe es bedeutungsgleiche Idiome wie wohl *einen Frosch im Hals haben* und *to have a frog in one's throat* oder *eine Kröte schlucken* und *avaler un crapaud*. Aber auch da die Frage: Kommt der Background rüber? Meistens muss man sich – will man idiomatisch

6.3 Was tun wir im Übersetzen?

übersetzen – mit bedeutungsähnlichen oder irgendwie analogen begnügen (Albrecht 2005, 118):

> He had bats in the belfry.
> Er hatte nicht alle Tassen im Schrank.
> Sie hat zwei Fliegen mit einer Klappe geschlagen.
> Ha preso due piccioni con una fave.

Da gehen Assoziationen und der bildliche Hintergrund verloren. Von Fliegen zu reden dürfte ja schon ein paar andere Assoziationen begünstigen als von Tauben. Nun ein paar Beispiele aus dem Übersetzungsalltag.

Auf der Plattform Multilingwis können Sie etwa die Protokolle des EU-Parlaments online durchsuchen.

> Gesamtaußenstände von etwa 3 Milliarden Euro sind wirklich kein Pappenstiel!
> Tener deudas pendientes que ascienden a 3 mil millones de euros no es precisamente poca cosa.

Da gibt mir die automatische Übersetzung zurück:

> Ein Kredit von 3 Milliarden Euro ist sicherlich nicht zu vernachlässigen.

Und das zeigt doch wohl, dass einiges verloren ging. Und die Frage ist immer: Was?

> Ich muss sagen, Kollege Baròn Crespo, ich bin sehr erstaunt darüber, dass Sie jetzt aus dem Stegreif eine Debatte fordern.
> Debo decirle, señor Barón Crespo, que me sorprende mucho que solicite ahora un debate en el último momento.

Das scheint mir auf jeden Fall schief, gar sachlich falsch. Zwar hat der Stegreif hier wohl etwas mit Zeit zu tun. Aber der Point ist ein anderer. Und hier ist der Stegreif einfach weggelassen:

> Je dois dire, Monsieur Barón Crespo, que je suis fort étonné de ce que vous exigiez un débat.

Das Folgende scheint mir noch einigermaßen gelungen.

> … in einer ähnlichen Situation wie Bosnien-Herzegowina, mit anderen Worten, finanziell hängt Albanien am Tropf der Europäischen Union.
> … Albania has to be financially drip-fed by the European Union.

Auf jeden Fall zeigen die Beispiele vielleicht, wie spezifisch und wie kulturgebunden Idiome sind. Und was die Übersetzung betrifft: Was soll man beim Übersetzen tun mit Wortspielen, Anspielungen und windschiefen Verwendungen? Sich mit Kommentaren behelfen? Aber Kommentare gehören nicht zur Übersetzung.

Hätten Sie Ideen, was man mit windschiefen tun könnte?

> Das nehme ich nun wirklich auf mein Kerbholz.
> Lass dir doch von dem keine Laus ins Ohr setzen.
> Da liegt der Hase begraben.
> Das hängt mir nun wirklich zur Nase raus.
> Da reibt er sich die Fäustchen.
> Und meine Freundin machte Augen wie ein Luchs.

Oder mit solchen Beispielen im Fußball:

> Nach der Pause nahm der FC Nürnberg das Spiel in die Hand.

Um analoge Idiome in verschiedenen Sprachen zu finden, skizziere ich hier eine Methode. Wir beginnen mit zwei Idiomwörterbüchern der Sprachen S1 und S2. Wir speichern die Idiome als IDI1 und IDI2, die Bedeutungsangaben der Wörterbücher als LEX1 und LEX2. Wir übersetzen automatisch die Bedeutungsangaben des S1-Wörterbuchs als neues LEX1 formuliert in S2. Nun vergleichen wir automatisch nach identischen Funden in LEX1 und LEX2. Die Funde der Idiome von S1, die Analogien aufweisen zu solchen in S2, speichern wir per item #.

Das Ergebnis eines ersten Versuchs, sehen Sie hier. Für eine valide empirische Untersuchung wären wohl zwei Verbesserungen angezeigt:

1. Die Bedeutungsangaben der Wörterbücher wären zu überarbeiten.
2. Eine Art Standardisierung des Beschreibungsvokabulars wäre nötig.

#	IDI1	LEX1	IDI2	LEX2	found
2	Tenir un peu a la tomba	Gefahr, bedrohlich	an etwas Anstoß nehmen	sich_ärgern, Ärger	
3	Anar de cara al gra	bereit, Projekt,	auf einen Sprung	kurz, Zeit	
4	Tenir pa a l'ull	offensichtlich, nicht_sehen, Durchblick	aus etwas die Konsequenzen ziehen	Folgerung, Zukunft, Handeln	7, 24
5	Tenir els ulls al clatell	offensichtlich, nicht_sehen, Durchblick	bei etwas mit Hand anlegen	helfen, Hilfe	
6	Ballar pel cap	Erinnerung, vage,	bei jemandem Anstoß erregen	Ärger	
7	Estar lligat de mans i peus	reduziert, Fessel, Einschränkung, Handeln	bei jemandem gut/schlecht ankommen	empfangen	
8	Ser un cap de brot	Können, Spezialist, geschickt, intelligent	bei jemandem in Ungnade fallen	Zuneigung, Verlust	

6.3 Was tun wir im Übersetzen?

#	IDI1	LEX1	IDI2	LEX2	found
9	hundir en la miseria	demütigen, Person	eine Mattscheibe haben	dumm, nicht_verstehen	
10	Clavar-li les dents	Zähne, Wut, Empörung, Widerstand	für jemanden die Kastanien aus dem Feuer holen	unangenehm, Aufgabe, erledigen	
11	Anar amb el cap alt	überheblich, Stolz, würdevoll	für jemanden ein Kinderspiel sein	Lösung, Problem	
12	Anar amb peus de plom	Vorsicht, vorgehen, Bedacht, Hindernis	ganz große Klasse sein	sehr, sympathisch, Handeln	7, 24
13	Ensenyar l'orella	zeigen, unwillkürlich, ohne_Absicht	ganz wild auf etwas	unbedingt, wollen	
14	No cabre dins el cap	unverständlich, verstehen, unfassbar	den Kürzeren ziehen	Streit, verlieren	30, 32, 32
15	No tenir pels a la llengua	Zunge, Hemmung, sprechen	erhobenen Hauptes daherkommen	Kopf, hoch, Stolz	6, 11, 22
16	Estar deixat de la ma de Déu	ohne_Sinn, unordentlich, Erfolg	kein Gehör finden	nicht_beachten, missachtet	
17	Tenir ma esquema	diplomatisch, geschickt, Erfolg	keine Anstalten machen	nicht_tun, wollen	
18	Tenir ma de ferro	unflexibel, Verhalten	keine Notiz von etwas nehmen	nicht_beachten	
19	Haver nas d'alguna	Ahnung, vorhersehen	null Bock auf etwas haben	Unlust	
20	Caure de les mans	langweilen, enttäuschen, missfallen	am Rande des Abgrunds stehen	Tod, Gefahr, aufpassen	2
21	Tenir cara i ulls	förmlich, Anstand, Ansehen	mit Bleifuß fahren	Vollgas, fahren	
22	Anar amb el coll dret	hochnäsig, Stolz	jemandem spinnefeind sein	verhasst, Feindschaft	
23	Tenir bon ull	Fähigkeit, verstehen	nicht das Zeug zu etwas haben	unfähig, Fähigkeit	23

#	IDI1	LEX1	IDI2	LEX2	found
24	Anar amb el cor a la ma	loyal, Handeln, aufrichtig	nicht der Weisheit letzter Schluss	nicht_vollkommen, unzufrieden, Ergebnis	
26	Riure per sota el nas	diskret, verdeckt, lachen, nicht_zeigen	nicht von gestern sein	nicht_altmodisch, rückständig	
28	avoir un chat dans la gorge	sprechen, verknotet, heiser	alte Besen kehren gut	alt, Erfahrung, Können	31, 31, 8
29	quebrantar a alguien la	demütigen, Kopf	nur ein Katzensprung	nicht_weit, Entfernung	
30	chercher des poux dans la tête à qn	Streit, unbedeutend, Kleinigkeit	nur einen Steinwurf weit	nicht_weit, Entfernung	
31	dans les vieux pots qu'on fait la meilleure soupe	alt, Erfahrung, besser	nur keine Müdigkeit vorschützen	Ausflüchte	
32	uscire con la testa rotta	verlieren, Streit, Diskussion	den Teufel an die Wand malen	Unheil, sprechen, das_ Schlimmste	15, 28

Eine Art Universalisierung der Methode könnte man im Rahmen einer Semantik erreichen, die auf einer Semanalyse basiert. Die Idee ist, die Bedeutungsangaben zu standardisieren und zu formulieren in einem universalen Sem-Inventar, wobei die Seme eben semantische Einheiten darstellen für die präzise Bedeutungsangabe. Im Ansatz könnte das Ergebnis so aussehen:

#	IDI1	SEM1	IDI2	SEM2	found
2	Tenir un peu a la tomba	SEM9, SEM11	an etwas Anstoß nehmen	SEM33, SEM104	
4	Tenir pa a l'ull	SEM12, SEM_neg, SEM24	aus etwas die Konsequenzen ziehen	SEM31, SEM1	7, 24
6	Ballar pel cap	SEM555, SEM3	bei jemandem Anstoß erregen	SEM13	
7	Estar lligat de mans i peus	SEM555, SEM1	bei jemandem gut/schlecht ankommen	SEM14	

6.3 Was tun wir im Übersetzen?

#	IDI1	SEM1	IDI2	SEM2	found
9	hundir en la miseria	SEM6, SEM413	eine Mattscheibe haben	SEM_neg, SEM35	4, 26
10	Clavar-li les dents	SEM61, SEM414	für jemanden die Kastanien aus dem Feuer holen	SEM77, SEM76	
11	Anar amb el cap alt	SEM621, SEM415	für jemanden ein Kinderspiel sein	SEM88, SEM177	
12	Anar amb peus de plom	SEM261, SEM416	ganz große Klasse sein	SEM341, SEM1	7, 24
14	No cabre dins el cap	SEM214,	den Kürzeren ziehen	SEM5,	30, 32
15	No tenir pels a la llengua	SEM261, SEM416, SEM4	erhobenen Hauptes daherkommen	SEM3, SEM542	6
16	Estar deixat de la ma de	SEM361,	kein Gehör finden	SEM_neg,	4, 26
17	Tenir ma esquema	SEM891, SEM4447	keine Anstalten machen	SEM_neg, SEM875	
18	Tenir ma de ferro	SEM3161, SEM4180	keine Notiz von etwas nehmen	SEM_neg, SEM731	
23	Tenir bon ull	SEM2, SEM4180	nicht das Zeug zu etwas haben	SEM21,	23
24	Anar amb el cor a la ma	SEM1, SEM419	nicht der Weisheit letzter Schluss	SEM_neg, SEM94	4, 26
26	Riure per sota el nas	SEM4180, SEM_neg	nicht von gestern sein	SEM_neg, SEM111	4, 26
28	avoir un chat dans la gorge	SEM4, SEM3180	alte Besen kehren gut	SEM659, SEM665	
29	quebrantar a alguien la cabeza	SEM6, SEM3	nur ein Katzensprung	SEM_neg, SEM312	4, 26
30	chercher des poux dans la tête à qn	SEM5, SEM2310	nur einen Steinwurf weit	SEM_neg, SEM604	4, 26
31	dans les vieux pots qu'on fait la meilleure soupe	SEM224, SEM310	nur keine Müdigkeit vorschützen	SEM602, SEM605	
32	uscire con la testa rotta	SEM5, SEM3100	den Teufel an die Wand malen	SEM822, SEM4, SEM833	15, 28

In diesem Format wären auch kategoriale Seme möglich, mit denen die Idiome kategorisiert werden können (wie mit SEM_neg hier, die eine Negation enthalten).

6.4 Idiome im Fremdsprachunterricht

Wenn Idiome universal in menschlichen Sprachen vorkommen, dann werden Lernende im Zweitsprachlernen mit Idiomen konfrontiert und sie werden auch schon Erfahrung in ihrer Muttersprache damit haben. Sie werden eine gewisse idiomatische Kompetenz mitbringen.

Trotzdem muss man wegen ihrer Idiomatizität davon ausgehen, dass der Erwerb fremdsprachlicher Idiome mit Lernschwierigkeiten verbunden sein kann, wenn das auch nicht für alle gilt.

Eine entscheidende Frage ist, wie weit soll die einschlägige Lehre gehen und auf welcher Stufe soll sie wie vonstatten gehen. Weitgehend wird angenommen, dass eine rudimentäre Verstehenskompetenz schon auf mittleren Lernstufen anzustreben ist. Da aber ginge es, wie gesagt, wesentlich um Rezeption. Weil idiomatisches Reden und Schreiben schon für deutsche Sprecher oft Schwierigkeiten bereitet, bleibt der Aspekt der aktiven Verwendung höheren Erwerbsstufen vorbehalten. Es bleibt riskante Kommunikation.

Kühn (1992) entwarf einen Dreischritt als Lernverfahren:

1. Erkennen, dass ein Idiom vorliegt
2. Erschließen des idiomatischen Sinnes, möglicherweise mit externen Hilfsmitteln
3. Erwerben des Idioms als Ganzheit: Form und Bedeutung

Für die Didaktik stellen sich vorderhand einige Grundfragen:

- Wie nutzt man die Form der Idiome für das Verstehen?
- Welche Rolle spielen wörtliche Bedeutungen?
- Welche Rolle spielt der Kontext?
- Wie beeinflusst die Muttersprache das Verstehen?
- Welchen Einfluss haben muttersprachliche Idiome?

Wie speziell Idiome im Lernen verstanden werden, ist empirisch nicht geklärt. Wir wären auf allgemeines Leseverstehen angewiesen. Aber die Fehler, die Lernende im aktiven Sprachgebrauch machen sind overt. Man könnte sie klassifizieren und danach didaktisch nützlich machen.

Weil Idiome formal verhältnismäßig starr sind, werden formale Fehler häufig sein:

> Sie hat einen Narr an ihm gefressen.
> Das ist doch kalt der Kaffee.
> Nach der Prüfung ist mir ein Stein von Herzen gefallen.
> Pedro hat den Vogel abgeschiessen.

6.4 Idiome im Fremdsprachunterricht

Da gibt es auch Fehler, die die Festigkeit betreffen und vielleicht nicht so lernerspezifisch sind:

> So hat sie endlich Wind von der Sache gehabt.

Spezifisch je nach Muttersprache dürften Interferenzfehler sein. Sie bestehen darin, dass ein Lerner Strukturen aus seiner Muttersprache oder einer anderen, die er beherrscht, überträgt und nachbildet in der Zielsprache:

> Schreibt eine Spanierin *Sie hat ihm öfter Ofen aufgesetzt*, könnte ihr vielleicht *horno* in die Quere gekommen sein. Und bei einem Amerikaner, der schreibt *Sie machte ihn zur Schlange*, da war es vielleicht *snake*, das bei ihm dazwischenfunkte. Was könnte es gewesen sein bei *Hast du den Schaden, dann musst du für den Fleck nicht sorgen* und *Für so etwas hatte Pit nicht den richtigen Glanz*?

Im engeren Sinn könnte man auf falsche Freunde kommen, vordergründige Analogien zwischen den Sprachen.
Mögliche falsche Freunde finden wir hier:

> Sie haben den Hasen im Sack gekauft. (tschechisch statt Katze)
> Sie sind wie Katze und Hund. (permutiert wie tschechisches Pendant)
> come il cane che si morde la coda
> da beißt sich der Hund in den Schwanz

Hier gibt es aber auch gute Freunde:

Vielleicht hat er doch auf das falsche Pferd gesetzt.	And sometimes we bet on the wrong horse.
wie die Fliegen sterben	morire come le mosche
wie ein Schlot rauchen	fumare come una ciminiera

Und nahe dran:

Er war eine Stimme in der Wüste.	John was a voice in the wilderness.
wie Pilze aus dem Boden schießen	crescere come funghi
das Pferd am Schwanz aufzäumen	mettre la charrue devant les boeufs

Ein Curriculum sollte nach verschiedenen Kriterien auswählen:

- Grundlegend ist die Frequenz und darin eine Differenzierung nach Textsorten und Registern.
- Weiter wären zu berücksichtigen Quelle und Bereich. So könnten biblische Idiome und Somatismen ertragreich sein.
- Im Sinne der Landeskunde wären kulturspezifische und kulturträchtige fruchtbar.

Idiome lernen macht auch Spaß. Sie sind motivierend, vor allem in einem spielerischen Unterricht. Letztlich geht es im Fremdsprachunterricht nicht nur darum,

Idiome zu kennen und zu verstehen. Sie zu lernen fördert auch die allgemeine Verstehenskompetenz.

Eine Sammlung von Übungen für diverse Lernziele und in diversen didaktischen Formaten haben Hessky/Ettinger 1997 entwickelt. Ich bilde einige Übungstypen nach. Ein im Sprachunterricht gewöhnliches Format sind natürlich – sozusagen Graubrot – Einsetzübungen, mal die Verben einsetzen, mal die Ankerwörter, mal Sätze ergänzen usw. Etwas spezifischer:

Unterstreichen Sie, was zum Idiom gehört.
Ich meine, dass Sie um den heißen Brei herum reden.
Mit dieser Forderung beißt du bei mir auf Granit.
In den Schoß hat sie die Hände selten gelegt.

Was passt zusammen?
Ich meine, dass Sie um den heißen Brei herum reden.
Mit dieser Forderung beißt du bei mir auf Granit.
Du weißt doch, der spuckt immer große Töne.
- prahlt gern
- damit kommt man nicht durch
- über Unangenehmes nicht reden

Unter welcher Rubrik würden Sie diese Idiome einordnen?
- sich aufblasen wie ein Frosch
- einen aufs Glatteis führen
- ihm einen Korb geben
- sich dickmachen
- ihm etwas pusten
- jemandem etwas weismachen

1. Ablehnung – 2. Angeberei – 3. Täuschung

Was könnten Sie tun mit folgenden Sätzen:
- Lass bitte die Finger davon!
- Das können Sie sich an den Hut stecken.
- Damit hat meine Freundin es nun auf den Punkt gebracht.
- Mach's gut. Halt die Ohren steif!
- Pass auf. Das dicke Ende kommt vielleicht noch.
- Deine Performance war nicht von Pappe.

1. ablehnen – 2. zustimmen – 3. aufmuntern – 4. warnen – 5. loben

Idiome als Lerngegenstand sind prädestiniert für interkulturelles Lernen. Sie sind irgendwie typisch für eine Sprache und vielleicht die Denke dahinter. Sie können kulturgeschichtlich aufgeladen sein und kontrastiv einiges über Kulturen zeigen wie die verschiedenen Konzeptualisierungen von Körperteilen oder Eigenschaften, die Tieren zugeschrieben werden. Selbst Farbwörter sind in verschiedenen Kulturen unterschiedlich besetzt. All dies im Unterricht herauszuholen, bleibt außerdem interessant und motivierend.

6.5 Fazit

Idiome erscheinen als sprachliche Universalie:

- es gibt verwandte in verschiedenen Sprachen,
- es gibt gemeinsame Quellen und Importe,
- es gibt bestimmte Felder für Idiome wie Somatismen,
- es gibt Idiome, die auf gemeinsamen menschlichen Erfahrungen basieren.

Und dennoch Idiome:

- enthalten Kulturspezifisches und zeigen viel von einer Kultur,
- sind darum schwer übersetzbar.

Und trotzdem müssen wir sie übersetzen und verstehen. Und vor allem lernen.

6.6 Lektüre und Aufgaben

Weiterführende Lektüre
Albrecht 2005, Kap. 5.4 befasst sich mit Übersetzung und Übersetzbarkeit von Idiomen. Koller 1977, 200–220 zeigt sprachvergleichend eine Reihe von Übersetzungen aus Grass „Blechtrommel". Außereuropäische Sprachen: Piirainen/Filatkina/Stumpf/Pfeiffer 2020.
Zu Idiomen im Fremdsprachunterricht Deutsch Hallsteinsdóttir 2001 und Mollica/Wilke 2019 kontrastiv Deutsch: Italienisch. Ebenfalls für DaF: Erhardt 2014. Ránics 2020 bietet eine empirische Untersuchung zur idiomatischen Kompetenz von DaF-Lernern und Präsenz von Idiomen in den Lehrplänen.
Hier können Sie verlässlich nachschlagen nach italienischen Idiomen: https://gephri.phil.hhu.de/
Für DaF-Lerner mit Android-Handy meine App: „Locker vom Hocker". Download hier: https://www.heringer.net/mat/hocker.apk
Und ein Büchlein für Lerner können Sie auch downloaden: https://www.heringer.net/Redensarten.pdf

Aufgaben
Aufgabe 1:

> Ex ungue leonem; auch sonsten davon in die Welt geschrieben, was ihm eben in den Kopf gekommen ...
> Wie man nun nach dem Sprichwort ex ungue Leonem, oder einen Löwen aus den Klauen erkennet; also lässet sich auch ohnschwer abnehmen, wie gewogen die Teutschen denen Studiis sind, wenn man erwäget die ansehnliche Zahl ihrer Universitaeten ...

Dies sind zwei Belege aus dem frühen 18. Jahrhundert.
Recherchieren Sie, woher das Idiom kommt. Wie würden Sie die Bedeutung angeben?

Aufgabe 2: Checken Sie die folgenden Bibelstellen:
1. Mose 19,26; 1. Mose 3,2–3; 1. Samuel 1,15; 5. Mose 28,29; Apostelgeschichte 4,32; Lukas 10,18; Lukas 10,7; Lukas 19,12–27; Lukas 23,7–11; Matthäus 26,41; Matthäus 7,6; Psalm 37,12; Psalm 7,16; Psalm 91,11–12; Sirach 3,27; Sirach 4,31; Sprüche 16,18; Sprüche 24,29
Von welchen leiten sich echte Idiome ab? Welche wären eher Sentenzen?

Aufgabe 3: Informieren Sie sich in einem etymologischen Wörterbuch über die Etymologie von *bankrott*.

Aufgabe 4: In der Aufgabe 4 im ersten Kapitel gab es Ausschnitte aus einem Breugel-Gemälde. Sie können es vollständig sehen als The_Dutch_Proverbs bei: https://commons.wikimedia.org.

Es ging um Holländisches. Welche deutschen Idiome finden Sie noch?

Aufgabe 5: Suchen Sie für zwei der arabischen Idiome deutsche Äquivalente mit *Zunge*.
Gibt es unter den arabischen Idiomen welche zu finden, die im Deutschen auch idiomatische Pendants haben, in denen aber andere Körperteile eine Rolle spielen?

Aufgabe 6: Es gibt auch gender-Modelle in Idiomen.
Setzen Sie ein *sie* oder *er*, *ihr* oder *ihm*.

_____ hatte Wangen wie Milch und Blut.
_____ war echt ein Kleiderschrank.
_____ sieht aus wie ein Affenarsch.
_____ war so groß wie ein Baum.
_____ macht _____ den Hof.
_____ ist ein wahrer Hausdrachen.
_____ ist ein wahrer Adonis.
_____ ist bestimmt meine bessere Hälfte.
Ich liebe _____ Schmollmund.

6.6 Lektüre und Aufgaben

Aufgabe 7: Übersetzen Sie zu jeder Farbe ein Beispiel. Wählen Sie eine Sprache, die Sie gut können.

Wenn's heute spät wird, mach ich morgen blau.
Ich lass mir von dir keinen blauen Dunst vormachen.
Er hat Frauen das Blaue vom Himmel herunter versprochen.
Sie weiß nicht, um was es geht, redet einfach ins Blaue hinein.
Sie merkte bald, dass der Job nicht das Gelbe vom Ei war.
United war jahrelang die graue Maus im schottischen Fußball.
Ihm hat man als Abiturienten auf dem Bau nicht grün.
Der gute Papi schlug seinen Sohn grün und blau.
Den roten Faden in seinem neuen Buch sucht man vergeblich.
Im Wörterbuch kannst du es schwarz auf weiß nachlesen!
Man sieht unsere Zukunft in den schwärzesten Farben.
Auf sein Geld kann er warten, bis er schwarz wird.
Grüne standen auf der schwarzen Liste der Machthaber.
Einer schiebt dem anderen den Schwarzen Peter zu.
Mit dem Verdacht hat sie auf Anhieb ins Schwarze getroffen.
Sein Traum war die Erkundung der letzten weißen Flecken auf der Landkarte Zentralasiens.
Selbstverständlich versuchte die Partei, sich weiß zu waschen.

Aufgabe 8: Für welches Niveau nach dem Europäischen Referenzrahmen könnten diese Multiple Choices eingesetzt werden?

Alles kann man auch anders formulieren. Manchmal sogar ähnlich kräftig.
Was ginge hierfür noch?
Da haben sie ihr schon einen Floh ins Ohr gesetzt.
    ☐ Begeisterten sie für etwas Unrealisierbares.
    ☐ Machten mit ihr, was sie wollten.
    ☐ Haben jeden Mist gemacht.

Lateinisch ausgeliehen, so eine Wendung?
Was bedeutet sie? In welches Feld gehört sie?
Mein Gott, der hatte was intus!
    ☐ wieder die Sauferei
    ☐ wieder Misslingen
    ☐ wieder die Sauerei

Idiome im Wandel

7

Einem Lexikologen sind die „differenzierten fließenden Übergänge ... nicht ganz geheuer."
Kurt Baldinger

Inhaltsverzeichnis

7.1	Quellen und Wandel	144
7.2	Tot oder lebendig?	145
7.3	Belege und Varianten	147
7.4	Textsorten und Handlungen	151
7.5	Verwendung und Bedeutung	153
7.6	Wege des Wandels	156
7.7	Fazit	158
7.8	Lektüre und Aufgaben	158

In diesem Kapitel tun wir einen ersten Schritt in die Sprachgeschichte. Nach einem Überblick über die historischen Quellen von Idiomen behandeln wir am Beispiel des Idioms „Perlen vor die Säue werfen":

- Wie weit ist ein Idiom noch gebräuchlich?
- Wie gehen wir um mit Belegen und Varianten eines Idioms?
- In welchen Textsorten lebt das Idiom und welche Funktion hat es da?

Und am Schluss wird es dann gehen um gängige Wege der Idiomentwicklung.

7.1 Quellen und Wandel

In ihrer Rätselhaftigkeit rufen Idiome nach Erklärung, auch nach historischer Erklärung. Doch Sprachhistoriker sind Pfadfinder. Sie suchen nach Wegen im Urwald. Sie sähen sich eigentlich einer immensen Datenmenge kommunikativer Handlungen gegenüber. Das Allermeiste war – gottseidank – ephemer.

Und so bekommen sie – in einem anderen Bild zu sprechen – nur die Fitzelchen zu Gesicht, die oben auf dem Ozean schwimmen.

In historischer Forschung bewegen wir uns in Hjelmslevs texte infini. Die exakte Quelle eines Idioms wird man prinzipiell nicht ausmachen können. Selbst wenn man, wie im Fall von Luther und Goethe, einen bestimmten Text ausfindig machen kann, so wird man doch nie wissen, ob sie wirklich die Schöpfer waren.

Wahre Urschöpfung gelingt in der Sprache wohl kaum und sie zu ermitteln so gut wie nie. In anderen Fällen begnügen wir uns mit dem Bereich, aus dem das Idiom stammt, zumindest erschließen wir den Bereich gemäß unserer Deutung. Hier ein erster Blick in die Quellenlage für einige Idiome.

Luther
jedes Wort auf die Goldwaage legen
das Recht verdrehen

Bibel
Direkt: ein Buch mit sieben Siegeln
Mit Bezug auf: die Leviten lesen

Handwerk
ein Eisen im Feuer
alles über einen Leisten schlagen

Rotwelsch
Kohldampf schieben
Schmiere stehen

Entlehnung
war ein Fiasko
den Hof machen

Goethe
mit Hangen und Bangen
englisch reden

Jägersprache
auf den Busch klopfen
in die Binsen gehen

Rechtssprache
Daumenschrauben anlegen
in Bausch und Bogen

Jiddisch
keinen Bock haben
zieht wie Hechtsuppe

Rittertum
etwas im Schilde führen
das Heft in der Hand halten

Bei der Verfolgung von Idiomen im Verlauf der Sprachgeschichte stellen sich erst einmal generelle Fragen:

- Zur Quellenlage: Wie viel Verwendungen oder Belege finden wir? Und wie viele bräuchten wir?
- Wie fix ist die Form? Können wir aus den Belegen eine Schablone erzeugen?
- Was ist die Bedeutung? Wie gewinnen wir sie aus den Belegen?
- Und die Grundfrage: Ist es ein Idiom?

Dies sind Fragen, mit denen jede sprachhistorische Untersuchung sich auseinandersetzen muss. Und so auch wir, selbst in der Wiedergabe.

7.2 Tot oder lebendig?

Die Problematik können Sie sich in einem methodischen Experiment vor Augen führen mit Belegen zu einem heute nicht mehr gebräuchlichen Idiom. Sie kennen es hoffentlich nicht. Bitte gehen Sie langsam und schrittweise vor, bilden Sie zu jedem Beleg eine These zur Form und zur Bedeutung. Am Schluss vielleicht noch mal mit neuem Blick von vorne.

> Darum verlier nicht Zeit zu fragen, was nun frommt
> Zu lernen, sondern lern, was in den Wurf dir kommt.

> Darauf kehrte Walt in sein Kämmergen zurück, fand aber […] so wenig Plaz darin, daß er mit einiger Kühnheit […] in Neupeters Park hinabspazierte, wo er Floren, mit Früchten wie eine Pomona beschwert, in den Wurf kam und die Hand gab.

> Also gieng mein Weg […] nach Amsterdam, wo ich andre sechs Matrosen und einen Jungen, wie sie mir zuerst in den Wurf kamen, heuerte …

> Grüß mir die Bekannten und Freunde, die Dir in den Wurf kommen.
> Er ist mir zwar noch nie in den Wurf gekommen, und ich bin auch eben nicht neugierig, ihn zu sehen.

> Mein guter lieber Costard! vortreflich, daß du mir hier in den Wurf kommst.
> Er ging vor den Hof, und rief den ersten besten, der ihm in den Wurf kam, an, was er hier zu suchen habe.

> Drauf griff ich einen Schönfärber an, der mir eben in den Wurf kam.

> Sie vermeiden sorgfältig, daß sie einander nicht in den Wurf kommen.

> Wüthend und mit funkelnden Augen drang Hektor mit den Ersten voran, und verfolgte die Griechen, wie ein Hund den gehetzten Eber im Bergwalde verfolgt, indem er immer jeden Aeußersten, der ihm in den Wurf kam, niederstreckte.

Sicherlich haben Sie eine These über die Form und über die Bedeutung. Vielleicht könnte man in normaler Wörterbuchmanier sagen „jemand kommt jemandem in den Wurf". In der Nennform ginge das erste „jemand" schon verloren.
    Aber nach dem ersten Fund wäre das vielleicht zu scharf. Oder ist diese Verwendung schon abgeleitet? Und die Bedeutung sei: „in die Quere kommen"? Das wäre wohl für den ersten Fund auch zu scharf und zu negativ für den zweiten. Insgesamt scheint bei einer solchen Bedeutungsangabe der kriegerische Anklang einiger der Beispiele verloren. Eine formale Schablone trauen wir uns aber schon zu:

VP[NP_nom NP_dat_pers PP_dir **in den Wurf** V_nom_präp **kommen**]

Die NP_dat_pers kommt als Valenzerhöhung ins Spiel.

Sprachhistorisch könnten wir unterscheiden:

- Idiome, die sozusagen ausgestorben sind,
- Idiome, die in der Form unverändert geblieben sind oder nicht,
- Idiome, die ihre Bedeutung verändert haben oder nicht.

Wir werfen einen Blick in Adelungs Wörterbuch von 1793 zum Lemma **Hals** und Idiomen, die dazu ausgeführt sind.

> *Die Speise will mir nicht zu Halse*, will nicht schmecken; ein niedriger Ausdruck, den doch Opitz in einem sehr ernsthaften Zusammenhange gebraucht:
>   Das Essen will nicht gehen
>   Zu Halse wie zuvor.
> Daher die figürlichen, aber nur im gemeinen Leben, höchstens nur in der vertraulichen Sprechart üblichen Redensarten.
>   1) *Jemanden um den Hals fallen*, ihn plötzlich umarmen.
>   2) *Etwas am Halse haben*, mit einer unangenehmen, beschwerlichen Sache beladen seyn.
>   3) *Viele Verrichtungen über dem Halse haben*, viele beschwerliche Dinge zu verrichten haben.
>   4) *Sich etwas vom Halse schaffen*, sich von einer beschwerlichen Sache los machen.
>   5) *Sich jemandes Zorn über den Hals ziehen*.
>   6) *Jemanden etwas an den Hals schwatzen*, ihn zur Annehmung einer beschwerlichen Sache bereden.

Adelung kann sich des stilkritischen Kommentars nicht enthalten.

(1), (2) und (4) könnten wir heutzutage in gleicher Form in Idiomwörterbüchern finden. Eher zu den ausgestorbenen zählen wohl (5) und (6). Bei (3) könnten wir annehmen, es sei eine Variante von (2), die dann aber heute nicht mehr üblich ist.

Eine andere Frage sind die Bedeutungsangaben. Dazu haben wir nur die Formulierungen. Wie weit sie die Bedeutung erfassen, bleibt die Frage, auch wie der Lexikograph drauf kommt.

Bei (1) stört das *plötzlich* etwas für den jetzigen Gebrauch, wo wir eher so was finden wie *herzlich* oder *freudvoll*.

(2) wäre jetzt im Wörterbuch „mit etwas belastet sein" und das würde gut passen. Da gibt es aber Interessantes mit der Variante *auf dem Hals haben*. Sie soll das Gleiche bedeuten, ist aber seltener und geschönt. Denn eigentlich heißt es *aufm Hals haben*. Und möglich ist da dann auch *auf dem Hals liegen*. Wohl aber seltener.

Für (4) finden wir heutzutage so etwas wie „sich einer Sache entledigen", was gewiss eine Entsprechung wäre.

7.3 Belege und Varianten

Die formale Geschichte eines Idioms, weniger die semantische, können wir exemplarisch verfolgen an *Perlen vor die Säue werfen*. So könnten wir auch sehen: Worin besteht seine Identität?

Wir folgen jener Eigenheit der Sprachgeschichtsschreibung: Man geht zurück und stellt nach vorne dar. Das heißt, man tut in der Darstellung so, als gehe es in die Zukunft, es gehe um die Entwicklung.

Wir gehen nun korpusgestützt vor, legen exemplarisch ein Set von Fundstellen zugrunde. Wie groß sollte dieses Set sein? Eigentlich so groß wie möglich oder so groß, wie es tatsächlich wäre. Der Übersichtlichkeit halber sollten wir für die Darstellung das Set reduzieren. Das ist für die Anfangszeit eigentlich nicht nötig, weil die Beleglage recht dünn ist. Ganz anders für das 20. Jahrhundert, wo extrem zu reduzieren sein wird. Für die Selektion werden wir zum Beispiel analoge Idiome aussortieren – und damit schon eine Hypothese über Form und Sinn des Idioms voraussetzen.

Wenn wir nun erst nach hinten schauen, den Weg zurückverfolgen, kommen wir zu unserem frühesten Fund. Die Spur wird uns gelegt durch einen historischen Zufall: Wir kennen die Quelle. So gehen wir aus von:

> (0) Nicuret heilagaz geban hunton / noh nisentet íuuara merigrozza / furi suín. min odouuan furtreten sie / mit iro fuozun Intigiuuentite / zibrehhent Iuuih.

Der Beleg stammt vom Jahr 830 aus dem Tatian, der frühen althochdeutschen Übersetzung der Vulgata, einer lateinischen Bibelkompilation. Er sieht natürlich ganz anders aus als unsere Ausgangsidee. Die lateinische Quelle lautet (Kürzel habe ich aufgelöst in der Transkription):

> Nolite dare sanctum canibus. / neque mittatis margaritas vestras / ante porcos. ne forte conculcent eas / pedibus suis. et conversi / disrumpant vos

Kurz darauf entstand – an gleicher Stelle wohl (Kloster Fulda) – der altsächsische Heliand, eine dichterische Adaptation in Stabreimen:

> Ne sculun gi suinum teforan iuuua meregriton macon ° ettho meðmo gestriuni ° helag halsmeni huuand siu it an horu spurnat suliad an sande

Beide Übersetzungen geben die gleiche Struktur wieder. Beide Belege haben die Vulgata als Quelle, der Heliand wohl zusätzlich den Tatian. Die Stelle steht in der sog. Bergpredigt und da im gewissen Sinn eher zusammenhanglos oder isoliert. Sie sollte darum für sich selbst sprechen.

Tut es aber eher nicht. Sie bleibt enigmatisch. Das hat zu erstaunlichen theologischen Deutungen geführt oder wurde zu solchen benutzt.

Die Füllungen der drei zentralen Slots sind gewiss metaphorisch zu verstehen:

margaritas können wir nach dem Vortext verstehen als sanctum, das Heilige.
Mit *porcos* dürften Menschen ungeklärter, jedenfalls irgendwie unreiner Art gemeint sein.
mittere können wir in diesem Zusammenhang als vermitteln verstehen.

Die weite Verbreitung der Quelle ist auch verantwortlich dafür, dass entsprechende Idiome – oder dürfen wir sagen das Idiom? – in diversen Sprachen auftreten.

Unser Nullbeispiel zeigt eine Besonderheit: Es ist eine Übersetzung und das Idiom also ein ▶ calque, der die Form des Originals nachbildet. Es stellen sich nun aber einige Fragen:

- Ist die Passage in der Quelle idiomatisch?
- War sie da schon ein geläufiges Idiom (oder ist es eine kühne Metapher)?
- Ist die lateinische Version selbst schon ein calque?

Die Vulgata ist ja selbst eine Übersetzung aus dem Hebräischen und Griechischen, bei dieser Stelle Matthäus 7,6 wohl aus dem Griechischen. Wir kommen immer weiter vom texte infini in den texte infinissime?
Wir halten mal als Schablone fest:

([ART_poss]) **Perlen vor die Säue [V_werfen]**

Es bleibt die Frage, ob und wie man einen Kern dieser Art herausschälen könnte. Hier unser Set ausgewählter Vorkommen durch die Zeit hindurch.

(0) **1204 Wirnt von Grafenberg**: Si wellent daz daz iht witze sîn, / swer rôtez golt under diu swîn / werfe und edel gesteine: / des vreuwent si sich doch kleine …
(1) **1350 Konrad von Megenburg, Buch der Natur**: iedoch schol man / in diu kniel decken in disem strâzenlaufær, wan ez wær / niht tugentleich getân, der die hailichait für die hunt / würfe und der daz edel gestain under der swein füez / würfe …
(2) **1400 mhd. Bibelübersetzung codex Teplensis**: legen eur mergressel fur di swein (DWB s. v. Perle)
(3) **1474 Michel Beheim**: Wer würffet für die swein / muschgot vund negelein / den gleich ich einem toren. / für war es ist verloren …
(4) **1545 Luther**: IR solt das Heiligthum nicht den Hunden geben vnd ewre Perlen solt jr nicht fur die Sew werffen.
(5) **1658 Johann Glauber**: Daß ihm aber mancher einbilden wollte / er würde die Praeparation meines Salis Mirabilis stracks von mir außfischen / das ist gefeh-

7.3 Belege und Varianten

let / dann ich nicht gesinnet / die edle Perlen vor die vndanckbahre Schweine zu werffen / sondern solche für die Freunde zu behalten.

(6) **1667 Grimmelshausen**: Ja man solte solchen Verräthern das was der Himmel beschlossen / offenbaren / und so edle Perlen vor die Säu werffen / ja freylich / auff den Buckel geschissen vor ein Brusttuch!

(7) **1669 Grimmelshausen**: Derselbe hatte seiner Gemahlin die Warheit von dem einigen ewigen GOtt offenbahrt / welche ihr Vatter der Obriste Priester Potiphar vor männlich als eine hohe Geheimniß verborgen hielte / damit solche heilige Wissenschafft nicht unter das gemeine Volck käme / und also die Perlen vor die Säu geworffen würden

(8) **1672 Scriver Das Verlohrne und wiedergefundene Schäfflein**: … Heilige Sacrament des Heiligen Leibes und Blutes JEsu Christi nehmen können / welche Perle vor diese Sau und welches Heiligthum für diesen Hund nicht gehöret

(9) **1676**: wann ohne das die Leute vor andern hart und halßstarrig lebenslang gewesen sind / sich deren zu entschlagen / und anderer verantwortung zu überlassen / die Perlen vor die Schwein zu werffen.

(10) **1679**: Ach! wie oft hab ich gedacht / soll die Perle vor ein Schwein?

(11) **1683**: Wann ich Perlen vor die Schwein werffen wollte / so könte ich hier von Quecksilber und antimonio, in ihrer rohen Gestalt / solche wunderliche operationes erzehlen

(12) **1700**: was ich euch also sage / das sage ich allen / und wacht alle stunden; Lutherus saget: viel bedecken ihre sünden / schande und laster mit empfahung des Sacraments / aber das ist wider CHristum Matth. VII Jhr solt das heiligthum nicht den hunden geben / noch die Perlen vor die säue werffen.

(13) **1767**: ich will meine perlen nicht vor die säue werfen.

(14) **1770**: ihre perlen (oder ihre inwendige kräffte / und tugenden) zu bewahren und nicht den säuen vorzuwerffen

(15) **1784 Julius Knüppeln**: was kann die Natur dafür, wenn ihr ihren weisen Planen entgegen arbeitet? wenn ihr ihre Gaben gering schäzzet, und die Perlen vor die Säue werft.

(16) **1843 v. Platen**: Doch nimmer laß sie sich am Heilgenscheine / Des fremden Meisters freventlich vergreifen / Und wirf nicht länger Perlen vor die Schweine!

(17) **1854 Gottfried Keller**: aber alle Lehrer, welche in den geheiligten Mauern nicht unterkommen können, betrachten sich auf den Profanschulen als unglückliche Verbannte, welche Perlen vor die Säue zu werfen haben.

(18) **1855 v. Scheffel**: Des Herzens heiligst Geheimniß von frecher Rohheit entweiht, eine Perle vor die Schweine geworfen.

(19) **1855 Hermann Kurz**: Er Flegel, der Er ist! schrie sie, meint Er denn, ich werde meine Perlen vor solche Schweine werfen!

(20) **1898 Carl Munzinger**: dem Missionar … wie dem Säemann, dem ja auch manches Saatkorn auf harten, untiefen und unkrautigen Boden fiel – vorwerfen könnte, daß er die Perle vor die Säue werfe

(21) **1997 Tagesspiegel**: Zu wünschen ist, daß er seine Perlen vor eine Leserschaft wirft, die solche Pretiosen zu schätzen weiß.

Mit dem Set unserer Fundstellen gehen wir so vor, als seien sie repräsentativ. Wir nehmen sie, als stünden sie für den Usus, aber nicht ganz blind. Wo es geht und nötig scheint, suchen wir weiter. Und wir haben auch Reserven: War ein Fund usuell oder okkasionell? *seine Perlen* kommt später ab Luther vor, aber wäre es schon vorher möglich gewesen?

Methodisch wird schnell klar werden, dass die Fundstellen oft zu kurz sind. Um den Sinn einer Verwendung zu erfassen, muss man weiter schauen. Exemplarisch etwa (14), wofür stehen die Perlen hier?

Unser Kandidat kommt im Set in unterschiedlichen syntaktischen Strukturen vor. In Satzform in (0) und den meisten anderen. Öfter wird die ganze Fügung mit der Kopula eingeführt: *Das ist ja .../Dann sind es ...* Im Vordergrund steht meist eine modale Komponente: *sollen* in (0), (11), (13), *wollen* in (12), (14), Konjunktiv in (1), (2), (4), (7), (12), (21), Imperativ in (17) etwa und zu-Infinitiv in (18). Modales vielleicht auch in der Negation: *nicht/keine Perlen vor die ...*

Für die Strukturierung der weiteren Überlegungen setze ich nun eine Art Schablone als Kernstruktur mit drei Slots:

[ART_poss N_akk_**Perlen**]$_1$ [PP_**vor** ART_def N_**Schweine**]$_2$ [VP_**werfen**]$_3$

Die Füllungen sind variabel.

Wir erkennen diverse Arten von Varianten. Rein lautliche unterliegen vielleicht dem allgemeinen Lautwandel. Im Ausgangsbeleg gilt das für *furi*. Ich notiere das aber nicht in der üblichen Form, etwa *furi > vor*, weil eine so klare Abfolge den Wandel verzerren könnte. Die Unterscheidung in synchrone und diachrone Variation taugt nicht so viel, weil Synchronität ein fallibles Konstrukt ist. Aber wenn sich über längere Zeit signifikante Frequenzunterschiede der Okkurrenzen zeigen, hätten wir doch ein Kriterium für den Wandel.

Schreibvarianten sind: *auff, erzehlen, freylich, geworffen, Heiligthum, kräffte, rôtez, schäzzet, swein, vndanckbahre, wellent, werffen*. Vielleicht schon etwas mehr: *vor/für, Sew/Säue*. Die Komponenten des Idioms haben Teil am allgemeinen Lautwandel: *swîn/swein*. All dies bliebe dem Idiomkern wohl eher äußerlich. Morphologisch variiert das Verb in allen möglichen Formen: *werfen/wirf/wirft/geworfen/ zu werfen/geworfen werden/werfe*.

Signifikanter können Erweiterungen in den Slots sein: *ein paar Perlen/ihre Perlen/keine Perlen/seine Perlen; echte Säue, vndanckbahre Schweine*.

Lexikalische Variation in den einzelnen Slots ist natürlich bedeutungsvoll. Variation im 3er-Slot findet sich diachronisch im Set eher wenig: *werfen* scheint erst einmal einen stabilen Kern zu bilden. In (15) wird die Präposition als (wohl trennbares) Halbpräfix zum Verb gezogen. Synchron und eher okkasionell scheint *legen* in (3). Außerhalb unseres Sets *schütten* und auch schon mal deftiges *schmeißen*.

Lexikalische Varianten und okkasionelle Modifikationen im 2er-Slot: *vor die Schwein/vor die Schweine/vor solche Schweine/vor ein Schwein/vor die Zuschauer/ vor eine Leserschaft*. Da wechselt auch schon mal die Präposition von *vor* zu *under* in (1) etwa, auch Erweiterungen können wir finden: *under der swein füez* in (2).

Diachronisch signifikant scheint Luthers Neuerung im Ersetzen von *Schweine* durch das deftigere *Säue*. Ob es für Luther deftiger war, ist so klar nicht. Im historischen Verlauf setzt sich diese Version offenkundig langsam durch und dürfte jetzt die Hauptvariante sein.

Im Perlen-Slot ist historisch viel passiert. Das bunte Spektrum der Varianten geht von *merigrossa* zu *Perle*, das ab Luther eher fest wird. Die Gründe für die jeweilige Füllung dürften ebenso variieren. Eine anfängliche Offenheit sehen wir in *rôtez golt, edel gesteine, edel gestain* und *muschgot, negelein*.

In (1) dürfte der Reim die Wahl bestimmt haben, in (4) scheint vielleicht im Zusammenhang mit Schweinen passender etwas Essbares, vor allem was in Muskat und Nelken als Kostbares hier eine Rolle spielen könnte. Bei *Leserschaft* in (22) und *Zuhörer* in weiteren Funden geht es gewiss um eine okkasionelle Spezifizierung, die im Ganzen auf dem Hintergrund der üblichen Idiombedeutung zu verstehen ist.

Wenn wir dem Anfang nachgehen, stoßen wir verwundert hierauf: Das Wort *perala/perula* gab es schon im Althochdeutschen. Es war wohl aus dem Vulgärlatein übernommen. Aber wieso ist im Tatian von *merigrossa* die Rede und im Heliand analog? Wäre nicht *perala* da die adäquate Übersetzung gewesen? In unseren Fundstellen kommt das erst in (5) mit Luther so recht ins Spiel.

Mir scheint, es handelt sich bei *merigrossa* um eine Art Volksetymologie oder bewusste Spielerei, die ausgeht von Fehlsegmentierung: In *margarita* wurde vordergründig lat. *mar* gesehen und danach *Meergrieß* = Meersand gemacht. Das Wort zieht sich in Varianten quasi zitativ im Mittelhochdeutschen fort. Offenbar war es auch willkommenes Reimwort. Es ist uns eher bildlich schon in Kapitel 1 begegnet.

Übrigens habe ich den Eindruck, dass aufgrund unserer Stelle die Bedeutung „Perle" im Wörterbuch kreiert wurde.

Insgesamt werden Sprachhistoriker nicht überrascht sein, dass es innerhalb der Schablone eben doch viel Variation gibt: synchronisch wie diachronisch.

7.4 Textsorten und Handlungen

Im weiteren Zusammenhang geht es um die Textsorte und Handlungen. Unser Nullpunkt ist eine Passage aus der Bergpredigt. Es geht wesentlich um religiöses (moralisches) Verhalten. Unser Vers hat da erheblichen Deutungsbedarf. Einmal gilt es zu mildern, dass man Menschen als Schweine bezeichnet. Zum andern könnte man sich fragen, was für welche das sind. Könnte man daraus nicht ein Anti-Missionsgebot ableiten?

Das Vorkommen in religiösen Texten zieht sich durch unseren Set und bleibt allgemein präsent mit der Bibel im Hintergrund. Frühe Übernahmen in lehrhafte Texte sehen wir in (1), (2) und (4). Beheim übt Zeitkritik und fragt, was seine Dichtung da soll. Bei Scriver in (9) finden wir die Fügung auch in der Erbauungsliteratur und kirchenkritisch. Insgesamt könnte man wohl sagen, dass die Verwendung ab dem 17. Jahrhundert eher textsortenunspezifisch wird. Frequenziell gibt unser Set dafür nichts Weiteres her.

Als einen Aspekt der Textsortenspezifik könnten wir die kontextuelle Einbettung betrachten. Hier ist die Variation besonders deutlich, wenn auch innerhalb des Sets schwer zu erkennen. Die Frage bleibt: Ist unser String jeweils eine freie Variante oder wirkt die Variation sich aus auf die Bedeutung?

Im Zusammenhang der Textsorte könnten wir auch das jeweilige Topik sehen. Am Anfang formulierte das Idiom religiöse Lehre und wurde alsbald ausgedehnt auf Lehre allgemein, so schon in (1) und (2). Diese Dehnung setzte sich fort. Es geht dann um Wissenschaft, um Psychosophie, in (16) um die Schönheiten der Natur, in (18) eher um Schönheit allgemein. Eine bemerkenswerte Öffnung sehen wir in der Erweiterung auf Liebesdinge in (20) – um welche es genau geht, bleibt eher diffus, aber von Sex ist durchaus die Rede – und in (21) eher missionarische Lehre karikierend.

Mit dem Idiom sind wir bei Handlungen, überwiegend sprachlichen Handlungen, Sprechakte also und davon Abgeleitetes. In (12) steht auch explizit *erzählen*. In der Bibelstelle wird wohl eine Art Warnung ausgesprochen oder eine Empfehlung, ein Gebot gar in allen religiösen Texten (0), (3), (5), (13) und fürder. Die pragmatische Einbettung in Verhaltensregeln zieht sich durch unseren Set. Der Regelanspruch wird deutlich in der verbreiteten Verwendung mit dem Modalverb *sollen*. Wir finden aber auch eine Art Personalisierung, einen ich-Bezug wie in (11), (14), (20). Da wird eigenes Handeln eher gerechtfertigt mit Bezug auf die Regel. Und in (10) im Sinne des ganzen Abschnitts sei es jedem einzelnen überlassen, sich zu verantworten.

In (22) liegt eine andere Nutzanwendung vor. Aus der Verbotsregel wird positiv gefolgert, was jemand tun soll. Von Grimmelshausen in (7) wird das Ganze okkasionell auf den Kopf gestellt und satirisch verjuxt. Eine andere Form der Personalisierung liegt in (9) vor, da wohl das Idiom angewendet wird auf einen bestimmten Menschen. Insgesamt überwiegen Sprechakte aus dem Bereich des Belehrens, Empfehlens und Gebietens, Erklärens und Begründens.

Der Bereich sprachlicher Handlungen ist verlassen in (15) und wohl erst recht in (20). Da würde sich lohnen, ins weitere Umfeld zu schauen. Wir wären mit (20) in dem Romänchen von Hermann Kurz in einem anzüglichen bis pornographischen Gespräch, in dem der junge Mann betont, er schaue bei einem Mädle aufs Herz und nicht auf die Batzen. Und das quasi in einem Antrag an die Frau Amtsmännin, die entsprechend reagiert.

Eine kleine Zusammenstellung für Handlungen, mit denen man Perlen vor die Säue werfen kann? Einigermaßen Präzision fällt da schwer. Man tut es,

- indem man göttliche Wahrheiten (ungläubigen?) (bösen?) (unreinen?) Menschen gegenüber ausspricht,
- indem man wichtige kostbare Einsichten Menschen vermittelt, die deren nicht wert sind,
- indem man Menschen etwas Wertvolles überlässt, die es nicht zu schätzen wissen.

7.5 Verwendung und Bedeutung

Selbstverständlich sind alle bisher eruierten Eigenschaften des Idioms Teil der Bedeutungsbeschreibung. Sie erfassen Verwendungsweisen und Gebrauch. Hier Bedeutungsangaben als eine Art ▶Paraphrase gefasst. Als Paraphrase von X wird dabei ein Ausdruck verstanden, der an der jeweiligen Stelle im Text statt X stehen könnte, so dass sich der gleiche Sinn ergibt. An Bedeutungsparaphrasen kann man einige Kriterien anlegen. Die Paraphrase:

- ist von der gleichen syntaktischen Kategorie wie X, so dass sie glatt in den Kontext passt,
- ist korrektes Deutsch und
- verständlicher als X,
- drückt (weitgehend) den gleichen Sinn aus wie X.

Wir überprüfen einige derartige Bedeutungsangaben, natürlich auf Basis sprachlicher und linguistischer Kompetenz.

Unsere Nullstelle wäre im gewissen Sinn der perfekte Fall. Obgleich die Paraphrase nicht auf Deutsch ist, sollte sie perfekt den Sinn geben. Allerdings dürfen wir gewisse Zweifel hegen, wie gut die Übersetzung ist und wie gut unser Verständnis der Quelle.

Wir erinnern uns an die Übertragung von *margaritas*.

(23) DuRe: etwas Wertvolles jmdm. anbieten, geben, der es nicht zu schätzen, zu würdigen weiß
(24) Compact: etwas Wertvolles an Personen geben, die nichts damit anfangen bzw. es nicht würdigen können
(25) Müller 1995: wertvolle Dinge an Leute verschwenden, die nichts davon verstehen
(26) Filatkina 2018, 131: etwas Wertvolles vor jemandem vergeuden, der/die das nicht zu schätzen weiß
(27) LgDaF: etw. für j-n tun od. j-m etw. geben, das er nicht zu schätzen weiß

Die Füllung des Perlen-Slots soll erklärt werden mit „etwas Wertvolles". Besser wäre vielleicht „was der handelnde Sprecher für wertvoll hält". Das „etw." in LgDaF erscheint vorderhand zu allgemein. Aber es könnte uns auf zweierlei bringen. Einmal wird das Etwas ja eingeschränkt durch die selektionale Valenz des jeweils gewählten Verbs. Und wichtiger: Von einem Etwas oder gar von Dingen zu reden trifft nicht. Es geht um die jeweilige Handlung, in ihr kann der ganze Perlen-Slot aufgehoben sein. Wenn ich als outstanding player in einer Gurkenmannschaft spiele, könnte man sagen, dies sei Perlen vor die Säue geworfen (vielleicht müssen da auch keine Säue dabei sein).

Das jeweilige Verb ist eine besonders heikle Sache. *geben* wäre da wohl nicht im normalen Sinn verwendet. Denn seine Weisheiten zum Beispiel, die gibt man ja nicht. Und *anbieten* (23) wäre etwas zu wenig, man tut es ja.

Vielleicht klingt hier die Variante mit *das wäre* ... durch. Aber da ist es eben ein Zusatz.

vergeuden in (26) schließlich zäumt das Pferd vom Schwanze auf, denn dies wäre das nicht intendierte Resultat der Handlung. In der Regel tut es jemand nicht, um es zu vergeuden. Über das verquere Deutsch der Paraphrase bleibt nicht viel zu sagen. Sollte es um eine Art Vorführung gehen?

Alle diese Paraphrasen berücksichtigen nicht die reale Verwendung des Idioms. Der Handelnde nach dem Idiom wird ja wohl erst, nachdem er es getan hat, berichten und dann müsste es wohl heißen „die es nicht gewürdigt haben oder zu würdigen wussten". Das gilt auch für den Fall, dass ein Dritter berichtet. Im Fall, dass ein Dritter warnt, müsste es wohl heißen „die es nicht würdigen werden oder können."

Das DWB beschränkt sich sinnigerweise auf die Paraphrasierung des Perlen-Slots: „daher bildlich etwas (dem innern gehalte nach) wertvolles, köstliches, edles". Aber auch dies zeigt eine typische Schwäche der Paraphrasenmethode. Es werden Alternativen angeboten. Wie wäre daraus auszuwählen? Nach welchen Kriterien?

Insgesamt müssen wir diese Kritik nicht fortsetzen. Der Paraphrasenansatz führt im Hintergrund die Idee, es gebe synonymische Ausdrücke. Zu viele haben schon gesagt: Synonymie gibt es in der Sprache nicht. Hedgende haben das dann rettend aufgeweicht in „echte Synonymie". Aber im Fall der Idiome läuft die Paraphrasentour sowieso nicht. Denn in der Paraphrase geht der Witz des Idioms zu oft verloren.

Hier nun noch ein Blick auf die Gegenwart. Da kann ich mit einer einfachen Methode auch korpusbasiert vorgehen. Einfach deshalb, weil ich schon weiß, was ich suchen möchte. Ich stelle ein Korpuskulum aus DWDS und DeReKo zusammen und untersuche es mit der n-Gramm-Methode. Das gesamte Belegkorpus wird in Tetragramme zerlegt, die erst einmal nach Frequenz sortiert werden. Trivial ist, dass folgende Tetragramme bei weitem die zwei häufigsten sind:

    Perlen_vor_die_Säue   vor_die_Säue_werfen

Erweiterungen des Säue-Slots finden sich diese:

    vor_die_libertären_Säue   vor_die_kapitalistischen_Säue
    vor_die_geschätzten_Säue

Dazu auch okkasionelle Varianten:

    vor_die_Korinthenkacker_mehr   vor_die_LINKEN_geworfen
    vor_die_Fans_und   vor_die_Fritzschweine_geworfen
                                              vor_die_Füße_werfen

7.5 Verwendung und Bedeutung

Eine Form der Spielerei liegt in der Verdrehung, die recht häufig vorkommt:

    vor_die_Perlen_geworfen   vor_die_Perlen_schmeißt

Die sozusagen klassische Variante findet sich auch, im zweiten Beispiel mit Verbvariation:

    vor_die_Schweine_geworfen   an_die_Schweine_verfüttern

Im Perlen-Slot gibt es ganz wenig Bewegung. Mal die Erweiterung zu „edle Perlen" und ansonsten nur die klassischen „Gottes Wort" und „Lehre". Damit kommen wir zur Verbvariation. Deftig gedacht wohl:

    vor_die_Säue_geschmissen   vor_die_Säue_schmeißen
    vor_die_Säue_schmeißt   vor_die_Säue_spucken
    vor_die_Säue_gehauen

Aber auch:

    vor_die_Säue_vergossen   vor_die_Säue_streute
    vor_die_Säue_streut   vor_die_Säue_streuen
    vor_die_Säue_geschüttet

Damit haben wir ein weites Netz gespannt.

Noch ein Wort zum Bedeutungswandel. Er hätte im spekulativen Sinn auch den *Schweine*-Slot betroffen. Für ziemlich sicher mag gelten, dass der Ersatz durch *Säue* bei Luther das Ganze drastischer gemacht hat. Das dürfte auch heute für *Säue* noch gelten, wenngleich der Bedeutungsunterschied zwischen *Sau* und *Schwein* so deutlich nicht sein dürfte, wie manche vielleicht meinen. Aber schauen wir doch, welches Bild Kookkurrenzanalysen ergeben:

Sau fettenärmste beschimpfen
rauslassen geilen
Eber　　　　　　　blöde
du Dorf Schwein　schwul
　　　richtig　　getrieben
　　　　arm Ferkel faul

Wieso nun haben wir die Geschichte eines Idioms rekonstruiert? Oder wären es verschiedene? Der Verbslot bleibt verhältnismäßig fix. Aber ansonsten ist kein Stein auf dem andern geblieben. Manche Elemente sind nur vom lautlichen und grammatischen Wandel betroffen, etwa *swîn*. Aber auch der kann schon mal die Identitätsfrage aufwerfen. Andere wurden ersetzt durch andere Wörter, die ihrerseits auch dem lautlichen Wandel unterlagen. Wir sehen mal ab vom semantischen Wandel einzelner Elemente, weil der vielleicht das Idiom und seine Bedeutung nicht direkt betrifft – vielleicht. Denn es bleibt ja immer die schillernde Eigenschaft von Idiomen, dass Wörtliches durchschimmert und dass damit gespielt wird wie in (23). Letztendlich gehen wir also davon aus, dass die Identität des Idioms gesichert sei durch seine Bedeutung – die aber auch nicht konstant ist.

Und so bliebe letztlich als Identität des Idioms seine ganze Geschichte. Eben wie bei Menschen.

7.6　Wege des Wandels

Der semantische Wandel ist kein willkürlicher Prozess. Für Sprecher ist es elementar, dass die Bedeutung sprachlicher Ausdrücke konstant bleibt. Davon gehen sie kontrafaktisch aus. Und dennoch haben sie Teil am Wandel, sind in einem gewissen Sinne Verursacher des Wandels. Denn der Wandel geschieht – durch Kommunikation, in Kommunikation. Er ist ein Beiprodukt der Kommunikation. Der Wandel ist ein Produkt der Unsichtbaren Hand. Wie das Konzept der Unsichtbaren Hand den Wandel erklärt, finden Sie etwa in Keller 1990.

Am Anfang jeder Idiomatisierung steht ein Verblassen der wörtlichen Bedeutung, sei es einzelner Wörter oder des ganzen Ausdrucks. Im sog. bleaching – so erklärt man eher metaphorisch – wird die Bedeutung irgendwie verdünnt. Aber auch als Idiome nehmen die Ausdrücke weiter am Bedeutungswandel teil. Wir denken uns, dass der Wandel über verschiedene Pfade läuft. Genau genommen wäre zu unterscheiden der Weg zum Idiom vom Weg des Idioms.

7.6 Wege des Wandels

Erweiterung
Im Fall von *Perlen vor die Säue* wurde die Verwendung gleich zwiefach erweitert:
Zum einen wurde das Akkusativobjekt von der engen Beschränkung auf Heilsbotschaft und kirchliche Lehre verallgemeinert. Zum andern wurde das Idiom nicht mehr nur im religiösen Kontext verwendet.
Die Erweiterung der Bandbreite der Kontexte ist eng geknüpft an die Idiomatisierung. Denn Idiome kommen aus ihrem Quellbereich heraus.

Ironie
Mit *eine schöne Bescherung* ist ja eher ironisch das Gegenteil gemeint.

Umdeutung und Verhüllung
Eine Umdeutung mit anschließendem Wortersatz können wir im Idiom *durch den Kakao ziehen* sehen.
Verhüllend: *es treiben mit ...*
Umgedeutet zum Schlechten: *sein Fett abkriegen*
einen zum besten halten

Intensivierung
Perlen vor die Schweine werfen > *Perlen vor die Säue*
seine Haut zu Markte tragen

Pejorisierung
Dieser oft begangene Pfad des allgemeinen Sprachwandels findet sich auch häufiger bei Idiomen. Jemandem heimzuleuchten war ursprünglich eine nette Geste.
Den Kopf gewaschen bekommen sollte doch angenehm sein.
Abraham a Sancta Clara:
Waschet die Füß JEsu / damit er mir am Jüngsten Tag nit den Kopff wasche.
Im 17. Jahrhundert scheint der Übergang schon vollzogen.

Weglassung (Ellipse)
Mal hat mir eine Frau eine gescheuert.
Was Hauen betrifft und auch sonst ist üblich, das Selbstverständliche auszulassen. Hier aber rätselhaft:
Damals haben sie ihr eins ausgewischt.

Remotivierung (Volksetymologie)
Was wir in dem Spiel geboten haben, war unter aller Kanone.
Nach dem lateinischen „sub omni canone"
= was unter allem Kanonischen ist, nicht zum Kanon gehört.
Mehr als Ausreißer wird wohl die folgende Remotivierung gesehen:
Was ich so alles aufs Trapez bringe
Das schöne neue Bild ist jedoch nicht bis zur Bedeutung vorgedrungen.
Zerbrechen steckt hier nicht drin: *Alsbald ging die Ehe in die Brüche.*

Analogie
Wie bei der Maschine *Dampf ablassen*.

Umkehrung
Seinerzeit soll es als alert und clever gegolten haben, wenn man seinen Mantel nach dem Wind drehte. Heute eher als charakterlos und anpasserisch.
Schillers Pappenheimer waren noch besonders verlässlich, heutzutage sind sie eher link.

Abschwächung
Die gewollte Übertreibung führt im Lauf des Gebrauchs zu einer Abschwächung:
auf die Folter spannen,
sich wie gerädert fühlen
die Hand für jemanden ins Feuer legen
jemanden aufs Korn nehmen

Ameliorisierung
Das Gegenteil der Pejorisierung ist selten in der Sprachentwicklung. Das zweite Beispiel ist in diesem Sinn ambivalent. Es zeigt noch die Bedeutung „verrückt machen":
Seine Sekretärin hat ihm den Kopf verdreht.
Er hat ihr, als sie noch ein junges Mädchen war, mit seinen tollen Ideen den Kopf verdreht.
Aus dem Ärmel hat man anfangs nur Schlechtes geschüttelt. Jetzt kann man locker auch gute Lösungen und dergleichen aus dem Ärmel schütteln.

Verhüllung (Euphemismus)
Dann wird man sofort als Sozialist an die Wand gestellt.
Das Idiom *an die Wand stellen* war natürlich ursprünglich genommen von Erschießungskommandos. Das schimmert auch noch durch.

Assoziation	Spezifizierung
Was Menschen so einfällt bei einem Idiom, das versuchen sie in die Bedeutung einzubringen. In den 60er Jahren wurde *bis zur Vergasung* mit dem Holocaust in Verbindung gebracht und verpönt. Das Idiom hat aber damit nichts zu tun, war älter und wohl von chemischen Prozessen genommen.	*Es ist ein + wahres + Trauerspiel.* *Danach hat sie sich die/+ alle zehn + Finger geleckt.* *Sie haben drum + viel + Aufhebens gemacht.* *+ Mit dieser Idee + haben sie den Vogel abgeschossen.*

Idiome können auch teil haben an allgemeiner Wortentwicklung. So ist in einigen Idiomen *Kragen* nicht mehr mit den früheren Assoziationen verbunden und im Idiom eher verdunkelt. Der Kragen war in der Frühzeit der Hals, die Kehle. Und wenn es um die ging …

7.7 Fazit

Unsere Überlegungen in diesem Kapitel fassen wir zusammen in der Erkenntnis,

- dass es Quellen und Wege des Wandels gibt, die nachverfolgt werden können,
- dass aber immer sprach- und quellengeschichtlich Funde und Belege zählen,
- dass durch die Geschichte diverse Varianten erscheinen,
- dass aber nicht einfach zu unterscheiden ist zwischen Mustern und Varianten,
- dass Varianten für die Entwicklung nötig sind.

Und weiter,

- in welchen Textsorten ein Idiom vor allem beheimatet ist und
- welchen kommunikativen Funktionen es dient.

7.8 Lektüre und Aufgaben

Weiterführende Lektüre
In Fritz 2005, Kap. 4 und 5 finden Sie Allgemeines zum Verlauf des Bedeutungswandels.
Komenda-Earle 2015 befasst sich mit vier Idiomen und ihrer historischen Entwicklung. Filatkina 2016 mit „Perlen vor die Säue". Und im Kontrast Heringer 2021.
Filatkina 2018 will einen theoretischen Rahmen der historischen Erforschung entwickeln, vor allem mit korpusbasierten Methoden. Auf den Seiten 59–63 eine kleine Übersicht zu formelhafter Sprache in Einführungen in die Sprachgeschichte. Komenda-Earle 2015, Kap. 6 bietet eine Übersicht über die Geschichte einschlägiger Publikationen.

7.8 Lektüre und Aufgaben

Burger 2015, Kap. 6.2 behandelt Phraseologismen historisch nach unterschiedlichen Gruppen.
Eine reiche und gut zugängliche Sammlung von Phrasemen bietet das Projekt „Online-Lexikon zur diachronen Phraseologie" „OldPhras" https://www.oldphras.net/web/.

Aufgaben

Aufgabe 1: Aus welchem Bereich stammt „alles über einen Leisten schlagen"? Können Sie eine kurze Erklärung verfassen?

Aufgabe 2: Könnten Sie sich vorstellen, solche Sätze zu verwenden? In welchen Zusammenhängen?

> Der Ofen zieht wie Hechtsuppe.
> Durch die Ritzen der Halle zieht es auch noch wie Hechtsuppe.
> Im Jahnstadion zogen sie wie Hechtsuppe.
> Im Reichstagsgebäude ziehen die Fenster wie Hechtsuppe.
> Bei euch zieht's wie kalte Hechtsuppe.
> Die Hechtsuppe ist noch am Ziehen.
> Wer zieht hier wie Hechtsuppe?

Aufgabe 3: Suchen Sie mindestens drei weitere Idiome, deren Ursprung in der Rechtssprache gesehen wird.

Aufgabe 4: Wie sieht die normale Umgebung von *Pappenheimer* heutzutage aus? Ermitteln Sie im DWDS s. v. Pappenheimer, Korpus „Tagesspiegel" über den KWIC-Index.

Aufgabe 5: Wie beurteilen Sie diese Bedeutungsangaben. Sie wissen, um welches Idiom es geht?
Verteilen Sie Minuspunkte von 1 bis 3:
a) zu weit, b) zu eng, c) Wichtiges fehlt.

- ☐ etwas weithin bekannt machen, was eigentlich vertraulich bleiben sollte
- ☐ etwas ausposaunen, in aller Leute Mund bringen
- ☐ etwas, was nur gewisse Personen wissen dürfen, weiter bekannt machen
- ☐ etwas überall herumerzählen, was eigentlich nicht für jedermann bestimmt ist
- ☐ etwas überall bekannt machen
- ☐ etwas weit bekannt machen
- ☐ etwas, das eigentlich privat oder geheim ist, überall herumerzählen
- ☐ etwas ausposaunen, in aller Leute Mund bringen
- ☐ etwas öffentlich machen, namentlich von Privatangelegenheiten, die nicht vor die Öffentlichkeit gehören
- ☐ eine vertrauliche Information öffentlich verbreiten, eine Sache aufbauschen

☐ etwas überall herumerzählen, obwohl es nicht jedermann wissen soll

☐ etwas Vertrauliches publik machen, eine Sache aufbauschen

☐ etwas laut ausposaunen

Aufgabe 6: In Schillers „Wallensteins Lager" kommt an einer Stelle der Brotkorb vor. Ist es das Idiom? Und gleich dabei noch ein zweites?

Idiome in der Sprachgeschichte

8

*We look at the language
and we look at the world
and we look back and forth.
Paul Ziff*

Inhaltsverzeichnis

8.1	Geschichte in Geschichten	162
8.2	Idiomgeschichten	162
8.3	Realia in Idiomgeschichten	166
8.4	Kultur in Idiomen	172
8.5	Kreativ und attraktiv?	177
8.6	Fazit	181
8.7	Lektüre und Aufgaben	181

Der Geschichtsschreibung soll es darum gehen, die Vergangenheit zu dokumentieren. Dann auch sie erklären, interpretieren und besser verstehen. Im Prinzip sollte sie dabei neutral und objektiv sein. Aber vielleicht auch, indem sie Fakten und Quellen kritisch analysiert und auswertet.

Es kann Geschichtsschreibung auch dazu dienen, Werte, Traditionen und Identitäten zu bewahren und dann zu pflegen. Durch die Erforschung der Vergangenheit sollen Erkenntnisse gewonnen werden, die uns helfen, die Gegenwart besser zu verstehen und Künftiges vorherzusagen. Zum letzteren muss man natürlich ziemlich kühn sein.

In diesem Kapitel werden wir uns also mit kurzen Texten befassen, die

- wir als Geschichten bezeichnen,
- der Erklärung und dem besseren Verständnis dienen sollen,
- historische Hintergründe aufzeigen und beleuchten,
- unterhaltsam sein sollen
- und auch schon mal kreativ bis spaßig.

8.1 Geschichte in Geschichten

Mit dem Titel soll angedeutet werden, dass Geschichte nicht nur als eine zusammenhängende Erzählung betrachtet werden kann, sondern auch als eine Sammlung von individuellen Geschichten und Erlebnissen, die zusammengewoben sind, um ein größeres Bild zu schaffen. Das würde auch bedeuten, dass die Geschichte aus verschiedenen Perspektiven betrachtet werden kann und vielleicht sollte, um ein besseres und umfassenderes Verständnis zu erlangen nach dem Prinzip „audiatur et altera pars". Vielleicht klingt die Benennung als Geschichten etwas despektierlich, denn mit diesen Texten ist durchaus ein höherer Anspruch verbunden. Auf jeden Fall aber besteht die Geschichtsschreibung fast nur – bis auf einige harte Gegenstände – wie ihre Quellen aus und in Texten. Und so können sie mit welchem Anspruch auch immer als Texte beurteilt und bewertet werden.

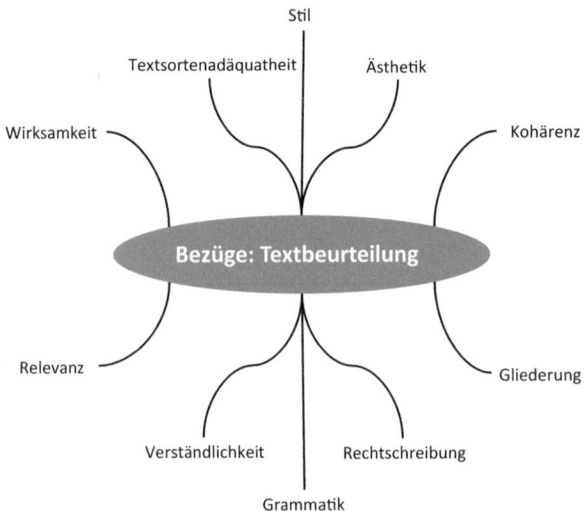

In dieser Darstellung kommt sinnigerweise Wahrheit nicht vor und erst recht nicht das naive „Fakten" im Text oben. Aber natürlich wird es bei diesen Geschichten besonders darum gehen. Wir subsumieren es unter dem Stichwort „Fundiertheit". Und dies wird auch im Zentrum stehen, soweit es um sachlich orientierte Geschichten geht.

Wir werden einige Kriterien an Beispielen in unserem Feld erproben.

8.2 Idiomgeschichten

Geschichte kann aufgefasst werden als eine große Geschichte. Geschichtsschreibung hat darum oft die Form einer Erzählung, in der chronologisch berichtet wird. Historische Erzählungen erheben im Prinzip den Anspruch zu erklären. In der Sprachgeschichte sind meist Wörter die Protagonisten, ihre lautliche Form und Bedeutung.

Doch die Geschichte eines Wortes oder eines Idioms wäre eine sehr lange Geschichte von unüberschaubar vielen kommunikativen Verwendungen. Wir müssen uns mit Kurzformen oder Abstracts ohne Langform begnügen.

Geschichten sind durch Interessen bestimmt. In der Idiomatik kann Interesse geweckt werden durch eine gewisse Fremdartigkeit des Idioms selbst oder durch ein auffälliges Wort. Darum gehen solche Geschichten oft aus von Fragen nach dem Rätselhaften. Wer waren eigentlich der Laban, der Olim und der Rochus? Was hat es auf sich mit dem Barthel und dem Oskar?

Historische Geschichten können solche Interessen befriedigen, etwa die Frage nach der Herkunft oder nach der Deutung.

Enigmatisch erscheinen einzelne Wörter, die im Prinzip nur noch in ihrem Idiom vorkommen. Sie werden auch ▶ Unikalia genannt. „Im Prinzip" ist hierbei natürlich dehnbar.

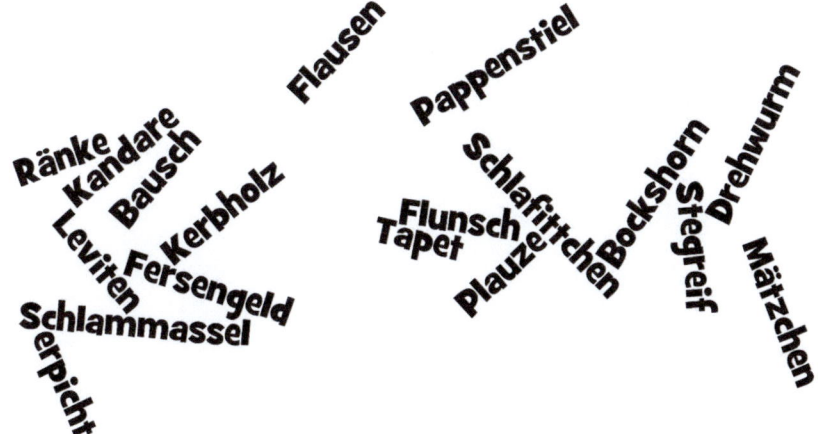

Vom Deutschunterricht her erinnern Sie sich gewiss an die Methode „Schlüsselwortgeschichten" oder „Reizwortgeschichten". Dazu haben viele gereizt und auch wir werden einige behandeln.

Wir haben gesehen: Die Untersuchung des Gebrauchs und der Entwicklung eines Idioms stützt sich auf Belege. Gleich, ob man nach einem Sinnwort sucht oder nach mehreren, ist man konfrontiert mit dem Problem der lautlichen Entwicklung und dem der Schreibung. Bei unserem Perlen-Idiom hat das DWDS das für uns erledigt. Es zeigt uns bei der Suche nach *Sau* auch *Saw*, *Sew*. Dahinter steckt eine beachtliche philologische und computerische Leistung. Aber es ist auch eine Fehlerquelle. Unsere Belegreihe ist natürlich – wie gesagt – sehr selektiv vor dem Hintergrund der kommunikativen Realität. Außerdem liefert sie prinzipiell nur einen Terminus post quem. Alles, was vor dem frühesten Beleg lag, bleibt im Dunkeln.

das Lebenslicht ausblasen
„In der Volksüberlieferung wird das Leben oft mit (Kerzen)licht in Verbindung gebracht. So ist im grimmschen Märchen vom ‚Gevatter Tod' von unendlich vielen brennenden Kerzen die Rede, die für die lebenden Menschen stehen.
Erlischt eine Kerze, dann stirbt der Mensch. Auf diese alte Vorstellung nimmt die Wendung Bezug." (DuRe)

Was sollen Grimms Märchen hier? Das Licht des Lebens ist ein alter Topos und so wurde er auch materialisiert in der Kerze. Mit dem Sterben erlischt das Lebenslicht. Ob das Sterben eine Folge war oder synchron, ist ungewiss. Auf jeden Fall blies man die Kerze am Totenbett erst nach dem Tod aus. Kommt aber ein Täter ins Spiel wie im Idiom, wird das Sterben zur Folge. Das Idiom hat mit Grimm wenig zu tun. Es ist auf jeden Fall älter, Ende des 17. Jahrhunderts:

> die müssen ihm das Lebensliecht außblasen

Und der Ursprung liegt im Dunkeln. Interessant im Emblem ist, dass die Kerze in Kooperation von Engel und Tod ausgemacht wird. Dass oder wie weit das in der üblichen Verwendung des Idioms durchschimmert, scheint nicht gerade offensichtlich.

8.2 Idiomgeschichten

Die Geschichten sind natürlich auch abhängig vom – vermuteten und unterstellten – Leserinteresse. Soll es mehr um ein Verständnis des Idioms gehen oder um kurzweilige Unterhaltung? Ist ein wissenschaftlich linguistisches Interesse oder ein kulturhistorisches vorausgesetzt? Auf jeden Fall sollten wir etwas über Sprachwandel lernen. Lehrreich könnte hier das Idiom *den Rang ablaufen* sein. Ein frühes Vorkommen von 1681 ist dies hier:

> uns redlich und ehrlich verhalten / dann durch solche Fürsichtigkeit / können wir den Verleumdern den Ranck ablauffen/

Wir fragen zuerst: Ist das wirklich unser Idiom? Weitere Belege und der Sinn liefern genug Evidenz. Auch die Schreibung war so üblich und gibt keinen Anlass zur Annahme, es müsse eigentlich *Rang* heißen. Der Rank war eine Kurve und es ging darum, dass jemand beim Laufen eine Abkürzung genommen hat und damit Konkurrenten überlistet. Das Wort *Rank* hatte darum auch bald eine andere Verwendungsweise, die mit List zu tun hat und die wir erhalten haben in der Pluralform *Ränke*. Das langsame Verschwinden von *Rank* – warum auch immer – und die Reduzierung der List-Komponente – wie schon im Beleg oben – liefen dann wohl zusammen und fanden im neu entlehnten *Rang* willkommenen Ersatz, weil das ja auch den Aspekt der Überlegenheit ins Spiel brachte.

Zu diesem Idiom hier gibt es gleich zwei Geschichten.

Sie können entscheiden, welche Version Sie für plausibler oder besser halten. Bemerkenswert, dass das Emblem beide Versionen zu vereinen scheint. Interessant ist die Frage, was der Fuchs dabei soll. Sicher haben Sie eine Idee über den Weg der Bedeutung. Und das missing link beider Versionen?

Die Redewendung stammt wahrscheinlich vom niederdeutschen *schepken* „Schiffchen", also eigentlich das Schiffchen ins Trockene bringen, etwa vor dem Sturm retten. Es wäre dann aus dem Niederdeutschen allgemein geworden.	Es könnte darum gehen, dass der Schäfer seine Schäfchen auf höheres Gebiet bringt, um sie zu schützen vor dem Leberegel, der im feuchten Gelände heimisch ist. Der Leberegel war sehr gefährlich. Er wurde mit dem feuchten Kot der Schafe ... und so weiter und so fort.

Das folgende Idiom war auch anregend. Dazu nur meine Version.

Man sagt „Nun halt keine Maulaffen feil", wenn einer nur so rumsteht und nichts tut, aber was tun soll. Da fällt einem gleich *mauloffen* und *gaffen* ein. Was aber sind Maulaffen? Und wie kommen sie ins Spiel? „Ein Mann, der dem das Maul aufsperret steht, nennen wir deutsch ein Maulaffen", finden wir in alter Quelle (DWB).

Zum Maulaffen-feil-halten finden Sie diese Geschichte:

Ärmere Leute haben früher mit Kienspänen Feuer und Licht gemacht. Beim Verkauf der billigen Späne steckten die oft in Halterungen, die als Affenköpfe stilisiert waren. Im offenen Maul steckte der Span.

Sieht, wer so mit offenem Maul staunend rumsteht, so aus, als wolle er die Kienspäne aus den Affenmäulern verkaufen? Oder ging es nur um die Ähnlichkeit des Gesichtsausdrucks?

Das Ganze ist schon etwas komplizierter.

Von Anfang an gab es den Maulaffen – mindestens seit dem 13. Jahrhundert als – Bezeichnung für Menschen. Da konnte jemand einer sein, man konnte ihn einen nennen, er konnte für einen gehalten werden und man konnte ihn zu einem machen. Ja, man konnte sogar welche fangen.

Abraham a Sancta Clara (*1644) war ein großer Fan des Worts, das in etwa Narr, Gaffer oder Blödmann bedeutete. Auch bei Goethe und Schiller finden wir es in diesem Sinn. Somit war der Kienspanmaulaff erst mal eine Übertragung vom Menschen.

Wenn man den nun feil hatte oder feil hielt, konnte man leicht auf eine Rückübertragung kommen. Und so überwiegt jetzt das Vorkommen im Idiom jenes in der ursprünglichen Verwendungsweise. Den gibt es aber noch: „Du Maulaff!". Nur der mit dem Kienspan ist ganz verschwunden.

8.3 Realia in Idiomgeschichten

Die Geschichte von Idiomen ist oft eingebettet in allgemeine Geschichte, besonders Kulturgeschichte. Ein spektakuläres Feld sind hier Recht und Strafen. *Sich wie gerädert fühlen* ist gewiss genommen von der brutalen Bestrafung und an den Pranger gestellt werden war auch nicht angenehm. Aber *die Hand für jemanden ins Feuer legen* oder *die Feuerprobe bestehen* hat eher nichts mit altem Recht zu tun, eher schon *ein heißes Eisen anfassen*.

8.3 Realia in Idiomgeschichten

Um Idiome besser zu verstehen, auch um die eigenen historischen Kenntnisse aufzufrischen, werden oft die historischen Hintergründe erklärt. Dabei ist dann auch schon mal von konkreten Situationen – was immer das sein soll – die Rede, in denen diese Idiome entstanden oder beheimatet waren. Mit Komenda-Earle 2015 haben wir ein ganzes Buch, das den „realhistorischen" Motiven hinter Idiomen gewidmet ist.

Komenda-Earle listet folgende Bereiche für die historischen Realien auf:

- Altes Brauchtum,
- Aberglaube,
- mythologische Vorstellungen,
- Rechtsaltertümer,
- frühere Lebensgewohnheiten,
- handwerkliche Produktionsweisen,
- Gestik und Körperhaltung,
- Artefakte.

So kann ein Idiom sich langsam abnabeln von der wörtlichen Bedeutung in realen Situationen oder einzelne Elemente, besonders Kernwörter können sich verselbstständigen und ein Eigenleben im Idiom entwickeln.

Vom zweiten Typus sind etwa *am Hungertuch nagen* und *eine Gardinenpredigt halten* oder *gehalten bekommen*. Ja, was hat es mit dem Hungertuch auf sich? Es war war ein Tuch, das schon im Mittelalter in Kirchen über den Altar gehängt wurde. Es war ansehnlich bebildert und soll angeblich die Gläubigen daran erinnern, dass zu fasten war. Denn das Tuch hing nur zur Fastenzeit da. Aber dann wird es schon spannend und luftig. Eine These: Es habe ursprünglich „am Hungertuch nähen" geheißen und dann sei aus *nähen* mit der Zeit *nagen* geworden. Warum wohl? Weiß keiner. Schon der Anfang der Geschichte mit dem *nähen* bleibt geheimnisvoll. Eine realhistorische Erklärung? Und etwas besser bei der Gardinenpredigt? Sie – heißt es – haben Ehefrauen einst ihrem Gatten gehalten, wenn er was angestellt hatte. Was das im einzelnen war, da können Realhistoriker und Ehefrauen ihre Phantasie spielen lassen. Das Ganze im Bett hinter den Gardinen, den seinerzeit üblichen Bettvorhängen. Das Verfahren mag alt und in diesem Bereich gewiss wirksam gewesen sein. Auf jeden Fall konnte es dann auf den Punkt gebracht werden, als die Gardine wohl mit dem Wort im 16. Jahrhundert aus Frankreich importiert wurde.

Wir bleiben im häuslich-ehelichen Bereich und werfen einen Blick auf (nicht unter) die Bettdecke mit dem Idiom *unter einer Decke stecken*, das ja wohl übliche Wörter enthält und auch sozusagen wörtlich verstanden werden kann. Ein Fund von 1620 kann schon Deutungsanlass geben:

> Weigelius vnd Johan Arnd liegen vnter einer Decken / vnd währen Brüder eines Ordens?

Wir können es verstehen im Sinn des heutigen Idioms in einer Variante. Allerdings auch real, da vielleicht Ordensbrüder sich die Zudecke teilten. Die idiomatische Verwendung gehe zurück auf den alten Rechtsbrauch, dass Eheleute vor Zeugen ins Bett gingen und die Decke über sich schlugen. Damit war die Ehe rechtlich vollzogen.

Die Geschichte könnte ich wunderbar ausschmücken. Hier aber nur die Frage: Wie und wieso kam der Aspekt des Falschen und Geheimen ins Spiel?

Gern wird im realhistorischen Zusammenhang auch das Rittertum abgegrast. So in der Serie *das Heft in die Hand nehmen, es in die Hand bekommen, es in der Hand haben* und *es nicht aus der Hand geben*. Da muss man nur wissen, dass mit *Heft* das des Schwerts gemeint war, dann ist die Macht im Spiel.

Unter dem Realia-Gesichtspunkt wird manches auch rätselhaft bleiben: *einen Stein im Brett haben*. Im Spiel? Schach wohl eher nicht. Und *eine am Kanthaken packen*? Wo ist der Kanthaken? Und was?

Gerhard Wagner hat einige Bücher geschrieben zu Redewendungen mit dem Ziel „den älteren Semestern", die noch wissen, was mit einer Wendung gemeint ist, zu vermitteln, „woher diese ursprünglich kommen und unter welchen Umständen sie einmal entstanden sind". Darunter in mindestens zwei Büchern (eines ist ein absoluter Bestseller) dies (Wagner 2013, 14):

> „Das Wasser abgraben"
> von Informationsquellen abschneiden
> Höhenburgen waren meist durch ihre steile Lage vor feindlichen Attacken geschützt. Bei den Burgen in der Ebene mussten sich die Baumeister etwas anderes einfallen lassen, um Angreifer auf Abstand zu halten. Man umgab die Burg daher mit einer Sperre, die gerade gepanzerte Krieger nur sehr mühsam überwinden konnten: mit einem Wassergraben. Er verwandelte die Burg in eine Insel. Ihre Mauern zu attackieren, war fast unmöglich, denn im Wasser konnte kein Belagerungsturm errichtet werden. Die Lösung war, das Wasser zu entfernen. Wenn die Umgebung es zuließ, konnte man einen Kanal graben, das Wasser floss ab und die Burg stand auf dem Trockenen. Möglicherweise deutet die Redewendung auch auf die – für die Burgbewohner höchst gefährliche – Unsitte hin, der Burg, wenn sie keinen eigenen Brunnen innerhalb der Mauern besaß, das Trinkwasser abzuleiten. Eine dritte, mehr zivile Erklärung der Redensart lautet, dass ein Müller ruiniert war, wenn der Graben, der Wasser auf sein Mühlrad brachte, angestochen wurde – von der Konkurrenz womöglich – und auslief.

Was die Bedeutungsangabe betrifft, steht er da ziemlich allein. Sonstwo klingt es etwas härter „die Existenzgrundlage nehmen", „schädigen", „jemandes Pläne vereiteln", „ihm die Mittel zu Bewegung und Wirksamkeit rauben". Und mit Information hat es eher nichts zu tun. Immerhin drei Quellen und, woher das Wissen kommt, wissen wir nicht. Ziemlich idiosynkratisch scheint die erste Version. Es ist schwer zu erkennen, wie der Weg zur jetzigen Verwendung gegangen wäre. Und wem wurde es abgegraben? Vielleicht hat der Autor die erste Version erfunden, weil sie zu seinem Generalthema passt.

Die KI scheint sich nicht so ganz sicher, was der reale Background des Idioms ist.

8.3 Realia in Idiomgeschichten

> Die Redewendung „jemandem das Wasser abgraben" stammt aus dem Bergbau und bezieht sich auf den Abbau eines Erzvorkommens. Wenn jemand einem anderen das Wasser abgräbt, bedeutet das, dass er ihm den Boden unter den Füßen wegzieht oder ihn in seiner Position schwächt. In übertragener Bedeutung wird die Redewendung verwendet, um auszudrücken, dass man jemandem etwas wegnimmt oder ihn in einer bestimmten Hinsicht übertrifft.

Oder alternativ:

> Das Idiom stammt aus dem Müllerhandwerk, wo es darum ging, dass ein Müller genügend Wasser benötigt, um sein Mühlrad zu betreiben und sein Mehl zu mahlen. Wenn also jemand „dem Müller das Wasser abgräbt", entzieht er ihm buchstäblich die Ressource, die er benötigt, um sein Geschäft zu betreiben. Heutzutage wird der Ausdruck oft im übertragenen Sinne benutzt, um zu beschreiben, wie jemand in einem Wettbewerb oder Konflikt einem anderen schadet, indem er ihm die Mittel oder die Möglichkeit nimmt, erfolgreich zu sein.

Na ja, oft oder eigentlich nur?

Und wenn wir schon bei der KI sind, lassen wir uns auch eine Geschichte dazu schreiben.

> Es war ein heißer Sommertag, als die Bewohner des kleinen Dorfes bemerkten, dass ihr Brunnen immer weniger Wasser führte. Besorgt versammelten sie sich am Rand des Brunnens und berieten darüber, wie sie das Problem lösen könnten.
>
> Ein alter Mann namens Jakob erinnerte sich an eine Legende aus der Vergangenheit, die besagte, dass ein böser Geist das Wasser des Brunnens abgrub, um die Bewohner zu bestrafen. Die Dorfbewohner waren skeptisch, aber sie beschlossen, der Legende auf den Grund zu gehen.
>
> In der folgenden Nacht schlichen sich Jakob und ein paar tapfere junge Männer zum Brunnen und versteckten sich im Gebüsch, um den vermeintlichen Geist zu beobachten. Stunden vergingen, doch nichts passierte. Doch plötzlich hörten sie ein leises Plätschern und entdeckten eine Gestalt, die mit einer Schaufel heimlich das Wasser abgrub.
>
> Entschlossen sprangen die Männer hervor und packten den Übeltäter, der sich als der Sohn des Dorfvorstehers entpuppte. Er gestand, dass er aus Habgier gehandelt hatte, um das Wasser für sich allein zu haben.
>
> Die Dorfbewohner waren schockiert, aber auch dankbar dafür, dass das Rätsel endlich gelöst war. Sie beschlossen, dem jungen Mann eine zweite Chance zu geben, unter der Bedingung, dass er sich öffentlich entschuldigen und das Wasser gerecht aufteilen müsse.
>
> Von diesem Tag an hatten die Bewohner des Dorfes wieder ausreichend Wasser, und die Legende vom Geist, der das Wasser abgrub, wurde zu einer Lehre über die Bedeutung von Gemeinschaft und Fairness. Und so wurde das Dorf gestärkt aus dieser Herausforderung hervorgehen und enger denn je zusammenhalten.

Bitte noch vier informative, aber nicht unbedingt sachliche Texte in der Art eines Wörterbucheintrags. Es geht eher um Unikale in Idiomen.

Bohei

Zugegeben: ein recht seltenes Wort. Das kann man schon mal verwechseln. Erst neulich hörte ich einen Versprecher: „Mensch, ham die Boheme äääh Bohei gemacht". Auffällig ist überhaupt, dass emotional besetzte Wörter oft ein besonderes Aussehen und eine besondere Geschichte haben. Sie sollen eben attraktiv sein. Sprecher wollen ja was dahermachen. Wegen der Seltenheit ist nicht einmal ganz klar, ob es der oder das Bohei heißt. Das ist einerseits dem geschuldet, dass der artikellose Gebrauch überwiegt, eben in *Bohei machen*, andererseits aber auch seiner Herkunft. Lehnwörter müssen ihr Geschlecht erst im Deutschen bekommen, und um ein Lehnwort handelt es sich. Es rührt nämlich von der englischen Wendung *up the boohai* her: ab nach Bohei, auch in der längeren Form *up the boohai shooting pukakos* (eine lokale Vogelart) *with a long handled shovel*. Die Wendung kam angeblich als Import aus Neuseeland, wo es eine gottverlassene Gegend namens boohai geben soll, für manche auch der reale Fluss Puhoi, an dem die Vögel massenweise siedelten und aus Lust und Dollerei erlegt wurden. So war also etwas Ähnliches gemeint wie in „Wärst du doch, wo der Pfeffer wächst".

Die Wendung wurde allerdings so nicht übernommen. Da war das Englische schon weitergegangen. Denn, wer so weit weg war, der war nicht nur verirrt, sondern vielleicht auch verwirrt. Und bei uns ist Bohei so etwas wie Trubel geworden: Bohei wird gemacht, um Aufmerksamkeit zu erregen. Was aber rechtfertigt den Bohei? Das große Bohei dient vielleicht dazu, den Sponsoren Ehre zu erweisen oder ein Buch in den Markt zu drücken. Oft ist alles nur Pressemitteilungs-Bohei.

Und jetzt kommt der Gag: „Puhoi was renamed Bohoi because a community of Bohemians had settled there". War der Versprecher also doch gescheit?

Fersengeld

Fersengeld gibt man. Aber wem? Irgendeinem Verfolger. Bloß, wer gibt schon Geld, wenn er sich dünn macht. Was die Ferse betrifft, so kann man sich schon denken, dass man sie dem Verfolger zeigt, der uns ja hoffentlich nur noch von hinten sehen wird. Diese Idee ist realistisch und sehr alt. Nicht nur die Ferse, sondern die Fußhöhle: „ton koilon tou podos deixai", sagten die Griechen, „volam pedis ostendere" die Römer. Im Deutschen ist unsere Redensart lang bezeugt: mittelhochdeutsch *versengelt*, das Sie versucht sind etwas anders auszusprechen. Man vermutet einen Zusammenhang mit altgermanischen Rechtsnormen, die Geldbußen für mancherlei verlangten. Vor allem, wenn einer im Kampf abhaute, musste er Strafe zahlen. Ja sogar, wenn Mann das Eheweib verließ, musste Mann zahlen. Wieso das Fersengeld allerdings an den Gutsherrn ging, erschließt sich uns nicht auf Anhieb. Jemand vermutete auch, es seien öfter in Wirtshäusern die Fersen gezeigt und dafür Buße gezahlt worden. Jedenfalls heißt es in einem alten Text: „Do der wirt wolt haben gelt, mit meynen fersen bezahlt ich das, was an der Kerben zeichnet was." Der hatte also vorher und nachher was auf dem Kerbholz. Luther verwendet das Bild allgemeiner: „Fleisch, Tod und Teufel müssen fliehen und Fersengeld geben."

erpicht
Was steckt hier drin?

☐ picheln ☐ Pech ☐ ich

Klebt wie Pech. Sowas steckt drin. *Pichen* war wie Pech kleben, es gab auch ein *anpichen*. Und wer so klebt, der kommt eben nicht mehr los von etwas. Und als Joke: Wer auf dem Stuhl klebt, kann sehr versessen sein. Aber die übertragene Redeweise ist auch ohne Scherz plausibel. Denn, wer an etwas hängt, der möchte es auch gern haben oder tun. Wir alle sind erpicht auf Lob und Geld, die alten Germanen auf Met und Spiel – laut Tacitus. Übrigens, *erpicht* ist zwar ein Adjektiv, es ist aber im Wortschatz ganz isoliert und auch grammatisch geschwächt. Nur manche Wörterbuchmacher konstruieren einen Infinitiv *erpichen* dazu. *Ein erpichter Mensch* kann man zwar sagen, wäre aber ungewöhnlich, wenngleich wir alle solche sind – und sei es nur erpicht auf Klatsch und Neuigkeiten.

Kluge Dichter sahen gar den Geist der Finanzkrise vorher:

> der, ganz erpicht auf Geld,
> die Münzer insgeheim für halbe Schöpfer hält.
> Hagedorn 1, 19

Picheln gehört gar nicht hierher. Es hat mit *Pegel* zu tun und das gab es als alte Maßeinheit. Stellen Sie sich ein Glas vor, an dem statt der Eichmarke eine ganze Skala aufgezeichnet ist, so wie bei einem Messglas. Da konnte man genau sehen, wie viel man gepichelt hatte. Schutz vor Führerscheinverlust?

> **Pappenstiel**
> Eigentlich gibt es den Pappenstiel gar nicht und aus Pappe ist er auch nicht. Pappenstiel wird fast ausschließlich in der Wendung *ist kein Pappenstiel* und seltener *ist ein Pappenstiel* verwendet. Gemeint ist dann eine Kleinigkeit. Vielleicht war der Pappenstiel wirklich mal der Stiel der Pappenblume, ein anderes Wort für Löwenzahn, abgewandelt auch Pfaffenblume. Mit deren Stielen wurden Kränze geflochten und allerlei gespielt. Auf jeden Fall spielte der Löwenzahn eine bedeutende Rolle, sei es als Pusteblume, sei es als Salat oder Abführtrank. Darum auch Bettseicher oder Bettebrunz genannt.
> Die Pappenheimer haben hiermit nicht direkt etwas zu tun. Das geflügelte Wort „daran erkenn ich meine Pappenheimer" fällt in Schillers „Wallensteins Tod". Gemeint waren die Truppen des Grafen zu Pappenheim. Ob die so ihre Schwächen hatten? Nein, es war voll Anerkennung und Hoffnung gemeint. Heutzutage sind die Pappenheimer eher schlitzohrig. Wie Sprecher Ausdrücke verwenden und verstehen, wirft auch ein Licht auf sie selbst.
> An dieser Stelle sollte noch ein Wort zu *Pappe* gesagt werden. Pappe war eigentlich Kinderbrei aus dem italienischen *pappa*. Das Wort verwendete man später auch für den Klebebrei, vielleicht waren das Leute, denen man in der Kindheit zu viel appliziert hat. Hoffentlich war der Kinderbrei so klebrig nicht. Als man dann mit Klebebrei mehrere Papierblätter aufeinander klebte und stabileres Material bekam, nannte man es auch Pappe. Übrigens die alte Verwendung brachte uns noch *aufpäppeln* und *hochpäppeln*, was gottseidank nicht unbedingt mit Grießbrei geschehen muss.

8.4 Kultur in Idiomen

Idiomgeschichten handeln natürlich von Kultur, allerdings mehr im Sinn von Faktischem und Artefakten. Sprachgeschichte ist Kommunikationsgeschichte. Doch wir kommunizieren nicht im luftleeren Raum und Sprache ist kein unabhängiges System sui generis. Sprache und Kultur sind immer verwoben. Und Kultur ohne Sprache gibt es nicht. „Culture is in language, and language is loaded with culture", schrieb Michael Agar (Agar 1994, 28). Was meinen wir, wenn wir von Kultur reden? Sicher haben wir den Gegensatz im Sinn: Kultur vs. Natur. In der Rede von Kultur kann man ferner zwei Aspekte unterscheiden:

- Kultur als Hochkultur, positiv bewertet.
- Kultur bei anderen, im Plural, nicht unbedingt positiv.

Im Umfeld von Kultur tummelt sich allerhand. Eine Kultur ist innerlich hochstrukturiert, keinesfalls irgendwie homogen. Wie einst die Leitkultur? Wir sollten aber wie bei Sprache unterscheiden:

8.4 Kultur in Idiomen

- Das Potenzial
- Die Performanz
- Die Manifestation, das Produkt

Das Kulturelle wird erworben, ist im gemeinsamen Handeln entstanden. Ein besonders wichtiger Aspekt: Kultur ist ein soziales Gebilde. Zwar tragen Einzelne dazu bei, alle Einzelnen. Aber alle stehen schon in kultureller Tradition. Sie sind nicht frei im Schaffen von Neuem.

So ist Kultur uns Menschen selbstverständlich, im Handeln nicht bewusst. Wir folgen ihr eher automatisch. Sie ist eine „secunda natura", unsere zweite Natur. Eine Kultur ist eine Lebensform.

Eine Kultur als Potential kann man in gemeinsamem Wissen sehen, das in der Performanz zum Tragen kommt. Dieses Wissen muss nicht kohärent oder unteilbar sein und es ist plastisch in der Zeit, in verschiedenen Entwicklungsphasen einer Gesellschaft. Wir setzen aber stets einen ▶ common ground voraus, einen mehr oder weniger gemeinsamen Kern an Weltbildern, Wertvorstellungen, Denkweisen, Normen und Konventionen. Vor allem aus der homogenisierenden Außenperspektive kann man dies als eine bestimmte Kultur darstellen (zu Kultur Heringer 2017, Kap. 5).

Kommen wir zu einem Idiom.

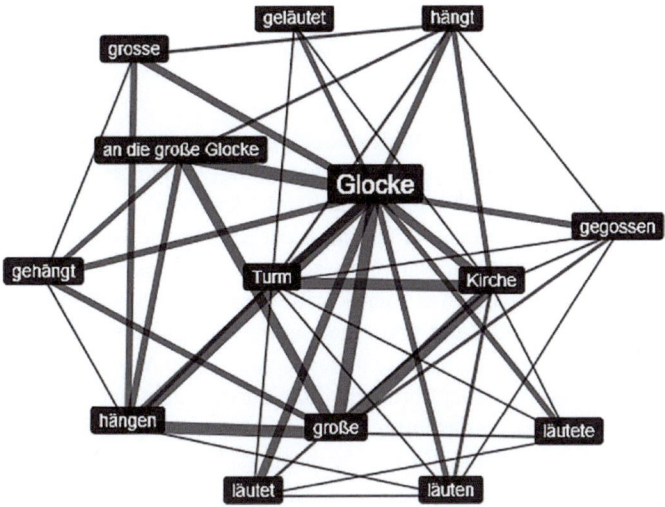

Die große Glocke war seit dem Mittelalter ein zentrales Kommunikationsmedium, ein öffentliches Informationsinstrument. Sie hing in Kirchtürmen und Rathäusern. Sie wurde geläutet, um Bewohner zusammenzurufen zu besonderen Vorkommnissen oder zu warnen vor Gefahren. Glocken und Glockenläutemethoden gab es für allerlei Zwecke und Botschaften: die mettînglocke, die zur Frühmesse geläutet wurde, die mortglocke, die bei einem Aufruhr geläutet wurde, die sturmglocke, die viurglocke, die bei einer Feuersbrunst geläutet und auch die wînglocke, mit deren Geläut die Weinhäuser geschlossen wurden (DWB s. v. Glocke).

Wir können darin zwei Bereiche erkennen: den kirchlichen und den eher rechtlichen und organisatorischen. Die große Glocke muss nicht besonders groß gewesen sein, sie war aber wichtig.

So war wohl ein erster Schritt die Übertragung „große Glocke" = „wichtige Instanz, zu der man laufen konnte, etwa um sich zu beschweren". Und da war man ja wohl sozial immer schon in der Gefahr, als Nörgler gesehen zu werden.

Eine akribische historische Untersuchung würde im Grunde ein großes Korpus von Belegen erfordern. Dies haben wir je weiter zurück immer dünner. Dann spielen natürlich Art und Qualität der Belege eine Rolle. Vor dem Hintergrund des allgemeinen Sprachgebrauchs sind die historischen Quellen äußerst selektiv. Darum ist immer schwierig zu entscheiden, ob wir es mit einer Einmalverwendung zu tun haben und ob sie vielleicht sogar windschief war. Auch das Stilregister eines Idioms ist nicht unbedingt zu beurteilen, zumindest kann man aus einer Verwendung nicht auf Allgemeineres schließen. Ein ganz prinzipielles Problem ist: Wie viel Belege braucht man, um auf die Bedeutung schließen zu können? Nicht selten werden dafür Belege aus frühen Wörterbüchern genutzt. Aber können wir der Beschreibungskompetenz der Wörterbuchmacher einfach so vertrauen?

Wir wagen trotzdem die Analyse und ziehen das DWDS zu Rate. Ein früher Beleg aus dem Jahre 1615 zeigt schon klar den idiomatischen Gebrauch, allerdings nicht mit dem heute üblichen Verb:

> ich bin nicht ein solcher Mann / der alles an die grosse Glocke schriebe / es bleibt viel im verborgen vnd wird heimlich verschmertzet.

In der Folge geht die eher feste Präpositionalphrase *an die große Glocke* meist zusammen mit transitiven Handlungsverben wie *schlagen, bringen, binden, schreiben, hängen*, aber – vielleicht auch leicht verhüllend – *kommen*.

Historisch waren die Transitiva üblich in der gegebenen Reihenfolge. Dabei ist *schlagen* interessant in der Ambivalenz zwischen dem *schlagen* im Sinn von „läuten" und schon in dem, dass man etwas eher Schriftliches irgendwo anschlug. Eine andere Frage ist, wieso man überhaupt von einem einheitlichen Idiom sprechen kann, in dem nur die Verben variieren. Eine genauere semantische Analyse würde bestimmt filigrane Unterschiede ans Licht bringen, die natürlich nicht unbedingt für mehrere Idiome sprechen. Selbst für das intransitive *kommen* würden wir annehmen, dass es zum Idiom gehört. Man könnte für Idiome theoretisch auch unterscheiden: eine enge Fassung und eine weite Fassung.

Wir können uns die Bedeutung eines Idioms so vorstellen, wie es in vielen semantischen Theorien üblich ist, in denen ein innerer Bedeutungskern unterschieden wird von einer eher diffusen, plastischen Peripherie.

Wichtig für die Bedeutung ist: Was sollte man nicht an die große Glocke hängen? Familienangelegenheiten, auch delikate Angelegenheiten, vielleicht mal Liebesabenteuer. Hier etabliert sich und zeigt sich ein Bewusstsein der Trennung von Privatem und Öffentlichem, das sich durch viele Kulturen zieht.

8.4 Kultur in Idiomen

In der frühen Phase ist, was nicht an die große Glocke kommen soll, eher im engeren sozialen Raum zu sehen, etwa Familienaffären, auch Persönliches wie eben Liebesabenteuer oder Lügen, damals natürlich im engeren sozialen Bereich.

> Und wann diese ihre Mancipia eine Lügen auß der Lufft genommen / und ihre neidische mißgönstige Ohren damit belustiget haben / ist es alsobald unter die grosse Glocke kommen / und über den Unschuldigen geschryen worden: Creutzige ihn / Creutzige ihn! (1663)
> Sol ich gehen / und soll unsre eigne Schande an die grosse Glocke schreiben? (1665)

Oft bleibt das in den Belegen eher – mit Absicht? – unbestimmt:

> ich bin nicht ein solcher Mann / der alles an die grosse Glocke schriebe / es bleibt viel im verborgen vnd wird heimlich verschmertzet. (1615)
> Blesinirs nicht alsobald auß / schlags nicht auff der Trommel herum / lauffe nicht alsobald an die Grosse Glock / diffamire ihn nicht (1673)

Dieses Beispiel liefert uns auch für das ganze Idiom fast eine Synonymensammlung.

Dann vielleicht schon allgemeiner und für ein weiteres Publikum gedacht ein Dokument:

> Der Raum gestattet es uns nicht, den ganzen Aufruf wieder zu geben; wir halten es aber für unsre heilige Pflicht, wenigstens einen Theil dieses Dokumentes an die große Glocke zu bringen. (öffentlicher Aufruf 1848)

Und hier könnten wir eine Erweiterung sehen, in der es nicht nur um Geschehenes geht, sondern auch um Geplantes:

> und daß es ferner nicht im Interesse des Dienstes liegt, den Gang der Operationen, welche die Absichten des Feldherrn enthüllen könnten, sogleich an die große Glocke zu hängen

Das wäre wohl eine Art Verrat.

Wir sollten uns nicht durch unsere Beschreibungssprache verführen lassen und annehmen, um Geheimes sei es immer schon gegangen. Die Frage ist: Was verstehen wir heute unter *geheim*? Und was wurde historisch darunter verstanden? Was als geheim angesehen wird, unterliegt auch dem Wandel. Weiter auch in diesem Jahrhundert geht's um Unangenehmes, Nachteiliges, Delikates:

> Warum mußte mein guter Schwager über Etwas an die große Glocke schlagen, was ganz unter uns abgethan werden sollte! (unter uns 1852)
> Soll ich meine unangenehmen Erfahrungen an die große Glocke hängen? (1877)
> ... daß sie plötzlich irgend eine eigne, vielleicht recht delikate Angelegenheit an die große Glocke gehängt sieht

Dazu gehören spezieller in dem etwas-Slot auch *Bagatellfälle von Fremdenfeindlichkeit, Versuche in chemischen Laboren ...*

Weiter in den rechtlichen Bereich geht es schon hier:

> Was man in amtlichen Protokollen, in privatlichen Rechnungsstellungen etc. Nachtheiliges gefunden zu haben glaubte, das wurde marktschreierisch an die große Glocke gehängt.

Heute soll vieles unter dem Deckel gehalten werden. Nicht an die große Glocke, um sich selbst zu schützen, etwas zu vertuschen:

> Nebengeschäfte, die Insolvenz, Reichtum nur ungern, in nationalsozialistische Partei eingetreten, interne Differenzen, es wird um so leichter gelingen, je weniger wir alles …

Man könnte das auch als Folge der veränderten Medienpräsenz sehen, die es vor hundert Jahren noch nicht in dieser Intensität gab. So wird die große Glocke immer größer.

Oft mit Absicht allgemein (und verhüllend?) gehalten:

> die Angelegenheit, ein Problem immer erst politisch …, eine Sache, die ich nicht unbedingt …, diese Sache nicht …

In diesem Sinn wird auch öfter (mediale) Bescheidenheit betont: *den Oscar nicht gern, viel für den Kampf gegen das Doping getan, es aber nicht …*

> Viele Judenretter wollen ihre Taten nicht an die große Glocke hängen.

Und wer auch immer:

> Seine Spenden hat er nie an die große Glocke gehängt.

Möglicherweise geht es darum, Geheimnisse, auch staatliche, nicht publik werden zu lassen:

> Die wichtige Angelegenheit darf man nicht an die große Glocke hängen.

Hier zeigt sich nun auch der modale Aspekt des Idioms. Meistens heißt es nämlich *etwa sei nicht an die große Glocke zu hängen* und auch wenn das Idiom unnegiert verwendet wird, dann handelt es sich fast immer um eine soziale Fehlhandlung.

Die soziale Konstruktion von Privatheit ist in verschiedenen Kulturen recht unterschiedlich. So gibt es die eher globale und globalisierende Unterscheidung von kollektivistischen (etwa asiatische wie die chinesische) und individualistischen Kulturen (insbesondere westliche, europäische) (mehr in Heringer 2017, 8.2). In kollektivistischen Kulturen seien die normativen Anteile höher, die Familie, Kollegen und Nation betreffen. Die entsprechenden Pflichten haben Priorität gegenüber eher persönlichen Zielen. In individualistischen Kulturen sähen sich Individuen eher als unabhängig von Kollektiven. Eigene Vorlieben, Bedürfnisse und Rechte zählten mehr. All dies ist eine Frage der jeweiligen Gewichtung. Und so bliebe die akribische Erforschung der historischen Ausformung dessen, was jeweils nicht an die große Glocke kommen sollte, eine wichtige sprachgeschichtliche Frage.

8.5 Kreativ und attraktiv?

Sie haben gewiss gemerkt, dass Idiome die Phantasie anregen und beflügeln können. So ging es mir und so wird es hoffentlich auch Ihnen ergehen. Zur Anregung und zur Beurteilung die folgenden vier.

Der Amtsschimmel

> Wer reitet so spät durch Nacht und Wind?
> Ob das die Schimmelreiter sind?
> Sie reiten auf ihren Akten
> und schaffen rechtliche Fakten.
> Der **Amtsschimmel** wird hier geritten.
> Und das ist kräftig aufgeschnitten.

Hier sprach des Volkes Geist und des Volkes Phantasie. Es gab wirklich amtliche Reiter, Reiterboten, die wichtige Dokumente von Ort zu Ort brachten. Aber nicht unbedingt auf Schimmeln. Aber wie sind sie dann auf Schimmel gekommen? Eine These ist, diese Reiter hätten für die Verwaltung Simile oder moderner Faksimile von Formularen mit sich geführt. Ja, und warum sollen all die Bürokraten dann den Amtsschimmel reiten? Wer weiß. Vielleicht, weil sie nichts Besseres zu tun haben?

Jemand ist auch mal auf die Idee gekommen, es ginge um den Schimmel, der sich auf lagernden, liegen gelassenen Akten bildet. Aber den reiten?

Irgendwie kriegt man das nicht zusammen.

Ja dann lassen wir es einfach so stehen als willkommene Formulierung und Annahme dessen, was die Bürokraten so treiben und warum sie etwas nicht betreiben.

Irgendwo hab ich dann auch gelesen: Wortungetümen des Amtsschimmels fehlt jede rhythmische Gliederung und Wirkung. Ja, das hab ich beim Reimen auch gemerkt. Und Sie wohl auch?

Ihm einen Korb gegeben

Ein schöner Traum der hohen Minne. Dabei heißt es, die sei rein sozial und platonisch gewesen. Ok, allzu viel sieht man hier ja nicht.

Auf jeden Fall war es schon immer eine Sache der Frauen – die Ärmsten!

> Unsers Nachbarn Sohn Kurd meinet /
> er sey der ansehnlichste und hübscheste im Dorffe /
> aber ihr gehet ihm noch weit vor /
> deßwegen habe ich ihm gestern den Korb gegeben /
> weil ich euch lieber als ihn haben wil.

Damals im 17. Jahrhundert nun war das Idiom schon etabliert. Da musste kein echter Korb transferiert werden.

Ursprünglich soll die Sache so gegangen sein:

Da die normale Frau ja ziemlich gemein ist, hat sie einem Freier schon mal einen Korb runtergelassen mit gelockertem Boden. Plumps! War der Freier durchgefallen. Andere haben so getan, als verließe sie die Zugkraft. Und da haben sie einen einfach hängen lassen.

Nun darf ich auch etwas phantasieren. Es könnte ja auch so gewesen sein, dass der Brautwerber mit einem Korb voller Köstlichkeiten und Preziosen kam, um seinen Antrag zu machen. Und vielleicht gefiel er der Umworbenen nicht (hatte wie oben was Besseres in petto). Da hat sie den Korb einfach zurückgegeben. Und so hat der Antragsteller einen bekommen. In manchen Fällen soll er sogar leer zurückgekommen sein.

8.5 Kreativ und attraktiv?

Mit dem Mund kann man bekanntlich viel machen. Ich geh nicht in die Details.

Historisch und sprachlich war der munt auch jemand, der für andere sprechen konnte. Wir haben es noch im Vormund. Das Wort war und ist in der Rechtssprache beheimatet. So auch mundtot.

Es ging nicht darum, jemanden besonders tot zu machen oder einfach nur auf die ein oder andere Weise zum Schweigen zu bringen – vielleicht wie die Mafia.

Mundtot war jemand, der nicht mehr für sich sprechen durfte und damit unfähig war, sich am Rechtsprozess zu beteiligen, in eigener Sache zu sprechen – wirklich eine schlimme Vorstellung.

Jetzt geht es meistens um Medienmacht, mit der versucht wird, Kritiker oder die Opposition mundtot zu machen. Bisweilen trifft es auch unliebsame Journalisten. Interessant, dass meist nur vom Versuch die Rede ist.

Sollte das nie gelingen?

Oder erfahren wir es nicht, weil die Betroffenen dann mundtot sind?

Bockshorn

Jemanden ins Bockshorn jagen, was heißt das? Schon das ist strittig.

Für manche soll es heißen „einschüchtern", für andere „in die Enge treiben". Auf jeden Fall soll man sich nicht hinein jagen lassen, auch nicht durch Bedeutungsangaben.

Man soll sich nicht durch leere Versprechungen verführen oder täuschen lassen, man soll nicht auf Blendwerk reinfallen.

Die Ursprungsthesen sind noch vielfältiger. Es sei entstellt aus *bockes hamo* „Bockshemd, Bocksfell", in das zu Bestrafende gesteckt worden seien.

Dann noch schön angerührt vom Teufel mit Bockshörnern oder ein aus einem Bockshorn gefertigtes kultisches Instrument, mit dem der Satan fernzuhalten war. Herkunftsforschung ist oft Abenteuerwissenschaft.

Besser könnte einem das hier von 1615 gefallen:

> Was soll ich sagen von den hohen vnd grossen Bockshörnern /
> die sie oben auff der Stirn tragen /
> zum zeichen der Hörner /
> die sie bißweilen jhren Männern auffsetzen?

Nur auch da sieht man den Weg zum Idiom nicht leicht.

8.6 Fazit

Das Topik des Kapitels war im weiten Sinn: Idiome, wie sie

- in der Sprachgeschichte erforscht und
- dargestellt werden und
- erforscht und
- dargestellt werden könnten oder sollten.

Und vor allem, wie das verlässlich und interessant gefasst werden könnte.

8.7 Lektüre und Aufgaben

Weiterführende Lektüre
In Fritz 2005, Kap. 4 finden Sie Allgemeines zum Verlauf des Bedeutungswandels. Komenda-Earle 2015 befasst sich mit vier Idiomen und ihrer historischen Entwicklung. Das ganze Buch behandelt das Thema unseres Kapitels 8.5.
Als Kontrast zu unserer Darstellung Filatkina 2016 mit „Perlen vor die Säue". Filatkina 2018 will einen theoretischen Rahmen der historischen Erforschung entwickeln, vor allem mit korpusbasierten Methoden.

Aufgaben
Aufgabe 1: Vielleicht verfassen Sie selbst ein pfiffige Idiomgeschichte zu „unter einer Decke stecken". Oder einem Idiom Ihrer Wahl.

Aufgabe 2: Welche der Unikalia kommen in welchen Idiomen unserer Definition vor? Und welche auch frei?

Aufgabe 3: Aus dem Feld der Jagd stammen „durch die Lappen gehen" und „auf den Busch klopfen". Was können Sie dazu finden?

Aufgabe 4: Recherchieren Sie, was zur Feuerprobe erzählt wird. Ist das glaubwürdig?

Aufgabe 5: Vergeben Sie Punkte von 1 bis 5 für die Güte der Bedeutungsangaben. Das Idiom kennen Sie.

- ☐ etwas ausposaunen, in aller Leute Mund bringen
- ☐ etwas, was nur gewisse Personen wissen dürfen, bekannt machen
- ☐ etwas überall herumerzählen, was nicht für jedermann bestimmt ist
- ☐ etwas überall bekannt machen

	weithin bekannt machen
☐	etwas, das eigentlich privat oder geheim ist, überall herumerzählen
☐	etwas öffentlich bekannt machen
☐	Privatangelegenheiten rauslassen, die nicht vor die Öffentlichkeit gehören
☐	eine vertrauliche Information öffentlich verbreiten
☐	eine Sache aufbauschen
☐	etwas überall herumerzählen, obwohl es nicht jedermann wissen soll
☐	etwas Vertrauliches publik machen

Aufgabe 6: Dies ist eine Geschichte, die die KI mir zu **Prügelknabe** verfasst hat. Wie beurteilen Sie den Text:

- Rechtschreibung und Grammatik,
- Stil und Textform,
- Treffsicherheit bezüglich Idiom.

> Es war einmal ein kleiner Junge namens Lukas, der in der Schule oft als Prügelknabe herhalten musste. Er war klein, schüchtern und unsicher, und die anderen Kinder nutzten das aus, um ihn zu ärgern und zu schikanieren. Eines Tages beschloss Lukas, dass er sich das nicht länger gefallen lassen wollte. Er suchte sich Verbündete, die ebenfalls unter den Hänseleien der anderen litten, und zusammen schmiedeten sie einen Plan.
>
> Als Lukas das nächste Mal wieder als Prügelknabe herhalten sollte, stellte sich einer seiner Verbündeten schützend vor ihn und forderte die anderen Kinder heraus. Lukas fühlte sich plötzlich stark und mutig, und gemeinsam gelang es ihnen, die Angreifer in die Flucht zu schlagen.
>
> Von diesem Tag an war Lukas nicht länger der Prügelknabe der Schule. Stattdessen wurde er respektiert und geachtet, nicht nur von seinen Verbündeten, sondern auch von den anderen Kindern. Er hatte bewiesen, dass er sich nicht länger als Opfer behandeln ließ und dass er für sich selbst einstehen konnte.
>
> Die Geschichte von Lukas verbreitete sich wie ein Lauffeuer in der Schule, und bald darauf gab es keine Prügelknaben mehr. Denn jeder wusste nun, dass man sich nicht einfach so über andere erheben konnte, ohne mit Konsequenzen rechnen zu müssen.

Wie versteht man Idiome? 9

*Über sieben Eselsbrücken gehn,
Um Idiome tiefer zu verstehn?*

Inhaltsverzeichnis

9.1	Was heißt verstehen?..	184
9.2	Deutungswege..	186
9.3	Eine Anleitung...	189
9.4	Fazit..	197
9.5	Lektüre und Aufgaben...	197

Zur sprachlichen Verständigung gehören bekanntlich wenigstens zwei: eine Person, die spricht oder schreibt, und mindestens eine, die zuhört oder liest. Jede wird mit ihrer Rolle entsprechende Zielsetzungen verbinden:

Wer spricht, will etwas sagen, wer zuhört, will verstehen, was gemeint ist.

Typisch ist auch, dass diese Gesprächsrollen wechseln können. Wer jetzt spricht, kann gleich darauf auch zuhören und umgekehrt. Darum haben wir alle beides gelernt: Wir können Äußerungen, Sätze, Texte produzieren, und wir können sie verstehen oder rezipieren.

Dieses Kapitel handelt davon,

- was unter Verstehen allgemein zu verstehen ist,
- wie wir Idiome verstehen,
- welche Wege wir im Verstehen gehen und
- wie wir besser – noch besser – verstehen könnten.

9.1 Was heißt verstehen?

Verstehen erscheint uns natürlich und unproblematisch, weil wir beim Verstehen selten Mühe haben. Es stellt sich eben ein – oder auch nicht. Verstehen ist so leicht, dass wir es sogar unseren Hunden unterstellen. Wir halten so die Ansicht für normal, dass es beim Spracherwerb besonders darum gehe, sprechen zu lernen, also die aktive Kompetenz zu entwickeln. Aber alles fängt mit dem Verstehen an.

Wenn wir verstanden haben, bleibt doch immer die Frage, was wir verstanden haben. Gibt es dafür ein Kriterium, ein Kriterium des guten, des richtigen Verstehens?

Jeder Text lässt eine unbestimmte Zahl von Verständnissen zu. Explikationen solcher Verständnisse sind selbst wieder Texte, die zwar methodische Vorteile bieten, da sie weiteren Untersuchungen zugänglich sind. Aber letztlich sind all die einzelnen Verständnisse nicht explizierbar, weil jede Explikation sich wieder der Urfrage gegenübersieht:

Wie wird sie verstanden?

Ein Text wie jedes Zeichen ist ja kein Zeichen für sich, sondern Zeichen und verständlich immer nur für bestimmte Individuen. Der Verstehenshorizont ist Grundlage des Verstehens. Und dieser Verstehenshorizont ist natürlich gerade das, was linguistische Theorien explizieren wollen. Sie gehen zwar meistens nicht so weit, die angesetzte regelhafte Homogenität des Zeichens aufzulösen, aber sie zeigen doch, wie sich die Welt im Kopf der Kommunizierenden auf das jeweilige Verständnis differenzierend auswirkt.

Was sagen neuere psychologische Theorien über sogenannte Verstehensprozesse? Ihnen zufolge ist das Verstehen als ein aktiver Prozess zu sehen, in dem das verstehende Gegenüber nicht nur passiv rezipiert, sondern aktiv konstruiert. Es heißt, es

- passe sich dem Text an,
- ziehe Schlussfolgerungen,
- gehe planvoll strategisch vor,
- konstruiere aktiv Bedeutungen,
- wähle gar die Verarbeitungsprozesse.

Die Frage ist, wie das zu begründen wäre. Es ist bestenfalls eine aktivische Fassung automatisch ablaufender Prozesse.

Diese Anschauungen sind in einem Bild, in einem technologischen Jargon gefangen. Sie ignorieren einfach, dass Verstehen nicht ein gewolltes Handeln der Kommunizierenden ist. Verstehen erfüllt nicht die Kriterien für Handlungen, wie Handlungstheorien sie entwickelt haben. So kann ich etwa nicht über mein Verständnis verfügen. Ich kann nicht direkt dafür haftbar gemacht werden, bin nicht schuld an ihm – es sei denn, jemand meinte, ich hätte etwas anderes lernen sollen. Wenn ich die Sprache kann, stellt das Verstehen sich ein. Ich tue nichts dazu. Ganz wie Fritz Mauthner es für das Denken behauptete: „Nicht ich denke; es denkt in mir." Ich kann auch nicht sinnvoll wollen, einen Text einmal so und dann so zu verstehen. Ich kann Verstehen nicht unterbrechen, ich kann nicht damit aufhören. Es geschieht mir, ich tue es nicht.

9.1 Was heißt verstehen?

Man darf sogar fragen, ob das Verstehen überhaupt ein Prozess, ein innerer Vorgang, ist und nicht eher Ergebnis eines Prozesses.

Und dass wir als Hörer jeweils das notwendige Glaubwissen schaffen, ist fern jeder vernünftigen Überlegung. Stehendes, episodisches wie laufendes Wissen sind sozusagen der Boden, auf den der Textsamen fällt. Wenn ich bestimmte scripts oder frames kenne, so werden sie sich automatisch abspielen in meinem Verstehen. Natürlich kann es sein, dass ich Alternativen aus dem gemeinsamen Wissen durchnehme und das sich daraus ergebende Verständnis gegen ein anderes abwäge, dass ich sozusagen hypothetisch verschiedene Verständnismöglichkeiten durchspiele. Aber das geschieht, wenn ich rekonstruiere, wenn ich unsicher bin, also gerade dann, wenn sich mir kein befriedigendes Verständnis einstellt. Dann interpretiere ich. Es ist zum Beispiel die Tätigkeit, die ich als Linguist dauernd pflege und von deren Art jede theoretische Behandlung von Textbedeutungen sein sollte.

Vergessen sollte man bei den aktivistischen Darstellungen nicht, dass sie fallweise korrekt erscheinen, wenn man den Unterschied zwischen Verstehen und Interpretieren macht. Das ▶ Interpretieren ist nämlich eine Handlung, die ich gerade dann ausführe, wenn sich kein Verständnis einstellt oder kein befriedigendes Verständnis. Dann ist der Großteil jener Darstellungsformen auch angebracht, etwa dass man Schlussfolgerungen zieht, und sogar, dass man konstruktiv und methodisch vorgeht.

Aber vergessen wir nicht: Ziel des Interpretierens ist ein Verständnis, und auch dieses Verständnis wird sich einstellen. So kann ich handeln, um bessere Bedingungen für mein Verstehen herzustellen und dies kann zur Folge haben, dass sich ein besseres Verständnis einstellt. Nur, welches, weiß vorher niemand. Und inwiefern besser?

Verstehen passiert Rezipienten nicht im luftleeren Raum. Eine Basis des Verstehens ist das Wissen. Es sind bestimmte Arten von Glaubenssätzen, Propositionen im Wissen eines Verstehenden. Es handelt sich um gemeinsames Wissen. Diese Gemeinsamkeit ist der ▶ common ground. Er besteht nicht in einer Überlappung oder einem Durchschnitt des Wissens der Kommunizierenden, deren Wissen ja per Definition nur individuell sein kann.

Jeder von ihnen antizipiert sozusagen das Wissen des Gegenübers, das heißt, er stellt sich darauf ein, was es glaubt. Oder besser: Was er glaubt, was es glaubt. Denn jeder hat ja nur seine Annahmen, sein Wissen über das Wissen des Gegenübers. Dies ist die Bedingung der Möglichkeit von Kommunikation, dies ist der eigentliche Grund dafür, dass es ein sozusagen objektives Verstehen nicht geben kann (s. etwa Ehrhardt/Heringer 2011, Kap. 7).

Die Reziprozität wurde als das essentielle Kriterium der Kommunikation und des Verstehens herausgearbeitet. Sie ist das Kriterium der Intersubjektivität. Den Sinn einer Äußerung verstehen wir über die Bedeutung der geäußerten Wörter. Die Wörter sind sozusagen kleine Anleitungen für uns, den Sinn zu konstruieren, um es mal etwas technisch zu sagen.

Bedeutung ist Sinnpotential.

Der Weg von der Bedeutung zum Sinn ist meist direkt. Bei der Sinngebung berücksichtigen wir automatisch die jeweilige Äußerungssituation, den sprachlichen Kontext und vermutete Absichten des Gegenübers. Wir gehen davon aus, dass unser

Gegenüber etwas Relevantes – besonders auch für uns – sagen will. Und vielleicht, dass es unser Interesse wecken will und sich deshalb besonders ausdrückt.

So ganz direkt muss der Weg bei Idiomen nicht sein. Wenn wir das Idiom gut kennen, gehen wir den normalen direkten Weg. Aber auch für andere Fälle gibt es Deutungswege, die öfter begangen werden, die wir gut kennen oder kennen lernen können.

9.2 Deutungswege

Nach herrschender Meinung wäre ein Idiom motiviert, wenn ein plausibler Zusammenhang zwischen der figurativen Bedeutung des Idioms und der wörtlichen Bedeutung der Idiomteile gefunden werden kann. Die Beziehung zwischen den beiden Deutungsmöglichkeiten ist nicht ableitbar, aber auch nicht völlig willkürlich. Sie kann einer gewissen Gesetzmäßigkeit des Denkens unterliegen. Dann müsste der Zusammenhang gesucht werden, der den idiomatischen Ausdruck mit seiner aktuellen, figurativen Bedeutung verbindet.

Deutungswege sind Verfahren, um zum Sinn ungewöhnlicher Äußerungen zu kommen. Sie sind normaler Teil der Sprachkompetenz und werden mit der Zeit gelernt. Bei Idiomen werden sie oft begangen.

Üblich ist, auszugehen von der Bedeutung eines Ankerworts. Wenn man das Ankerwort kennt, hat man gute Chancen.

> Verkehrssünder sollten nicht ungeschoren davonkommen.

Geschoren werden ist ja nicht gerade angenehm. Vielleicht für Schafe schon nicht. Und für Menschen gar nicht. So ist es besser, man bleibt ungeschoren. Und hier: Wenn man jemandem etwas verpasst, ist das immer etwas Unangenehmes. Allein damit kann man die folgenden Beispiele schon verstehen. Das zweite verdeutlicht das noch, da die Zigarre als ungenießbar charakterisiert wird.

> Der Chef hat ihm wieder einmal **eine Zigarre verpasst**.
> Das FA hat der Firma **eine ungenießbare Zigarre verpasst**.

Die Kenntnis eines Ankerworts ist natürlich eine graduelle Angelegenheit.

> Übereifrige Eltern wollen damit ihre Kinder **auf Vordermann bringen**.

Das Nomen kommt überwiegend in diesem Idiom vor. Wenn man weiß, dass „auf Vordermann" beim Militär seine Rolle spielt, versteht man, dass es hier um Ordnung geht.

> Der Trainer sollte die Mannschaft **in ruhigere Fahrwässer** pilotieren.

Wenn man versteht, wie wichtig in der Schifffahrt ein ruhiges Fahrwasser sein kann, versteht man, dass es hier um eine Art Beruhigen geht und alles besser laufen soll. Das ungewöhnliche Verb spielt darauf an, dass der Trainer ja führen und leiten soll. Und der eher unübliche Plural soll vielleicht die Vielfalt der Ziele zeigen.

Wenn man allerdings auf die Erweiterung des Vordermann-Idioms wie hier stößt, dann genügt dieser Weg allein nicht.

> Die Neue untersucht die betrieblichen Abläufe und bringt den Laden auf Vordermann.
> Die Hotels in Rom bringen ihre Häuser auf Vordermann.

Am Ende dieser graduellen Skala, stehen Wörter, die nur noch im Idiom vorkommen.

> Der Präsident schimpfte nach der Partie **wie ein Rohrspatz**.

Kennt man das Wort, kennt man das Idiom. Die Bedeutung außerhalb spielt für das Verstehen keine Rolle, es sei denn man wollte tiefer gehen. Meist heißt es, beim Verstehen von Idiomen gehe es um metaphorisches Verstehen. Solche metaphorischen Modelle haben wir bei den Somatismen behandelt. Aber es gibt auch andere Wege. Ein naheliegender Weg ist: Die Folge aktivieren mit der und-dann-Frage:

> Aber Erinnerungen sind **auf Sand gebaut**.
> Der Tourismus hat aus dieser Sicht oft **auf Sand gebaut**.

Wenn man etwas Konkretes auf Sand baute, dann wäre es vergänglich, würde bersten. Also geht es um Vergänglichkeit.

Hier eine kleine Übersicht über Deutungswege.

Folge: Und dann?
Die Herren ließen nun vollends die Maske fallen.
»»» standen unverhüllt da, ihr wahres Gesicht war zu sehen
Die jungen Leute hatten kräftig über den Durst getrunken.
»»» waren betrunken
Seine Frau, obwohl nicht die schlechtere Dichterin, stand stets in seinem Schatten.
»»» bekam keine Sonne und damit keinen Ruhm ab
Er ist der Tochter im Verfahren nicht von der Seite gewichen.
»»» um sie zu beschützen
Die Frauen sind den Organisatoren in den Wochen nicht von der Seite gewichen.
»»» um sie zu beobachten
So ist er doch ungewiß / ob er nicht auf dem Holtzweeg stehe / und also den Weg zum Himmel verfehlet habe. (Beleg von 1721)
»»» es geht nicht weiter
Hierzu muss man die Bedeutung von *Holzweg* kennen.

Ergänzen
Es ist das erste Mal, dass ich einem Typen, der mich angrabbelt, eine gescheuert hab.
»»» Ohrfeige
Wenn du einen gehoben hast, dann musst du auf dem Sofa schlafen.
»»» Schnaps?

Verallgemeinern, vermenschlichen
Ende Mai wurde den Mitarbeitern der Pressestelle ein Maulkorb verpasst.
»»» können und dürfen nicht mehr sprechen
Die USA wollen Lateinamerika fester an die Kandare nehmen.
»»» wie ein Pferd disziplinieren, unterdrücken
Der Chef ließ am Ende etwas die Zügel schleifen.
»»» ließ locker

Wörtlich nehmen
Da haben ihn die Frauen am Schlafittchen gepackt.
»»» Man muss die Bedeutung kennen

Analogisieren, übertragen
Dort, wo Schröder sich auf die Hinterbeine stellte und besonders laut wurde.
»»» von aufgeregten Tieren, besonders Pferden
Meine Mutter hat mit ihren zierlichen Händen unser Verhältnis zum Lehrer in die Reihe gebracht.
»»» von in Reihe geordneten Dingen
Daraufhin ließ Boris Dampf ab.
»»» von einer Maschine

Assoziieren
Ich habe einfach rot gesehen. Tut mir leid.
Da hat Günter gleich rot gesehen, hatte sogar Schaum vorm Mund.
»»» rot > Gefahr, Wut

Metaphorisch verstehen
Ich habe schon das Gefühl, dass ich noch einen Zahn zulegen kann.
Das fing erst im August an und ging sofort von Null auf Hundert.
»»» Mensch als Maschine

Ironisch verstehen
Vor allem für den Trainer wäre das eine schöne Bescherung.
»»» umgekehrt

Kontextualisieren
Ist diese Aufgabe nicht mehrere Nummern zu groß für die neue Administration?
»»» Kleidung
„Als Spaßvogel so 'ne Nummer abzuziehen, war natürlich mega", antwortete Böhmermann.
Dass hier eine ganz große Nummer abgezogen wird, signalisiert schon das Bühnenbild.
»»» Zirkus
Ich weiß, dass wir nur einen Schuss vor den Bug bekommen haben.
»»» Marine
Es gibt Menschen, die lassen die Zügel schleifen und wundern sich, wenn ihr Leben mit ihnen durchgeht.
»»» Landwirtschaft

Ableiten
Es ist zum auf die Palme klettern, das Teil funktioniert nicht.
»»» auf die Palme bringen

9.3 Eine Anleitung

Im folgenden Lernprogramm geht es um eine Methode, mit der Sie Idiome schrittweise besser verstehen könnten. Sie können es in Ruhe spielen als eine Art Fazit aus dem, was Sie gelernt haben. Sie lernen nicht die Bedeutung einzelner Idiome, sondern an Beispielen die einzelnen Schritte, mit denen man Idiomen zu Leibe rücken könnte. Versetzen Sie sich dazu immer in die Situation eines, der das jeweilige Beispiel-Idiom nicht kennt. Auch fürs Lernen und Lehren könnte die Methode fruchtbar sein.

1. Schritt: Etwas merken
Ehe man sich fragen kann, wie ein Idiom denn zu verstehen wäre, muss man es erkennen, das Ungewöhnliche bemerken. Dafür kann es mancherlei Anlass oder Indizien geben. In diesem ersten Schritt können Sie einige der Indizien kennen lernen, die Idiome anzeigen können.

Recht einfach scheint es, wenn Sie äußerliche Anzeichen finden. Am einfachsten, wenn (betulich?) im Text schon Zeichen gesetzt sind.

> Klar, dass der Präsident nicht mehr „alle Tassen im Schrank" hat.
> Auf allen Ebenen muss mit offenem Visier argumentiert werden – wie man so schön sagt.
> Sie sind – bildlich gesprochen – wie eine Katze, die eine Schelle um den Hals trägt.
> Sie stöhnen über seine Angewohnheit, Minister in internen Runden „in den Senkel zu stellen", wie es heißt.
> Am Rosenmontag haben wir quasi einen Tag blau gemacht.

Auch an einer Wortform oder einer ulkigen grammatischen Form kann einem etwas auffallen, etwa das ungewöhnlich Dativ-e:

> Man muss doch nicht gleich das Kind mit dem Bad**e** ausschütten.
> Jetzt mal Butter **bei die Fische** und über die Finanzlage reden.
> Das Unternehmen hängt am **Tropf** des Staates.

Vielleicht denkt man: Heißt es nicht *Tropfen*? Und *bei* mit Akkusativ? Welches sind hier die Stolpersteine?

> Es überkam sie die Angst, von der CDU beim Kippen des Diätengesetzes überholt zu werden und mit dem Schwarzen Peter allein im prasselnden Regen der öffentlichen Kritik zu stehen.

Definiter Artikel? Ist Peter ein allgemein bekannter Mann? Adjektiv groß geschrieben? Und hier scheint doch was zu fehlen:

> Wir haben einen gezwitschert, aber wirklich nur einen – höchstens zwei.

Und hier vielleicht gottseidank auch:

> Sie haben ihm eine in die Fresse gegeben.

Im folgenden Beispiel passt einiges nicht zusammen. Sollte der Generalsekretär Zauberkunststücke vorführen?

> Der CSU Generalsekretär hat die Katze aus dem Sack gelassen. Er stellte finanzielle Zuwendungen aus der Kasse der Christlich Sozialen Union für Parteien in Aussicht. Da werden sich bestimmt einige Schatzmeister in Erwartung der milden Spende die Hände reiben.

Beim zweiten Idiom in diesem Beispiel kann man noch das Bild sehen und des Schatzmeisters zufriedenes Gesicht.

Auch das folgende Beispiel enthält zwei Idiome. Im ersten wäre das wörtliche Verständnis absolut unwahrscheinlich. Den Trainer köpfen? Das kann ja wohl nicht wahr sein.

> Der Präsident hält dem Fußballlehrer, dessen Kopf die Fans vergangenen Sonntag nach der 1:2 Heimniederlage mit lautstarken „Trainer-raus"-Rufen forderten, vorerst die Stange.

Und beim zweiten Idiom: Bestimmter Artikel „die" Stange? War schon die Rede von ihr?

> Heute bist du Hahn im Korbe, Franz. Der Rudi hat abgesagt; wir fahren also zu viert: drei Mädchen und du.

Welches Indiz gibt es? Könnte man einen Hahn ernsthaft anreden? Und hier?

> Der Verleger wird Bauklötze gestaunt haben, als er das Manuskript gelesen hat.

Könnte irgendwer auf diese Art Bauklötze produzieren?
Was passt im folgenden nicht gut zusammen?

> Da steckt sein getreuer S. den Kopf durch die Tür.
> „Was ist?", fragt ihn der Kanzler. S. druckst herum: „Eben ein Anruf". K. stellt sich dumm: „Für mich?" S. zögert. K. klopft auf den Busch: „Unangenehm?"

Ein ungewöhnlicher Sprechakt als Zitateinführung?
Bei folgenden Beispielen ist stolpern leicht. Was ist schon Buhei? Und was Schindluder?

> Im übrigen soll man um die Erstwähler nicht so großes Buhei machen.
> Hier wird Schindluder mit der ehrlichen Arbeit von Sportlern getrieben.

Und um welche Goldschmiedekunst könnte es hier gehen?

> Das ganze Brimborium um die Reichskleinodien erscheint ja lächerlich.

Und dies hier passt wohl überhaupt nicht.

Indiz für ein Idiom kann also sein, dass man beim Lesen stolpert,

- weil schon ein Stolperzeichen gesetzt ist,
- weil die wörtliche Deutung keinen rechten Sinn ergibt,
- weil alles nicht so recht zusammenpasst,
- weil nicht recht eingeführt ist, wovon die Rede ist,

- weil irgendwas im Kontext zu fehlen scheint,
- weil die wörtliche Deutung einen Widerspruch ergibt,
- weil die wörtliche Deutung eine Unwahrscheinlichkeit ergäbe.

2. Schritt: Das Skelett und die Ankerwörter herausarbeiten
Was genau gehört zu dem Idiom? Wir ermitteln feste Teile wie *auf den Busch* und variable Teile. Hierzu zählen etwa,

- dass das Verb *klopfen* konjugiert werden kann,
- eine bestimmte grammatische Struktur, nach der hier ein grammatisches Subjekt nötig ist, das einen Handelnden bezeichnet.

So kann weder der Sturm noch ein Hund etwa auf den Busch klopfen. In diesem Schritt sollte nun präziser bestimmt werden, was jeweils genau zu einem Idiom gehört.

Die festen Teile und die grammatische Struktur bilden das Skelett des Idioms. Die Ankerwörter prägen den Sinn, sind der Ausgangspunkt für das Verstehen. Sie gehören immer zum Idiom und sind meist grammatisch fix. Wenn Ankerwörter verändert werden, liegt eine Abwandlung, oft nur eine Anspielung auf das Idiom vor.

> Greifen Sie zu, wenn sich etwas bietet, was Ihnen lohnend erscheint.
> Kaufen Sie aber im April nicht die Katze im Sack.

Kaufen gehört gewiss zum Idiom. Dagegen *nicht* doch wohl nicht.

> So gehen der Kundschaft mehrere 100 Mio. durch die Lappen.
> Assad muss jetzt Farbe bekennen: Die Taktik, am Verhandlungstisch den Friedensengel zu spielen, zieht nicht mehr.

Das Verb *gehen* gehört dazu. Aber auch ein belebtes Dativobjekt, hier *der Kundschaft*.
Im zweiten Idiom braucht es *jetzt* nicht unbedingt, es kommt aber häufig vor. Das gleiche gilt für *müssen*, das aber fast immer dabei ist.
Infinitivisiert man das Idiom, kann man das Skelett zerstören. Information über das Subjekt geht verloren und fixe Stellen werden fälschlich als variabel dargestellt. So geht einem Wichtiges für die Deutung durch die Lappen.
Überlegen Sie genau: Wo steckt das Idiom, wie könnte man es sinnvoll zitieren? In die korrekte Form bringen.

> Und da halten die Engländer jetzt allerdings durch Nobby Stiles mit der Hand auf. Er weiß – er ist natürlich mit allen Wassern gewaschen – und er weiß, was man in einer gefährlichen Situation machen muss.

Mit allen Wassern gewaschen sein unterschlägt das Subjekt. Möglicherweise könnte man bei diesem Infinitiv auch auf die Idee kommen, das Futur zu bilden. Das kommt aber charakteristischerweise nicht vor. Welches ist eigentlich die charakteristische Verbform? Und warum? Könnte man ohne Weiteres das Idiom auch im Aktiv verwenden?

Es kommt weniger auf das Hilfsverb *sein* an als vielmehr auf das Partizip Perfekt *gewaschen*. Das Idiom ist eine Art Zustandspassiv und bezeichnet eben eine Eigenschaft von Personen. So ist die attributive Verwendung wie im Beispiel am häufigsten.

Bei manchen Idiomen ist noch mehr fix. Wie heißt das Idiom in folgendem Beispiel?

> Wir können, wenn alle Stränge reißen, auch noch uns selbst in das Gedicht einbringen.

Das Idiom *wenn alle Stränge reißen, ...* hat die feste Form eines Konditionalsatzes wie eine Anzahl andrer Idiome.

Ankerwörter sind Sinnwörter. Sie sind fix und Ausgangspunkt fürs Verstehen. Welche Wörter würden Sie als Ankerwörter ansehen?

> Nun möchte ich endlich die Katze aus dem Sack lassen.
> Kinder wurden auf den Arm genommen, bekamen Reis statt Schokolade.

Wichtig *Katze*, *Sack*, aber auch *aus*, das die Bewegung ausdrückt. Im zweiten Fall ist es die ganze Verbindung *auf den Arm nehmen*.

Ankerwörter erkennen und bestimmen ist eine der Grundvoraussetzungen fürs Verstehen. Welche Wörter würden Sie nun hier als Ankerwörter ansehen?

> Sie hielten der Diktatur die Stange: Namhafte Intellektuelle der DDR haben bis zum Ende den Unterdrückern des Volkes rhetorisch zur Seite gestanden.
> So manches kommt in amerikanischen Sendern nicht vor, weil fast alle kommerziell sind und auf billige Weise das Publikum bei der Stange halten.

In beiden Fällen *Stange* und *halten*. Aber Sie sehen, wie wichtig das Funktionswort *bei* werden kann und die grammatische Struktur: Einmal mit persönlichem Dativ und dann aber ein persönliches Akkusativobjekt – und schon sind es zwei Idiome.

3. Schritt: Die Ankerwörter ausschlachten
Die Ankerwörter sind oft ein Schlüssel zum Verstehen eines Idioms. Man geht von ihrer normalen Bedeutung aus und schaut, was einem dazu einfällt. Man kann einfach Assoziationen kommen lassen oder überlegen, was typisch mit den Wörtern verbunden wird, was man über die bezeichneten Dinge, Personen und Handlungen weiß, oder man kann das semantische Umfeld abgrasen nach Bedeutungsverwandten. Da hilft uns das mentale Lexikon. Solche Einfälle überprüft man in der jeweiligen Verwendung. Bringen sie etwas für das Verstehen? Bringen sie einen weiter?

> Die Informationen über den Aufstand des 17. Juni verbreiteten sich wie ein Lauffeuer in der ganzen DDR.

Dass Feuer und Brände sich verbreiten, ist bekannt. Und dann können Sie sich vorstellen, wie so ein Feuer im Wald am Boden läuft und wie schnell das geht.

> Die Entwicklung sollten wir nicht zerreden und madig machen.

Hier könnten Sie stutzen bei *madig*. Da steckt ja wohl *Made* drin. Und die steckt nicht nur im Speck, sondern in allen möglichen Früchten, frisst sie von innen auf, verdirbt sie.

Doch **einen Haken hat** die Sache.

Da könnten Ihnen Assoziationen kommen:

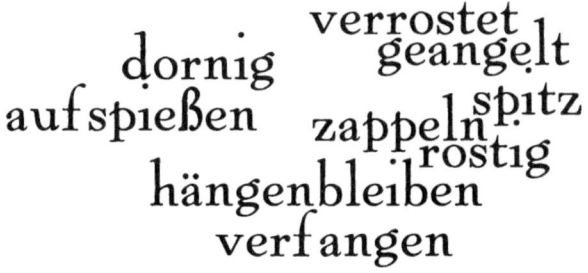

Besonders fruchtbar sind enigmatische oder rätselhafte Ankerwörter. Aber da muss man eben Hilfsmittel zu Rate ziehen.

> Bei jedem Angriff hörte alle Ordnung auf, die Mehrzahl gab Fersengeld.

4. Schritt: Paraphrasen abgleichen und Synonyme
Paraphrasen geben erste Hinweise auf die Bedeutung. Sie erfassen aber nie den vollen Sinn, und seien sie auch noch so lang. Sie können auch nicht das Idiom mit all seinen Nuancen im Kontext ersetzen. Insbesondere bringen sie den doppelten Sinn nicht zum Ausdruck. Um den vollen Sinn zu erfassen, braucht es viele Methoden.

Welche Paraphrase erfasst den Sinn des Idioms wohl am besten? Was ist Ihre Hypothese? Achten Sie auf einzelne Komponenten.

> Um Ärger und Enttäuschung zu vermeiden, nehmen Sie solide Anbieter: „Vorher hemmungslos informieren und nicht die Katze im Sack kaufen", empfehlen wir.
> „Vorher hemmungslos informieren und nicht unbesehen kaufen" …

Es ist die Frage, ob man die Kaufobjekte vorher sehen könnte, vielleicht sind sie nicht existent, etwa weil sie erst gebaut werden.

> „Vorher hemmungslos informieren und nicht etwas erstehen, ohne recht hinzuschauen" …

Wohin könnte man schauen? Wieso das seltene Verb *erstehen*?

> „Vorher hemmungslos informieren und nicht etwas ungeprüft übernehmen" …

Müsste nicht angegeben sein, was übernommen wird? *Übernehmen* ist viel zu allgemein. Übernehmen kann man auch Meinungen und dergleichen.

9.3 Eine Anleitung

Eine anerkannte Methode, Bedeutungsunterschiede zu erkennen und zu erproben, ist das Einsetzen von Synonymen, Ausdrücken also, die sehr ähnliche Bedeutung haben. Man ersetzt das fragliche Idiom durch einen Ausdruck, der als synonym gilt und reflektiert, was sich an der Bedeutung geändert hat. Das setzt voraus, dass man schon eine Ahnung von der Bedeutung hat, kann aber zu mehr Klarheit führen.

Wenn Sie lesen:

> Er ging eben **den Weg allen Fleisches**.

Und Sie wissen schon, dass es ums Sterben geht, dann könnten Sie im Kontrast zu

> Er starb eben.

erkennen, dass es sich in einer anderen stilistischen Umgebung bewegt. Und wenn es gar hieße

> Er ist in die ewigen Jagdgründe eingegangen.

dann erkennen Sie schon, wo Sie sich befinden und dass es nicht einfach um *sterben* geht. Ähnlich beim Unterschied von

> Der rechte Flügel der SPD hat das **Kriegsbeil ausgegraben**.
> Wieso habt ihr euch dermaßen in **die Wolle gekriegt**?

5. Schritt: Den Kontext befragen
Für das Verstehen von Idiomen ist der Zusammenhang entscheidend wie fürs Verstehen allgemein. Der Kontext ist erste wichtige Hilfe. Man sollte ihn genau befragen. Bloß nicht das Idiom aus seiner natürlichen Umgebung lösen und so gute Hinweise verschenken.

Die zweite Hilfe ist unser Wissen und, was uns einfällt. Wir können es verwenden, indem wir Vermutungen anstellen und dann im Zusammenhang überprüfen.

Überlegen Sie: Was wird mit dem Schwarzen Peter gemacht?

> In der Schuldfrage schieben sie alle der Kreditbranche den Schwarzen Peter zu.
> Den Schwarzen Peter hat jetzt das Ministerium gezogen.
> Die Regierung habe nicht die Absicht, sich den Schwarzen Peter einer Mehrwertsteuererhöhung zuspielen zu lassen.
> Dafür bekommt der Gemeinderat den Schwarzen Peter.

In den folgenden Beispielen erkennt man eine Reihenfolge in dem, was mit dem Schwarzen Peter gemacht wird.

> Bonn halte in dieser Frage den Schwarzen Peter in Händen.
> Bislang zahlen die Sanierung vor allem die Kommunen, die den Schwarzen Peter nun aber loswerden wollen.
> Selbst die ugandische Regierung reicht den schwarzen Peter weiter.
> Wir wissen heute, dass dieser Schwarze Peter den Landwirten nicht zugesteckt werden darf.

Zum Image des Schwarzen Peters gehört, dass niemand ihn haben will und er deshalb gern anderen untergejubelt wird.

An folgenden Beispielen erkennen Sie, was Sie natürlich schon wissen: Dass das Idiom dem bekannten Spiel entstammt.

Und gleich kriegen Sie auch noch den Hinweis, wie es gewonnen wird.

> Die praktischen Folgen der Grenzwerte für die radioaktive Belastung werden jetzt nach den Spielregeln des Schwarzen Peters bewältigt.
> Respekt, Respekt – die Österreicher haben in Nürnberg den Dreh gefunden, wie man dem deutschen Rivalen den Schwarzen Peter der Favoritenrolle zustecken kann, ohne ihn zurückzubekommen.

6. Schritt: In die Tiefe gehen

Idiome haben mehrere Schichten ihres Sinns. Im Vordergrund: der jetzige, idiomatische Gebrauch mit all seinen Komplexitäten und Finessen. Im Hintergrund: der ursprüngliche Gebrauch mit den Bedingungen und Selbstverständlichkeiten früherer Lebenswelten und Lebensformen. Und dazwischen oft der lange Weg der Übertragung, der Entwicklung und Tradierung. Das beste Verstehen eines Idioms berücksichtigt Vordergrund und Hintergrund, und vielleicht auch den Weg dazwischen. Dass der wörtliche Sinn von Idiomen wichtig sein kann, zeigt sich darin, dass wir sie öfter wörtlich träumen und vor allem sie physisch direkt empfinden können.

> Er war zu einer mythischen Gestalt, zum ersten Repräsentanten der abendländischen Kultur und sich selbst bereits historisch geworden, einer überragenden Figur von hoher geistiger Feierlichkeit, der man sich von überallher mit Ehrfurcht und oft mit zitternden Knien näherte.

Haben Sie das schon mal gespürt, die zitternden oder schlotternden Knie? Unser Grundwissen zum Verstehen eines Idioms kann sich aus verschiedenen Quellen nähren:

- Es kann allgemeines Bildungswissen sein, über das wir alle in unterschiedlichem Maß und Ausprägung verfügen.
- Es kann als Teil dessen geschichtlich orientiertes Wissen sein.
- Es kann Wissen über die eingetretenen Wege sprachlicher Übertragung sein, zum gut Teil methodisches Wissen und Vermutungsfähigkeit.

Selbstverständlich ist aus ihrer Sozialisation für viele Deutsche das Schwarze-Peter-Spiel. Da kennt man die Ingredienzien und Komponenten, die für das Verstehen des Hintergrunds wirken können. In anderen Fällen braucht man eine Erzählung über die Ausgangslage für das Idiom oder über den Weg der Tradierung.

Für den Ausgang des rätselhaften *durch die Lappen gehen* erzählt man folgende Geschichte:

> Der Ausdruck entstammt der Lebenswelt der Jäger. Den Jägern ist seinerzeit das Wild schon mal durch die Lappen gegangen. Und das kam so:

Bei Treibjagden hängten sie wehende bunte Stofflappen auf, vor denen das Wild schreckte und zurück ihnen in die Fänge lief. Das ein oder
andere Stück witschte aber durch die Absperrung und entging den Jägern.

Solche Geschichten sind mit Vorsicht zu genießen, immer ist fraglich, ob sie stimmen. Sie schaffen und stützen ein Verständnis. Aber sie basieren auch auf einem.

9.4 Fazit

Zum Schluss das Wichtigste? Zum Verstehen. Nach der Klärung, was wir hier unter Verstehen verstehen, an Beispielen zu etablierten Wegen, die wir gehen, wenn etwas nicht wörtlich zu verstehen ist. Und als Abschlusstraining ein Programm in sechs Schritten, denen wir folgen können, wenn wir ein noch unbekanntes Idiom verstehen wollen.

9.5 Lektüre und Aufgaben

Weiterführende Lektüre
Zum gemeinsamen Wissen und Verstehen Ehrhard/Heringer 2011, Kap. 2 und 8.
Zum Verstehen idiomatischer Wendungen auch Fritz 2005, Kap. 2.4.

Aufgaben
Aufgabe 1: Recherchieren Sie: Was sind scripts und frames? Welche Rolle spielen sie in der Semantik und im Verstehen?

Aufgabe 2: Setzen Sie Unikalia ein:

Der war mal wieder voll wie _____.
Die beiden führen ein rechtes _____.
Alles schleierhaft. Das sind alles _____ für mich.
Bitte lass das, mach keinen _____.
Da gab's ein _____ mit Anfassen.
Das war richtig gefährlich, allen ging die _____.
Dem gehört schon mal öfter eine _____ gehalten.
Der kommt daher wie ein rausgeputzter _____.
Die beiden liegen so gern auf dem _____.
Du bist nicht ganz richtig im _____.
Endlich ein _____ am Horizont.
Meine Freunde haben gesoffen wie die _____.
Seine Alte hält ihm fast jeden Abend eine _____.

Aufgabe 3: Welche Deutungswege wären hier hilfreich?

Unter dem Siegel der Verschwiegenheit
Da musst du eben die Ärmel hochkrempeln.
Sie sollten doch nicht gleich rot sehen.

Aufgabe 4: Formal auffällig sind in Idiomen:

- archaisierendes Dativ-e,
- archaisierender, vorangestellter Genitiv,
- fehlende Flexion,
- fehlender Artikel,
- Stabreim.

Suchen Sie für jedes Merkmal ein Beispiel.

Aufgabe 5: Suchen Sie Ankerwörter des Idioms in folgenden Beispielen. Was fällt Ihnen spontan ein zum wichtigsten Ankerwort? Achten Sie auch auf das Umfeld.

> Mit vier politisierenden Frauen in den engen Renault gezwängt, dazu noch als relativ unpolitischer Mensch, kam ich mir vor wie der Hahn im Korb.
> Obergruppenführer Prall ließ donnernd die Faust auf den Tisch fallen: „Ich werde mit dir Schlitten fahren, du Aas!"

Aufgabe 6: Wie würden Sie hier das Skelett dieses Idioms bestimmen? Verfertigen Sie eine Schablone.

> Wir haben in der Stadt keinen hervorragenden Anwalt, keinen, der mit allen Hunden gehetzt und in den bedenklichsten Sachen versiert wäre.
> Diesen Mann mit seiner übermenschlichen Kraft im Nehmen, diesen mit allen Hunden gehetzten Ringfuchs auszuknocken, ist nie gelungen.
> Der von allen Hunden gehetzte Straßenweltmeister Altig keuchte am Ziel vor Erschöpfung: „Das war zu arg."

Aufgabe 7: Hier finden Sie ein Idiom, für das nacheinander Synonyme eingesetzt sind. Überprüfen Sie die Wirkung.
 Ein kurzer Kommentar, bitte.

> Dass die staatlichen Stellen den Betreibern scharf auf die Finger schauen, liegt im Interesse aller, letztlich auch der Kernkraft.
>
> Dass die staatlichen Stellen die Betreiber scharf kontrollieren, …
> Dass die staatlichen Stellen die Betreiber scharf beaufsichtigen, …
> Dass die staatlichen Stellen die Betreiber im Auge behalten, …
> Dass die staatlichen Stellen auf die Betreiber gut aufpassen, …
> Dass die staatlichen Stellen die Betreiber unter die Lupe nehmen, …

9.5 Lektüre und Aufgaben

Aufgabe 8: Welche Idiome sollten einem einfallen zu:
Angel, auftragen, Augapfel, Balken, Denkzettel, Dusche, einheizen, Eisenbahn, Fliege, Gelbe, Gras, herumreiten, Klotz, Leberwurst, läppern, Pauke, Regen, Röhre, schenken, Schweinehund, tappen, Teppich, Waagschale, waschen

Ein Tipp: Viele kommen auch im Buch vor.

Syntaktische Notation

Zur Fassung von Idiomen in Schablonen einige Beispiele aus dem Endvokabular einer formalen Syntax.

A	{abstrus, arrogant, ewig, schnell, schwarz, …}
A_akk	{wert, breit, hoch, schwer, …}
A_dat	{einerlei, dankbar, bekannt, ähnlich, nah, …}
A_gen	{eingedenk, würdig, überdrüssig, mächtig, …}
A_prä	{abhängig von, angewiesen auf, arm an, bereit zu, einig mit, gemeinsam mit, geschützt vor, …}
A_dat_gen	{bewusst, sicher, …}
ADV_mod	{früher, immer, insgesamt, nun, oft, …}
ADV_grad	{sehr, teilweise, fast, äußerst, …}
ADV_satz	{wahrscheinlich, gewiss, leider, eigentlich, sicher, sicherlich, allerdings, dennoch, durchaus, glücklicherweise, schwerlich, gottlob, zweifelsohne, …}
D_det_def	{das, dem, den, der, des, die, …}
D_det_dem	{derselb-, diejenig-, dies-, jen-, solch-, …}
D_det_int	{welch-, was für ein}
D_det_poss	{dein-, sein-, unser-, euer-, ihr-, mein-, …}
D_quant	{beid-, etlich-, all-, jed-, …}
KON	{und, aber, oder, entweder … oder, sondern …}
N_pro	{niemand, man, alles, dies, etwas, …}
N_pro_def	{d(er), di(e), da(s), d(em), …}
N_pro_ind	{irgendwas, jemand, man, wer, was, …}
N_pro_int	{was, wen, wer, …}
N_pro_prs	{du, dich, er, es, ich, ihm, ihn, ihr, sie, uns, …}
N_pro_rfl	{sich}

© Der/die Autor(en), exklusiv lizenziert an Springer-Verlag GmbH, DE, ein Teil von Springer Nature 2024
H.J. Heringer, *Idiomatik in der Phraseologie*, https://doi.org/10.1007/978-3-662-69512-8

N_sub	{Abend, Feld, Geld, Narr, Ohr, Wand, ...}
PRÄ_akk	{bis, durch, für, gegen, ohne, zwischen, ...}
PRÄ_dat	{ab, aus, bei, gemäß, mit, in, zwischen, ...}
PRÄ_gen	{dank, entlang, infolge, innerhalb, wegen, ...}
V_akk	{an¬guck, anhör, ansprech, entdeck, seh, verursach, ...}
V_dat	{begegn, dank, helf, missfall, zustoß, ...}
V_gen	{bedürf, ermangel, gedenk, harr, spott, ...}
V_prä	{denk an, geh nach/zu, klag über, rechn mit, zwing zu, ...}
V_akk_akk	{lehr, frag, kost, abhör, ...}
V_akk_gen	{anklag, beraub, beschuldig, entbind, sich er¬wehr, ...}
V_akk_prä	{beruhig mit, beschäftig mit, setz auf, zwing zu, ...}
V_dat_akk	{attestier, besorg, bring, empfehl, erklär, erzähl, geb, gebiet, mach, reich, sag, schick, schreib, sich widm, stehl, zeig, ...}
V_dat_äqu	{erschein, ...}
V_dat_prä	{dank für, droh mit, rat zu, verhelf zu, ...}
V_prä_prä	{feilsch, verhandel, wett, wetteifer, ...}
V_kop	{sein, werden, bleiben}
V_plx_aux	{hab, sein, werd, bekomm, krieg, gehör, ...}
V_plx_aci	{lass, mach, ...}
V_fnk	{komm, gerat, bring, gelang, setz, ...}
V_plx_heb	{schein, hab, sein, versprech, droh, anfang, versuch, ...}
V_plx_mod	{könn, dürf, soll, müss, woll, mög, werd, brauch}
VM_ptz_prf	{(ge)+(e)n, (ge)+(e)t}
VM_ptz_prs	{(e)nd}

Literatur

Der Abschnitt „Literatur" in einem Buch beansprucht nicht, eine umfassende Bibliographie zu bieten. Es sollte aber alle Werke enthalten, auf die im Buch Bezug genommen wird. Er hat also belegende Funktion. Weiter hat er üblicherweise auch eine grundlegende Funktion, insofern er die Standardwerke des Bereichs aufführt. Belegend könnte man die Liste auch insofern sehen, als der Autor diese Werke gelesen haben sollte.

Hat eine solche Liste nicht auch eine Art Empfehlungscharakter? In einem gewissen Sinn immer. Sie ist ja stark selektiv und ignoriert so vieles. Sie als Empfehlung zu lesen sollte allerdings in der Wissenschaft nicht so gedacht sein, dass nur gute Literatur verzeichnet werde. Wer selektiert, sollte danach auswählen, was wissenschaftlich zu diskutieren ist, auch das, dem er selbst nicht zustimmt. Er kann sogar zeigen wollen, welcher Art Unsinn kursiert. Auch das könnte lehrreich sein – aber nur so weit, wie es überhaupt diskutabel ist.

Natürlich kennt niemand in einer wissenschaftlichen Disziplin alles. Alle leben von selektiver Lektüre und selektivem Wissen, schon aus Gründen persönlicher geistiger Hygiene. So objektiv die Liste gedacht oder gelesen sein mag, sie zeigt immer etwas von dem, der sie verfasst hat. Doch wir wissen nicht, genau was.

Ein anderes Problem ist, dass, wer eine solche Liste verfasst, glauben könnte, zeigen zu müssen (und die Rezipienten erwarten), dass er up to date sei. Das hat mit einem gewissen Fortschrittsglauben zu tun, nach dem alles besser wird. Sollte es diesen Fortschritt wirklich geben, wäre er sehr, sehr langsam. Auch Werke von vor mehr als vierzig Jahren können noch aktuell sein (auf jeden Fall werden).

Solche Klassiker gibt es in jedem Forschungsbereich, Adepten sollten sie kennen oder kennen lernen. Und auf dieser Schiene gibt es dazu auch fundamentale Klassiker der Linguistik, die jede Linguistin wie jeder Linguist kennen sollte und die in dieser Liste hier gar nicht auftauchen.

Neueste Literatur zu präferieren hat wohl auch mit der Idee zu tun, dass das Vorangegangene wahrgenommen wurde, dass frühere Literatur verzeichnet und dass man so vielleicht durch Lektüre des Neuesten in die Diskussionsgeschichte geführt wird. Das sollten Sie nicht unbedingt auf diesen Autor und diese Liste anwenden. Oder doch?

Agar, Michael. 1994. Language Shock: Understanding the culture of conversation. New York: William Morrow.
Aitchison, Jean. ⁴2014. Words in the mind: an introduction to the mental lexicon. Oxford: Blackwell.
Albrecht, Jörn. 2005. Übersetzung und Linguistik. Tübingen: Narr Francke.
Angelis, Gessica de. 2007. Third or additional language acquisition (Second language acquisition 24). Clevedon, Buffalo: Multilingual Matters.
Bally, Charles. 1909. Traité de stylistique française. Heidelberg: Winter.
Belica, Cyril. 2001. Kookkurrenzdatenbank CCDB. Eine korpuslinguistische Denk- und Experimentierplattform für die Erforschung und theoretische Begründung von systemisch-strukturellen Eigenschaften von Kohäsionsrelationen zwischen den Konstituenten des Sprachgebrauchs. (http://corpora.ids-mannheim.de/ccdb/).
Bruening, Benjamin. 2020. Idioms, collocations, and structure. In: Natural Language & Linguistic Theory, Vol. 38, 365–424.
Burger, Harald. ⁵2015. Phraseologie. Eine Einführung am Beispiel des Deutschen. Berlin: Erich Schmidt Verlag.
Burger, Harald. 2012. Alte und neue Fragen, alte und neue Methoden der historischen Phraseologie. In: Filatkina/Kleine-Engel/Dräger/Burger (Hgg.), 23–44.
Burger, Harald/Dobrovol'skij, Dimitrij/Kühn, Peter/Norrick, Neal R. (Hgg.). 2007. Phraseologie. Ein internationales Handbuch der zeitgenössischen Forschung. Berlin/New York: de Gruyter.
Busse, Dietrich. 2009. Semantik. Paderborn: Fink Verlag.
Cacciari, Cristina. 2014. Processing multiword idiomatic strings: Many words in one? Mental Lexicon 9, 267–293.
Chrissou, Marios. 2000. Kontrastive Untersuchungen zu deutschen und neugriechischen Phraseologismen mit animalistischer Lexik. Diss. Essen.
Corpas Pastor, Gloria. 2003. Fraseología y traducción. In: Corpas Pastor, Gloria (Hg.), Diez años de investigación en fraseología: análisis sintáctico-semánticos, contrastivos y traductológicos, 245–273. Madrid, Frankfurt/M.: Vervuert.
Coulmas, Florian. 1985. Lexikalisierung von Syntagmen. In: Schwarze, Christoph/Wunderlich, Dieter (Hgg.): Handbuch der Lexikologie. Königstein/Ts.: Athenäum, 250–268.
Datenbank. http://kollokationen.bbaw.de/htm/idb_de.html.
Deignan, Alice. 2015. Figurative language and lexicography. In: Hanks, Patrick/de Schryver, Gille-Maurice (Hgg.): International Handbook of Modern Lexis and Lexicography. Berlin: Springer.
Dobrovol'skij, Dmitrij. 2008. Idiom-Modifikationen aus kognitiver Perspektive. In: Kämper/Eichinger (Hgg.), 302–322.
Dobrovol'skij, Dmitrij. 2018a. Phraseme aus kognitiver und kontrastiver Sicht. In: Wortschatz: Theorie, Empirie, Dokumentation, 151–170. Berlin/Boston: de Gruyter.
Dobrovol'skij, Dmitrij. 2018b. Sind Idiome Konstruktionen? In: Steyer, Kathrin (Hg.), 11–23.
Dobrovol'skij, Dmitrij. ²2016. Kognitive Aspekte der Idiom-Semantik. Studien zum Thesaurus deutscher Idiome. Tübingen: Stauffenburg.
Donalies, Elke. 2009. Basiswissen deutsche Phraseologie. Tübingen: Francke.
Donalies, Elke. 2023. Phraseme im Songkorpus: Etabliertes in Anti-Establishment-Texten. In: Journal for Language Technology and Computational Linguistics Jg. 36 (2023) Nr. 1, 93–112 (https://doi.org/10.21248/jlcl.36.2023.239).
DRW: Deutsches Rechtswörterbuch. online bei Wortschatz Trier.
Dräger, Marcel. 2010. Der phraseologische Wandel und seine lexikographische Erfassung. Diss. Uni Freiburg i. Br.
Dräger, Marcel. 2012. Plädoyer für eine diachrone Perspektive in der Phraseographie. In: Filatkina/Kleine-Engel/Dräger/Burger (Hgg.), 193–226.
DUDEN. ⁵2018. Wer hat den Teufel an die Wand gemalt? Redensarten – Wo sie herkommen, was sie bedeuten. Berlin: Dudenverlag.
DUDEN, Antje Kelle in Zusammenarbeit mit der Dudenredaktion. 2010. Stilsicher schreiben. Mannheim: Bibliographisches Institut.
Ďurčo, Peter. 2016. Zum Konzept der Kollokationsdidaktik und des Kollokationslernens bei Germanistikstudenten. In: Ďurčo, Peter (Hrsg.): Kollokationsforschung und Kollokationsdidaktik, 153–177. Wien: LIT.

Ďurčo, Peter, Mária Vajičková & Simona Tomášková. 2019. Kollokationen im Sprachsystem und Sprachgebrauch. Ein Lehrbuch. Nümbrecht: Kirsch.
DuRe = DUDEN 11. ⁴2013. Redewendungen. Wörterbuch der deutschen Idiomatik. Berlin: Dudenverlag.
DWB: Deutsches Wörterbuch = Grimmsches Wörterbuch. online bei Wortschatz Trier.
DWDS: Wörterbuch der deutschen Gegenwartssprache. online https://www.dwds.de/wb/Abc.
Dziurewicz, Elzbieta. 2019. Vulgäre und derbe Idiome im Deutschen. Einige Bemerkungen zu ihrer Bedeutung, Frequenz, Stilmarkierung und ihrem Gebrauch. In: Glottodidactica XlVI/ 2, 25–38.
Ehrhardt, Claus. 2014. Idiomatische Kompetenz: Phraseme und Phraseologie im DaF-Unterricht. In: GFL1, 1–20.
Ehrhardt, Claus/Heringer, Hans Jürgen. 2011. Pragmatik. Paderborn: Fink.
Feilke, Helmuth. 2009. Wörter und Wendungen: kennen, lernen, können. In: Praxis Deutsch 36 (218), 4–13.
Feilke, Helmuth. 2012. Was sind Textroutinen? – Zur Theorie und Methodik des Forschungsfeldes. In: Feilke, Helmuth, Lehnen, Kathrin (Hgg.): Schreib- und Textroutinen. Theorie, Erwerb und didaktisch-mediale Modellierung, 1–31. Frankfurt/M.: Peter Lang.
Filatkina, Natalia. 2016. Wie fest sind feste Strukturen? Beobachtungen zu Varianz in (historischen) Wörterbüchern und Texten. In: OPAL, 7–27.
Filatkina, Natalia. 2018. Historische formelhafte Sprache: Theoretische Grundlagen und methodische Herausforderungen (Formelhafte Sprache/ Formulaic Language, Band 1). Berlin/Boston: de Gruyter.
Filatkina, Natalia/Kleine-Engel, Ane/Dräger, Marcel/Burger, Harald. (Hgg.). 2012. Aspekte der historischen Phraseologie und Phraseographie. Heidelberg: Winter.
Fischbachová, Nikola. 2015. Phraseologismen in den deutschen Jugendzeitschriften. (Bachelorarbeit) Pilsen.
Fleischer, Wolfgang. ²1982. Phraseologie der deutschen Gegenwartssprache. Tübingen: Niemeyer.
Fritz, Gerd. 2005. Einführung in die historische Semantik. Tübingen: Niemeyer.
Földes, Csaba. 1996. Deutsche Phraseologie kontrastiv: Intra- und interlinguale Zugänge. Heidelberg: Groos.
Földes, Csaba (Hg.). 2009. Phraseologie disziplinär und interdisziplinär. Tübingen: Narr.
Gauger, Hans-Martin. 2012. Das Feuchte und das Schmutzige. Kleine Linguistik der vulgären Sprache. München: C. H. Beck.
Geyken, Alexander. 2004. Korpora als Korrektiv für einsprachige Wörterbücher. In: LiLi 136, 72–100.
Gibbs, Raymond W. 2011. Evaluating Conceptual Metaphor Theory. In: Discourse Processes 48: 8, 529–562.
Götz, Dieter. 1976. Textbezogenes Lernen: Aspekte des Fremdspracherwerbs fortgeschrittener Lernender, In: Die Neueren Sprachen, 471–484.
Götz, Dieter. 2011. Chunks and the effective learner – a few remarks concerning foreign language teaching and lexicography. In: Herbst, Thomas/Faulhaber, Susen/Uhrig, Peter (Hgg.): The Phraseological View of Language. A Tribute to John Sinclair. Berlin/Boston, 147–158.
Hallsteinsdóttir, Erla. 2001. Das Verstehen idiomatischer Phraseologismen in der Fremdsprache Deutsch. Hamburg: Dr. Kovac
Hallsteinsdóttir, Erla/Geyer, Klaus/Gorbahn, Katja/Kilian, Jörg (Hgg.). 2016. Perspektiven der Stereotypenforschung. Frankfurt/M.: Peter Lang.
Handwerker, Brigitte & Karin Madlener. 2009. Chunks für DaF. Theoretischer Hintergrund und Prototyp einer multimedialen Lernumgebung. Baltmannsweiler: Schneider Hohengehren.
Handwerker, Brigitte. 2010. Phraseologismen und Kollokationen. In: Krumm, Hans-Jürgen/Fandrych, Christian/Hufeisen, Britta/Riemer, Claudia (Hgg.): Deutsch als Fremd- und Zweitsprache. Ein internationales Handbuch (Handbücher zur Sprach- und Kommunikationswissenschaft 35.1), 246–255. Berlin/New York: De Gruyter.
Harras, Gisela/Proost, Kristel. 2002. Strategien der Lemmatisierung von Idiomen. In: Deutsche Sprache H. 2, 167–183.
Harris, Zellig S. 1954. Distributional Structure. In: Word 10, 146–162.

Hausmann, Franz Josef. 2004. Was sind eigentlich Kollokationen? In: Kathrin Steyer (Hg.): Wortverbindungen – mehr oder weniger fest. Berlin: de Gruyter, 309–334.
Hausmann, Franz Josef. 2007. Die Kollokationen im Rahmen der Phraseologie – Systematische und historische Darstellung. In: Zeitschrift für Anglistik und Amerikanistik 55, 217–234.
Herbst, Thomas/Klotz, Michael. 2003. Lexikografie (= UTB 8263). Paderborn: Schöningh.
Heringer, Hans Jürgen. 2018. Le chunking comme méthode en sémantique. In: Cahiers de Lexicologie, 112, 133–155.
Heringer, Hans Jürgen. ⁵2017. Interkulturelle Kommunikation. Grundlagen und Konzepte. Tübingen: Narr.
Hessky, Regina. 1985. Gleichartige idiomatische Wendungen im Ungarischen und Deutschen. In: SuL 56, 81–87.
Hirson, Christina. 2006. Sprichwörter und Redewendungen für jeden Anlass. München. Gräfe und Unzer.
Idiomdatenbank. http://www.redensarten-index.de.
Jespersen, Otto. 1924. The Philosophy of Grammar. London: Allen & Unwin.
Keller, Rudi. 1990. Sprachwandel. Von der unsichtbaren Hand in der Sprache. Tübingen: Francke.
Koller, Werner. 1977. Redensarten. Linguistische Aspekte, Vorkommensanalysen, Sprachspiel. Tübingen: Niemeyer.
Koller, Werner. 2007. Probleme der Übersetzung von Phrasemen. In: Burger/Dobrovol'skij/Kühn/Norrick (Hgg.) Bd. 1, 605–613.
Kollokationen Wörterbuch. http://kollokationen.bbaw.de/htm/idb_de.html.
Komenda-Earle, Barbara. 2015. Sprachhistorische Entwicklungsprozesse der Idiomatik. An Beispielen von realhistorisch motivierten verbalen Idiomen des Deutschen. Hohengehren: Schneider Verlag.
Korhonen, Jarmo. 2007. Probleme der kontrastiven Phraseologie. In: Burger/Dobrovol'skij/Kühn/Norrick (Hgg.) Bd. 1, 574–589.
Kämper, Heidrun/Eichinger, Ludwig M. 2008. Sprache – Kognition – Kultur. Sprache zwischen mentaler Struktur und kultureller Prägung. Berlin: De Gruyter.
Kühn, Peter. 1992. Phraseodidaktik. Entwicklungen, Probleme und Überlegungen für den Muttersprachenunterricht und den Unterricht DaF. In: Fremdsprachen Lehren und Lernen 21, 169–189.
Kühn, Peter. 2007. Phraseme im Muttersprachenunterricht. In: Burger/Dobrovol'skij/Kühn/Norrick (Hgg.), 881–893.
Levin-Steinmann, Anke. 2016. Deutsche Redewendungen verstehen, üben und anwenden (ein Übungsbuch für Deutsch-Lernende und Deutsch-Sprechende). Herne: Schäfer.
LEX: Lexer, Matthias: Mittelhochdeutsches Wörterbuch. online bei Wortschatz Trier.
Lüger, Heinz-Helmut. 2007. Pragmatische Phraseme: Routineformeln. In: Burger/Dobrovol'skij/Kühn/Norrick (Hgg.), 444–459.
Mel'čuk, Igor. 2023. General Phraseology. Theory and practice. Amsterdam: John Benjamins.
Mieder, Wolfgang. 1999. Sprichwörter, Redensarten – Parömiologie. Heidelberg.
Mollica, Fabio/Wilke, Beatrice. 2019. Phraseologische Falsche Freunde im Sprachenpaar Deutsch-Italienisch: eine Fallstudie anhand von Somatismen. In: Testi e linguaggi. Rivista di studi letterari, linguistici e filologici dell'Università di Salerno 12, 119–138.
Mollica, Fabio/Stumpf, Sören. 2022. Families of constructions in German. A corpus-based study of constructional phrasemes with the pattern [XNP attribute]. In: Mellado Blanco, Carmen (Hg.): Productive Patterns in Phraseology and Construction Grammar. A Multilingual Approach, 79–105. Berlin/Boston: De Gruyter.
Multilingwis – Ein Suchsystem für Multiparallele Korpora. https://pub.cl.uzh.ch/projects/sparcling/multilingwis2.demo/.
Mückel, Wenke. 2014. Primärsprachliche Phraseodidaktik – Skizze eines Aufgabenfeldes. Neuphilologische Mitteilungen 115 (4), 391–399.
Mückel, Wenke (Hg.). 2023. Perspektiven der Phraseologie in der Gegenwart. Ansätze und Beiträge zur deutschsprachigen Phraseodidaktik in Europa. Berlin/Boston: Walter de Gruyter.
Müller, Peter O./Kunkel-Razum, Kathrin. 2007. Phraseographie des Deutschen. In: Burger/Dobrovol'skij/Kühn/Norrick (Hgg.), 939–949.

Pape, Walter. 1985. Zwischen Sprachspiel und Sprachkritik. Zum sprachlichen Spiel mit der wörtlichen Bedeutung von Idiomen. In: SuL 56, 2–13.
Pastor, Gloria Corpas/Mitkov, Ruslan/Kunilovskaya, Maria/Quintana, Maria. 2022. Computational and Corpus-based Phraseology. Proceedings of the International Conference EUROPHRAS 2022. Malaga.
Paul, Herrmann. ^{5}1920. Prinzipien der Sprachgeschichte. Tübingen: Niemeyer.
Piirainen, Elisabeth. 2012. Widespread Idioms in Europe and Beyond. Toward a Lexicon of Common Figurative Units. New York: Peter Lang.
Piirainen, Elisabeth/Filatkina, Natalia/Stumpf, Sören/Pfeiffer, Christian (Hgg.). 2020. Formulaic Language and New Data. Berlin/New York: De Gruyter.
Porzig, Walter. 1934. Wesenhafte Bedeutungsbeziehungen. In: Beiträge zur Geschichte der deutschen Sprache und Literatur 58, 70–97.
Pöppelmann, Christa. ^{5}2019. Redensarten & Sprichwörter. Herkunft, Bedeutung, Verwendung. München: Circon.
Quasthoff, Uwe. 2010. Wörterbuch der Kollokationen im Deutschen. Berlin/New York: De Gruyter.
Ránics, László. 2020. Neue phraseodidaktische Ansätze im DaF/DaZ-Unterricht. Ein deutsch-ungarischer empirischer Vergleich. Dissertation Münster.
Röhrich, Lutz. 2003. Lexikon der sprichwörtlichen Redensarten. Bände 1–3. Freiburg im Breisgau: Herder.
Röhrich, Lutz/Mieder, Wolfgang. 1977. Sprichwort. Stuttgart: Metzler.
Saussure, Ferdinand de. 2013. Cours de linguistique générale. Wunderli, Peter (Hg. und Üs.). Tübingen: Narr.
Sava, Doris. 2023. Total gaga. Zur Konzeptualisierung des Wahnsinns in der Phraseologie. (https://doi.org/10.31926/KBzgF.2023.23.11).
Schemann, Hans. 1993. Deutsche Idiomatik. Die deutschen Redewendungen im Kontext. Stuttgart: Pons.
Schwedt, Georg. 2008. Wenn das Gelbe vom Ei blau macht. Sprüche mit versteckter Chemie. Weinheim: VILEY-VCH.
Sellner, Alfred. 1997. Fremdsprachliche Redewendungen im Alltag: Latein, Englisch, Französisch, Italienisch, Spanisch, Amerikanisch, Altgriechisch. Wiesbaden: VMA-Verlag.
Stein, Stephan. 2013. (K)Ein Fass ohne Boden – Phraseme in Texten. In: Deutschunterricht 66 (1), 20–26.
Stein, Stephan/Stumpf, Sören. 2019. Muster in Sprache und Kommunikation. Eine Einführung in Konzepte sprachlicher Vorgeformtheit. Unter Mitarbeit von Andrea Bachmann-Stein, Natalia Filatkina, Carina Hoff und Martin Wengeler. Berlin: Erich Schmidt.
Steyer, Kathrin. 2018. Lexikalisch geprägte Muster – Modell, Methoden und Formen der Onlinepräsentation. In: Steyer (Hg.), 227–264.
Steyer, Kathrin. (Hg.). 2018. Sprachliche Verfestigung. Wortverbindungen, Muster, Phrasem-Konstruktionen. Tübingen: Narr.
Stumpf, Sören. 2015. Formelhafte (Ir-)Regularitäten. Korpuslinguistische Befunde und sprachtheoretische Überlegungen. Frankfurt/M.: Peter Lang.
Stumpf, Sören. 2019. Phraseografie und Korpusanalyse. Linguistik online 96: bop.unibe.ch.
Stumpf, Sören/Filatkina, Natalia. 2018. Formelhafte Sprache in Text und Diskurs (Formelhafte Sprache/ Formulaic Language, Band 2), Berlin/New York: de Gruyter.
Wander, Karl F. W. 1867–1880, 5 Bände. Deutsches Sprichwörter-Lexikon: Ein Hausschatz für das deutsche Volk. (online bei Wortschatz Trier).
Wattenberg van Hal, Alena. 2019. „Einfach nur mit dem Arsch wackeln, reicht halt nicht." Eine korpusbasierte Analyse von Somatismen mit dem Körperteil Arsch und dessen konzeptuellen Eigenschaften. Universität Göteborg.
Wierländtner, René Pascal. 2010. Phraseologismen als Problem der Translations- und Übersetzungswissenschaft. Französisch – Deutsch. Diplomarbeit Universität Wien.
Wills, Wolfgang. 1993. Anspielungen. Zur Manifestation von Kreativität und Routine in der Sprachverwendung. Tübingen: Niemeyer.

Wimmer, Rainer/Berens, Franz-Josef. 1997. Wortbildung und Phraseologie. Tübingen: Gunter Narr.
Wortschatz Trier. (http://www.woerterbuchnetz.de/cgi-bin/WBNetz/setupStartSeite.tcl).
Wray, Alison. 2002. Formulaic language and the lexicon. Cambridge: University Press.
Wray, Alison. 2008. Formulaic language: pushing the boundaries. Oxford: Oxford University Press.

Wörterbücher

Adelung online bei Wortschatz Trier
DRW: Deutsches Rechtswörterbuch. online bei Wortschatz Trier.
DUW: Duden, Deutsches Universalwörterbuch. Mannheim: Dudenverlag.
DWB: Deutsches Wörterbuch = Grimmsches Wörterbuch. online bei Wortschatz Trier.
DWDS: Wörterbuch der deutschen Gegenwartssprache. online https://www.dwds.de/wb/Abc.
LEX: Lexer, Matthias: Mittelhochdeutsches Wörterbuch. online bei Wortschatz Trier.

Einige Sammlungen

DUDEN. ^{5}2018. Wer hat den Teufel an die Wand gemalt? Redensarten – Wo sie herkommen, was sie bedeuten. Berlin: Dudenverlag.
DuRe = DUDEN 11. ^{4}2013. Redewendungen. Wörterbuch der deutschen Idiomatik. Berlin: Dudenverlag.
Hirson, Christina (2006): Sprichwörter und Redewendungen für jeden Anlass. München: Gräfe und Unzer.
Mieder, Wolfgang (1999): Sprichwörter, Redensarten – Parömiologie. Heidelberg: Julius Groos.
Müller, Klaus. 1994. Lexikon der Redensarten. Gütersloh: Bertelsmann.
Pöppelmann, Christa (52019): Redensarten & Sprichwörter. Herkunft, Bedeutung, Verwendung. München: Circon.
Sellner, Alfred (1997): Fremdsprachliche Redewendungen im Alltag: Latein, Englisch, Französisch, Italienisch, Spanisch, Amerikanisch, Altgriechisch. Wiesbaden: VMA-Verlag.
Schwedt, Georg. 2008. Wenn das Gelbe vom Ei blau macht. Sprüche mit versteckter Chemie. Weinheim: WILEY-VCH.
Wagner, Gerhard. ^{4}2013. Das geht auf keine Kuhhaut. Redewendungen aus dem Mittelalter. Darmstadt: Wiss. Buchges.
Wagner, Gerhard. ^{46}2019. Schwein gehabt. Redewendungen des Mittelalters. Daun: Regionalia Verlag.
Wander, Karl F. W. (1876): Deutsches Sprichwörter-Lexikon: Ein Hausschatz für das deutsche Volk. online bei Wortschatz Trier.

Online Plattformen

Idiomdatenbank: http://www.redensarten-index.de
Juttas Phrasensammlung: https://juttas-schreibblog.blogspot.com
Kollokationen finden Sie hier: https://kollokationenwoerterbuch.ch/web
Kollokationen Wörterbuch: http://kollokationen.bbaw.de/htm/idb_de.html
Multilingwis Multiparallele Korpora: https://pub.cl.uzh.ch/projects/sparcling/multilingwis2.demo/
Phraseologismen: https://gephri.phil.hhu.de/
Phraseologismen: https://phraseologie.phil.hhu.de/
Wortschatz Trier: http://www.woerterbuchnetz.de/cgi-bin/WBNetz/setupStartSeite.tcl

Kleines Glossar

Ambiguität Mehrdeutigkeit sprachlicher Ausdrücke in Ausformung der Homonymie oder Polysemie

Antonymie ist eine semantische Relation zwischen zwei sprachlichen Ausdrücken, die gegensätzliche Bedeutung haben. Gegensätzlich kann dabei ein kontradiktorischer oder ein konträrer Gegensatz sein.

Chunk syntagmatisches Muster, das mit Kookkurrenzanalyse in Korpora empirisch gewonnen wird

common ground Glaubwissen, das Partner in der Kommunikation gegenseitig voraussetzen und für allgemein halten in der Sprachgemeinschaft

Distributionalismus Linguistische Theorie, nach der Eigenschaften und Funktionen sprachlicher Einheiten allein aus dem Kontext zu ermitteln sind

Frame Mentales Modell des sprachlichen Wissens, nach dem semantische Bereiche gefasst werden (Framing)

Fregeprinzip Der Philosoph und Logiker Gottlieb Frege formulierte, dass im Prinzip die Bedeutung eines komplexen Ausdrucks durch die Bedeutung seiner Teile bestimmt ist.

Homonymie Semantische Relation für Mehrdeutigkeit, bei der man verschiedene Lexeme ansetzt: der/das Tor

Idiom halbstarrer, syntaktisch strukturierter Ausdruck aus mindestens zwei Wörtern, dessen Bedeutung sich nicht nach dem Fregeprinzip ergibt

Interferenz Übertragung von Strukturen einer Sprache in eine andere Sprache

Intertextualität betrifft den Zusammenhang von Texten, insbesondere dass Textstücke aus einem Text in einen anderen übernommen werden. Dabei kann es gehen um Zitate, um Anspielungen und Anklänge, um Parodien und um Plagiate.

Kommutation ist eine syntaktische Operation, bei der Elemente in der linearen Kette ersetzt werden durch andere Elemente.

Kompetenz Sprachfähigkeiten eines Menschen (im Gegensatz zur Performanz, also der jeweiligen Realisierung)

Konvention ein gemeinsamer Usus, der darin besteht, dass alle davon ausgehen, dass alle anderen auch entsprechend handeln

Kookkurrenz Miteinandervorkommen von Einheiten in der syntagmatischen Kette, meist beschränkt auf einen Ausschnitt im Korpus

Korpus Sammlung von Texten, oft geordnet nach Quellen, auch annotiert
korpusbasiert sind empirische linguistische Untersuchungen auf der Grundlage von Sprachkorpora.
KWIC-Index Sammlung von Belegfenstern aus einem Korpus mit fester Länge und key word im Zentrum
Lexem Grundeinheit des Lexikons mit eigenständiger Bedeutung
lexikalische Kategorie Eigenschaft eines Wortes, die seine syntaktische Funktion bestimmt und entsprechend im Lexikon geführt wird
Lexikalisierung Sprachhistorischer Prozess, in dem okkasionelle Einheiten usualisiert werden
Lexikon Strukturiertes Inventar sprachlicher Grundeinheiten, auch mental
Metaphorische Modelle sind Konzepte, die als Basis und Deutungsmuster für Gruppen entsprechend ähnlicher Metaphern fungieren.
n-Gramm Wortkette bestimmter Länge, die in einer vollständigen Zerlegung eines Korpus gewonnen wurde, so dass alle möglichen Ketten erzeugt werden
okkasionell gelegentliches reales Vorkommen, in der parole
Onomasiologie Forschungsrichtung der Semantik, die ausgehend von einer Systematisierung von Inhalten oder Begriffen die Wörter zuordnet
Paraphrase Eine alternative Formulierung eines sprachlichen Ausdrucks mit dem Anspruch, das Gleiche zu besagen
Parsing Im Parsing wird die syntaktische Struktur von Sätzen automatisch ermittelt und dargestellt.
Permutation ist eine syntaktische Operation, bei der Elemente in der linearen Kette verschoben werden.
Prototyp Der typischste Vertreter einer Klasse oder der Verwendung einer sprachlichen Einheit
Prototypensemantik Bedeutungstheorie, die Prototypen ermittelt, öfter mit dem Anspruch empirischer Fundierung in psycholinguistischen Experimenten
reziprokes Wissen Annahmen von Kommunikationspartnern über ihr gegenseitiges Glaubwissen, die zum Tragen kommen für das Verstehen
Schablone Strukturierte syntaktische Einheit, mit der etwa die Standardform eines Idioms dargestellt wird
script In einem script sind usuelle Abfolgen von Handlungen formuliert. Scripts sind Teil des prozessualen Gemeinsamen Wissens.
Semasiologie Forschungsrichtung der Semantik, die ausgehend von den Wörtern, deren Bedeutung ermittelt
Subkategorie kasuell und semantisch eingeschränkte syntaktische Kategorie, etwa NP_pers_nom
Synonymie ist eine semantische Relation zwischen zwei sprachlichen Ausdrücken, die Bedeutungsgleichheit postuliert.
syntaktische Kategorie Eigenschaft von Ausdrücken, die ihre syntaktische Funktion bestimmt: VP = Verbalphrase, NP = Nominalphrase, PP = Präpositionalphrase; V = Verb, N = Nomen, A = Adjektiv
Unsichtbare Hand Ein theoretisches Modell, das den Sprachwandel erklärt als das unbeabsichtigte Resultat des gemeinsamen kommunikativen Handelns

usuell nach dem üblichen Sprachgebrauch, zur langue gehörig
Vagheit Semantische Unschärfe
Valenz Eigenschaft eines Verbs, Adjektivs, Substantivs, bestimmte Komplemente nach syntaktischer Kategorie und Bedeutung zu verlangen
Valenzrahmen syntaktisches Konstrukt mit Slots für bestimmte Komplemente nach Kasus und Bedeutung
Volksetymologie Umdeutung (Remotivation) und Umformung nicht mehr durchsichtiger Wörter
wörtliche Bedeutung ein Konstrukt, nach dem Wörter und sprachliche Ausdrücke kontextlos Bedeutungen haben

MIX
Papier aus verantwortungsvollen Quellen
Paper from responsible sources
FSC® C105338

If you have any concerns about our products,
you can contact us on
ProductSafety@springernature.com

In case Publisher is established outside the EU,
the EU authorized representative is:
**Springer Nature Customer Service Center GmbH
Europaplatz 3, 69115 Heidelberg, Germany**

Printed by Libri Plureos GmbH
in Hamburg, Germany